www.ingramcontent.com/pod-product-compliance
Lightning Source LLC
LaVergne TN
LVHW020102081026
849580LV00013B/1754
* 9 7 8 9 6 9 5 9 3 5 1 8 7 *

ہماری بدنصیبیاں

ہماری بدنصیبیاں

(مکالمے۔ڈاکٹر محمد شہزاد اور ڈاکٹر بلند اقبال)

ترتیب وتدوین

ڈاکٹر محمد شہزاد

سانجھ
SANJH
PUBLICATIONS

کتاب : ہماری بدنصیبیاں
مصنف : ڈاکٹر بلند اقبال
پہلی اشاعت : 2025ء

Hamari Badnaseebian

By : Dr. Baland Iqbal

Printed by:
Haji Munir & Sons Press,Lahore,Pakistan.

Published by:

سانجھ
SANJH
PUBLICATIONS
Book Street, 46/2 Mozang Road, Lahore, Pakistan.
Phone: +92 333-4051741
e-mail: sanjhpk@yahoo.com, sanjhpks@gmail.com
Web: www.sanjhpublications.com

ISBN:

نوجوان نسل کے نام

''آؤ ذرا کھل کر بات کریں''

مادروطن کا نوحہ

میرے بدن پر بیٹھے ہوئے گدھ
میرے گوشت کی بوٹی بوٹی نوچ رہے ہیں
میری آنکھیں ۔۔۔ میرے حسین خوابوں کے نشیمن
میری زباں ۔۔۔ موتی جیسے الفاظ کا درپن
میرے بازو ۔۔۔ خوابوں کی تعبیر کے ضامن
میرا دل ۔۔۔ جس میں ہر ناممکن بھی ممکن
میری روح، یہ سارا منظر دیکھ رہی ہے
سوچ رہی ہے
کیا یہ سارا کھیل تماشا
(خونخواروں کے دستر خوان پہ میرا لاشہ)
لزتِ کام و دہن کے لیے تھا؟

(حمایت علی شاعر)

فہرست

نمبر شمار	عنوانات	صفحہ نمبر
•	پیش لفظ (بلند اقبال)	8
•	سوال کی اہمیت اور میرے فکری سفر کی داستان (محمد شہزاد)	11
•	ڈاکٹر محمد شہزاد: اصلاحات کا ایک درخشاں مینار (ڈاکٹر فضل الرحیم مروت)	15
1	اِس دماغ کو بیس سال کیلئے کام کرنے سے روکنا ہوگا	19
2	اس دماغ کو انتہا پسندی کی بیماری میں مبتلا کرنا ہوگا	38
3	اس دماغ کو بھیڑوں کی طرح ہانکنا ہوگا	52
4	اس دماغ کو جمہوریت کے دھوکے میں رکھنا ہوگا	65
5	اس دماغ کو قبائلی پدرانہ ذہنیت میں پھنسانا ہوگا	79
6	اس دماغ میں سیکولرازم کے بارے میں جھوٹ پھیلانا ہوگا	93
7	اس دماغ کو اخلاقی سطحیت کی نچلی ترین سطح پر رکھنا ہوگا	108
8	اس دماغ کو حقیقی ذہانت سے دور رکھنا ہوگا	123
9	اس دماغ کو اسلاموفوبیا کے بارے میں غلط فہمیوں میں رکھنا ہوگا	140
10	اس دماغ کو 'شادی کے سسٹم' کی حقیقت سے دور رکھنا ہوگا	151
11	اس دماغ کو ایک 'مصنوعی انٹیلی جنس' میں رکھنا ہوگا	164
12	اس دماغ پر سوچنے اور بولنے کی پابندی لگانی ہوگی	174
13	آخری سوال	179

پیش لفظ

جب ڈاکٹر محمد شہزاد نے مجھ سے کہا کہ وہ مجھ سے کچھ جبھتے ہوئے موضوعات پر ذرا کھل کر بات کرنا چاہتے ہیں تو میں نے بے ساختگی سے اُن نے کہا، کیوں نہیں ضرور کیجیے، مگر آپ ایسا کیوں چاہتے ہیں؟ جس پر انہوں نے کہا پاکستان کی نوجوان نسل کے سیاسی و سماجی فکر و شعور کی خاطر، کیونکہ اُن کے خیال میں سنہ ۸۰ کی دہائی کے بعد کی پاکستانی نوجوان نسل کے فکر و شعور کو ایک استحصالی طبقے نے کسی خاص پلاننگ سے کچھ مخصوص سی حدود میں سمیٹ دیا ہے تاکہ ہمیشہ انہیں آسانی سے اپنے مقصد کے لیے استعمال کرتے رہیں۔ اُن کے خیال میں کچھ بنیادی قسم کے موضوعات ہیں جیسا کہ مصنوعی یا حقیقی جمہوریت، سیکولرازم یا دہریت، پدرانہ سماجی مسائل، انتہا پسندانہ فکر، ہجومی ردعمل، مسلط طاقتوں کے سیاسی حربے، آزادی فکر و اظہار کے حقوق اور پابندیاں، مذہب اور ریاست کا سیاسی گٹھ جوڑ، سطحی اخلاقیات کے حقیقی معنی، شادی کے سسٹم سے نسل پرستی اور تعصّبات کا بڑھاوا اور حقیقی اور مصنوعی ذہانت کا انسانی معاشرے میں کردار، ان موضوعات پر وہ چاہتے تھے کہ میں کچھ کھل کر بات کروں تاکہ ہماری نوجوان نسل کے ذہنی زاویوں میں کچھ وسعت اور گہرائی آسکے اور ان پر وہ تنقید و تبصرہ یا بحث کرنے اور دلائل دینے کے لائق ہو سکیں۔ اُنہوں نے کہا کہ وہ مجھ سے ہر موضوع پر کم و بیش پانچ سوال کریں گے اور مجھ سے امید رکھیں گے کہ میں ان کے سوالات کا جواب پوری ایمانداری سے دوں گا۔ مجھے ان کے پانچ سوال کا آئیڈیا بہت پسند آیا کیونکہ لفظ پانچ میرے لیے پانچ نمازوں کا استعارا تھا، مجھے لگا کہ جس

طرح مذہب اسلام میں لفظ 'پانچ' بہت محترم ہے ٹھیک اسی طرح سوشل سائنسز میں بھی پانچ کا ہندسہ محترم ہوسکتا ہے بشرطیکہ ہم نوجوان نسل کے فکروشعور کے خاطر پوری سچائی اور ایمانداری سے اُن سوالات پر لبیک کہیں۔

ڈاکٹر بلند اقبال

سوال کی اہمیت اور میرے فکری سفر کی داستان

جب میں نے پہلی بار سوال کیا تو لوگ مجھ سے ناراض ہو گئے۔ جب دوسری بار سوال کیا تو انہوں نے مجھے گستاخ قرار دیا۔لیکن جب میں نے تیسری بار سوال کیا تو بابا نے میرے کندھے پر ہاتھ رکھ کر کہا، ''سچ بولنے سے ڈرنا نہیں، سوال کرنا تمہارا حق ہے!'' یہ وہ لمحہ تھا جب مزاحمت میری دوست بنی اور خاموشی میرے لیے گناہ بن گئی۔ میں اس معاشرے سے ہوں جہاں سوال کو گناہ، اور سوال کی جرأت کو بغاوت سمجھا جاتا ہے، لیکن میرے گھر میں میرے والد (بابا) نے مجھے سکھایا کہ عقیدے سے سوال کرو، روایت سے سوال کرو، اختیار سے سوال کرو، تب تک سوال کرو جب تک جواب نہ مل جائے۔ اور اس جرأت نے مجھے ایک نیا راستہ دکھایا۔

میرے بابا کی تعلیمات نے میرے دل میں سوال کرنے کی جرأت پیدا کی۔ ان کے بول نے مجھے ایک نیا راستہ دکھایا، جس پر چلتے ہوئے میں نے اپنے معاشرتی اور علمی معیار کو بلند کیا۔ بابا کی فکری رہنمائی نے یہ سکھایا کہ اگر ہم سوال نہیں کریں گے تو ہم کبھی بھی حقیقت تک نہیں پہنچ سکتے اور اسی راستے پر چلتے ہوئے میں نے اپنی زندگی کا مقصد پایا۔ میرے والدین اعلیٰ تعلیمیافتہ اور سیاسی طور پر فعال تھے۔ میری زندگی میں ان کی رہنمائی نے نہ صرف تعلیمی محاذ پر میری رہنمائی کی بلکہ مجھے سیاست اور سماج میں حصہ لینے کی جرأت بھی دی۔ ان کی سیاسی سرگرمیاں اور معاشرتی شعور نے مجھے یہ سکھایا کہ سوالات کرنا صرف ذاتی حق نہیں ہے بلکہ یہ ایک اجتماعی ذمہ داری بھی ہے۔

کالج کے دنوں میں، میں نے اپنے چند دوستوں کے ساتھ "چارسدہ سرکلز" کی بنیاد رکھی، جو ایک ایسا پلیٹ فارم تھا جہاں ہم نے ان موضوعات پر بات کی جو معاشرتی طور پر ممنوع تھے۔ ہم نے سیاست، تعلیم اور معاشرتی اصلاحات پر سوالات اٹھائے اور یہ سب کچھ ایک غیر رسمی طریقے سے کیا گیا۔ یہ سرکلز بعد میں صرف ہم فکروں کا اجتماع نہیں رہے، بلکہ ایک فکری تحریک بن گئے اور ہزاروں افراد نے اس تحریک میں شمولیت اختیار کی۔ جو نوجوانوں کو سوالات کرنے کی جرأت دیتی تھی۔ ان سوالات نے ہماری سوچ کے دروازے کھولے اور ہمیں ایک نئے زاویے سے دنیا کو دیکھنے کی صلاحیت دی۔ ہم نے اس عمل کو ایک مزاحمت کے طور پر دیکھا جہاں ہم نے معاشرتی روایات اور غیر جمہوری قوتوں کے خلاف سوال اٹھائے۔

یہ ساری باتیں ان لوگوں کو پسند نہیں آئیں جن کی طاقت اندھی تقلید پر قائم تھی۔ شروع شروع میں، مجھے اور میرے دوستوں کو انٹیلی جنس ایجنسیوں کی طرف سے نجی نمبروں سے دھمکیاں موصول ہوئیں اور موت کی دھمکیاں تک دی گئیں۔ لیکن ہم نے ان دھمکیوں کو نظر انداز کیا اور اپنی جدوجہد کو جاری رکھا۔

ایک دن، جب میں اپنے آخری سال MBBS کی تعلیم حاصل کر رہا تھا، ایک سابق وزیر میرے والد کے پاس آئے اور کہا "اگر آپ کا بیٹا یہ سوالات کرنا نہیں چھوڑے گا تو اس کے میڈیکل کیریئر پر منفی اثرات مرتب ہو سکتے ہیں اور اسے اگر امتحان کے دنوں میں ہی اٹھایا گیا تو پھر؟؟؟ جو بندہ اب تک گولڈ میڈلسٹ ہے، اپنے دوستوں سے بہت پیچھے رہ جائے گا۔" میرے والد، جو میرے لیے فخر کا نشان تھے، خاموشی سے مسکرائے اور مجھے کہا، "تم سوال کرتے رہو، میں تمہارے ساتھ ہوں!"

یہ پیغام میرے لیے ایک چیلنج بن گیا، لیکن میرے والد کی حمایت نے میرے عزم کو مزید مضبوط کیا۔ میں نے نا صرف اپنے تعلیمی سفر کو جاری رکھا بلکہ سوالات کرنے کی اپنی جدوجہد کو مزید بڑھایا۔ ایف ایس سی کے دوران ہی میں نے اپنی سیاسی سرگرمیاں شروع کر دیں اور یہ سب کچھ میرے والد کی رہنمائی اور حمایت سے ممکن ہوا۔ ان کی تعلیمات اور ان کا حوصلہ میرے لیے ایک رہنمائی کا نشان بن گیا، جس کی مدد سے میں نے سوالات کرنے کی آزادی اور جرأت کو اپنا راستہ بنایا۔

میرے سوالات کا ارتعاش اتنا گہرا تھا کہ میرے عمل نے نوجوانوں کو متاثر کیا اور ہزاروں افراد میری تحریک کا حصہ بن گئے۔ ''چارسدہ سرکلز'' بعد ازاں ''پختونخوا سرکلز'' کی شکل میں بدل گئے اور اس پلیٹ فارم نے ہزاروں نوجوانوں کو سوالات کرنے کی جرأت دی اور انہیں یہ سکھایا گیا کہ سوال کرنا نا صرف ایک حق ہے بلکہ ایک ذمہ داری بھی ہے۔ ہمارے سرکلز میں ہونے والی گفتگو نے معاشرتی اصلاحات، جمہوریت اور انسانی حقوق کی بات کی۔ ہماری تحریک نے معاشرتی روایات اور طاقت کے اداروں کو چیلنج کیا اور نوجوانوں کو یہ سکھایا کہ سوالات کرنے سے نا صرف علم بڑھتا ہے بلکہ ایک نیا سماجی شعور بھی پیدا ہوتا ہے۔

اسی دوران، ہمارے دوست طالب علم ڈاکٹر عثمان نے میری تحریک اور ''چارسدہ سرکلز'' کی کامیابی پر پی ایچ ڈی کی تحقیق کی، جس میں انہوں نے ہمارے سرکلز کی مزاحمت کو ایک غیر رسمی جگہ پر جدوجہد کے طور پر پیش کیا۔ ڈاکٹر عثمان نے اپنے پی ایچ ڈی کے مقالے میں یہ ذکر کیا کہ کس طرح ہم نے نوجوانوں میں فکری آزادی اور سوال کرنے کی صلاحیت کو پروان چڑھایا۔ اس تحقیق نے میرے کام کو نہ صرف مقامی سطح پر بلکہ بین الاقوامی سطح پر بھی تسلیم کرایا۔ ہمارے سرکلز نے نوجوانوں کو یہ سکھایا کہ سوال کرنا صرف ایک حق نہیں، بلکہ ایک ضروری عمل ہے، جو ہر معاشرت میں عقل اور فکری آزادی کو فروغ دیتا ہے۔

یہ سفر محض سوالات کا نہیں تھا بلکہ یہ ایک تحریک بن چکا تھا جو نا صرف معاشرتی تبدیلی کا سبب بنی بلکہ اس سے جڑی تحقیقات اور علمی منصوبوں نے اسے ایک عالمی سطح پر تسلیم کیا۔ اس تحریک کے ذریعے ہم نے نوجوانوں میں عقل کی روشنی پیدا کی اور اس کے ذریعے نئی سوچ، نئے خیالات اور نئے نظریات کو جنم دیا۔ ہماری تحریک نے علمی سرحدوں کو پار کیا اور سوال کرنے کے عمل کو عالمی سطح پر پذیرائی دلائی۔

آج میں جوان ہوں اور یہ کتاب میرے جیسے ہزاروں نوجوانوں کے لیے ہے جو سچائی کے لیے سوچنا چاہتے ہیں اور سوچنے کے لیے سوال کرنا۔ میرے ساتھ اس علمی و فکری سفر میں میرے استاد و ہم قلم بلند اقبال شریک ہیں، جنہوں نے ہر صفحے میں عقلی طور پر روشنی ڈالی ہے۔ ہماری یہ کتاب صرف ایک نظریہ نہیں، بلکہ ایک مشن ہے۔ مکالمے کو زندہ رکھنے کا، سوال کو جائز بنانے کا اور نوجوانوں کو سوچنے پر آمادہ کرنے کا۔

اس دوران، میری تحریک نے نا صرف ہمیں ایک مضبوط فکری کمیونٹی میں بدلنے میں کامیاب کیا بلکہ یہ ایک مکمل علمی تحریک میں تبدیل ہوگئی جو آج بھی نوجوانوں کو عقل اور سوالات کی آزادی کے لیے رہنمائی فراہم کرتی ہے۔

یہ کتاب میرے لیے ایک عزم ہے کہ اپنے خیالات کو آزادانہ طور پر بیان کر سکوں اور دنیا کو یہ سکھا سکوں کہ سوال کرنا اور عقل کو جلا دینا نا صرف ہمارا حق ہے بلکہ ہماری ذمہ داری بھی ہے۔ میرے والد کی تعلیمات اور بلند اقبال جیسے اساتذہ کا ساتھ ہی تھا جو میری فکری جدوجہد کا حصہ بنے اور انہوں نے میرے سوالات کو ایک نئے معنی دیے۔ میری زندگی اور یہ کتاب ایک یاددہانی ہے کہ سوالات کرنا اور انہیں جرات سے پوچھنا ہی ہماری ترقی کی کلید ہے۔

ڈاکٹر محمد شہزاد

ڈاکٹر محمد شہزاد: اصلاحات کا ایک درخشاں مینار

''ہمیں عقل سے نفرت کرنے والے (Misologues) نہیں بننا چاہیے، جس طرح بعض لوگ انسانوں سے نفرت (Misanthropes) کرنے لگتے ہیں۔ کسی انسان کے لیے سب سے بڑا المیہ یہ ہے کہ وہ معقول گفتگو سے نفرت کرنے لگے۔ عقل سے نفرت اور انسانوں سے نفرت ایک ہی طرح پیدا ہوتی ہے: جب کوئی شخص علم یا مہارت کے بغیر کسی پر اندھا اعتماد کرتا ہے، اسے مکمل طور پر سچا، درست اور قابلِ اعتماد سمجھتا ہے، پھر جلد ہی اسے یہ معلوم ہوتا ہے کہ وہ شخص بدکردار اور ناقابلِ اعتماد ہے۔ جب یہ تجربہ بار بار ہو، خاص طور پر قریبی دوستوں کے ساتھ، تو بالآخر انسان تمام لوگوں سے نفرت کرنے لگتا ہے اور سمجھتا ہے کہ کوئی بھی شخص درست نہیں۔''

(افلاطون، فائیوڈ ائیلاگز)

ہم ایک ایسے سماج میں پیدا ہوئے اور پلے بڑھے ہیں جسے ایک ''بند سماج'' کہا جا سکتا ہے۔ ایسا سماج جہاں کھلا بحث و مباحثہ اور سنجیدہ مکالمے کی بہت کم گنجائش ہے۔ جو گفتگو ہوتی بھی ہے، وہ رسمی اور روایت زدہ مذہبی، فرقہ وارانہ اور مصنوعی سیاسی دائرہ کار سے باہر نہیں نکلتی ہے۔ مسجد ہو یا مندر، مدرسہ ہو یا مکتب تمام ادارے پہلے سے طے شدہ معاشی، سماجی اور سیاسی نظریات کے تابع ہیں، چاہے وہ نظریات الہامی ہوں یا مصنوعی، اعلانیہ ہوں یا خفیہ۔ یہ ادارے ایک ایسی

جنگجو نسل تیار کرتے ہیں جو مخالف نظریے یا سوچ رکھنے والوں کو مٹا دینے کے لیے تیار ہوتی ہے۔ آج یہی عسکریت پسند نسل مختلف روپ اور نعروں میں ہمارے سامنے آ رہی ہے جو نہ صرف سماجی ترقی کو روک رہی ہے بلکہ پورے خطے میں حکومتوں اور ریاستوں کے استحکام اور انہدام میں مرکزی کردار ادا کر رہی ہے۔

ڈاکٹر محمد شہزاد، تاریخی شہر پُشکل (موجودہ چارسدہ) سے تعلق رکھنے والے ایک نوجوان میڈیکل ڈاکٹر ہیں۔ وہ ایک علمی اور اصلاح پسند قوم پرست ہیں جنہیں علم و آگہی سے گہرا شغف ہے۔ تعلیمی میدان میں انہوں نے ایم بی بی ایس گولڈ میڈل کے ساتھ مکمل کیا اور پھر پرائیویٹ حیثیت سے سیاسیات، قانون اور بین الاقوامی تعلقات میں ڈگریاں حاصل کیں۔ اس وقت وہ پبلک ہیلتھ اور اپیڈیمیالوجی میں ماسٹرز کر رہے ہیں۔

تعلیم سے بڑھ کر، ڈاکٹر شہزاد متعدد سماجی تنظیموں اور علمی حلقوں کے سرگرم رکن ہیں۔ وہ ملگری ڈاکٹران پختونخوا کے جنرل سیکرٹری کے طور پر صوبے کی ترقی پسند میڈیکل برادری کی قیادت کر رہے ہیں۔ انہوں نے پختونخوا سرکلز کی بنیاد بھی رکھی جو ایک مؤثر علمی تحریک ہے۔ یہ تنظیم نوجوانوں میں سائنس، تاریخ، فلسفہ اور سیاست پر اسٹڈی سرکلز کے ذریعے تنقیدی سوچ کو فروغ دیتی ہے۔

ڈاکٹر شہزاد محض ایک معالج نہیں ہیں بلکہ ایک اصلاحی سماجی کارکن بھی ہیں، جو نادار طبقے کی خدمت خالصتاً بے لوث جذبے سے کرتے ہیں۔ وہ ریسرچ سنٹر باچا خان کے فعال رکن ہیں اور باقاعدگی سے ماہانہ علمی نشستوں کا انعقاد کرتے ہیں، جن میں منظم تنقیدی مباحثے ہوتے ہیں۔ ان کا اندازِ گفتگو پختونخوا کے قدیم قصہ گوؤں کی یاد تازہ کرتا ہے، جو الفاظ پر زبردست عبور رکھتے تھے اور سامعین کو اپنے سحر میں جکڑ لیتے تھے۔

آج کے معاشی، سیاسی اور سماجی انتشار کے دور میں اقدار اور اخلاقی نظام ہر سطح پر ٹوٹ پھوٹ کا شکار ہے اور تنقیدی فکر اور موجودہ مسائل پر سنجیدہ غور و فکر کی ضرورت پہلے سے کہیں زیادہ بڑھ چکی ہے۔ ٹیکنالوجی کی تیز رفتار ترقی، بڑھتی ہوئی عدم مساوات اور ماحولیاتی و سیاسی بحرانوں کے تناظر میں یہ کتاب جدیدیت کے سوالات کو پرکھنے کی ایک سنجیدہ کوشش ہے جو ایک کثیر الجہتی زاویہ نظر فراہم کرتی ہے۔

یہ کتاب ایک مکالماتی مجموعہ ہے جس میں ڈاکٹر محمد شہزاد اور ڈاکٹر بلند اقبال کے مابین مکالمے شامل ہیں جو آزاد خیال، علمی اور سیکولر ذہن رکھنے والے نوجوانوں کے لیے ترتیب دی گئی ہے۔ یہ ایک ایسی کاوش ہے جو اس جمود زدہ، قدامت پرست، جہالت میں لپٹے، فرقہ واریت، انتہا پسندی اور مذہبی تعصب سے بھرپور معاشرے میں ایک نئی شروعات کی علامت ہے۔

کلاسیکی ادب میں مکالمے کا مقصد دلیل سے بات کرنا ہوتا ہے۔ ڈاکٹر شہزاد اور ڈاکٹر بلند اقبال کے درمیان یہ پانچ سوال و جواب اسلامی عبادات میں پانچ وقت کی نمازوں کی طرح ترتیب وار دکھائی دیتے ہیں جیسا کہ ڈاکٹر بلند اقبال نے خود اس مشابہت کی نشاندہی کی ہے۔ لیکن میرے نزدیک، ڈاکٹر شہزاد نے شعوری یا غیر شعوری طور پر عدد پانچ کی اساطیری اہمیت کو بھی ملحوظ رکھا ہے۔

یونانی اساطیر میں عدد پانچ کو ایک علامتی حیثیت حاصل ہے جیسا کہ ہیسی اوڈ کے پانچ ادوارِ انسان (سنہری، نقرئی، کانسی، ہیروک اور فولادی) انسانی تاریخ کے مختلف مراحل کی نمائندگی کرتے ہیں۔ فارسی اساطیر اور زرتشتیت میں بھی عدد پانچ کو گہرا معنوی ربط حاصل ہے چاہے وہ سروش یزد کی صفات ہوں، دن کی تقسیم، سماجی ڈھانچے یا گاتھا سے جڑا ہوا نظام ہو۔

یہ مکالمہ اس امر پر زور دیتا ہے کہ ہمیں اپنے ذہنوں کو ان مصنوعی زنجیروں سے آزاد کرنا ہوگا جو ہمیں نسل در نسل غلام بناتی آرہی ہیں۔ صرف تنقیدی سوچ کے ذریعے ہی ہم ان تقسیموں سے باہر نکل سکتے ہیں اور اپنا اجتماعی شعور واپس حاصل کر سکتے ہیں۔ نوجوانوں کو سوال کرنا ہوگا، بحث کرنی ہوگی، اور نئے امکانات کا تصور باندھنا ہوگا کیونکہ آزاد ذہن ہی آزاد سماج کی طرف پہلا قدم ہے۔ کتاب میں شامل مکالمے ایک برف کے گولے کی مانند بتدریج آگے بڑھتے ہیں، جو نوآبادیاتی پیچیدگیوں، ہندوستانی معاشرے کی تقسیم، اور بالآخر برصغیر کی فرقہ وارانہ بنیادوں پر ہونے والی تقسیم تک جا پہنچتے ہیں۔ اگرچہ اس تقسیم نے وقتی طور پر حکمران طبقے کو مطمئن کیا، لیکن جلد ہی پاکستان کے بانیوں اور ان کے خوابوں کی تعبیر دھندلا گئی۔

ڈاکٹر بلند اقبال اپنے جوابات میں نہایت باریک بینی سے ہمارے معاشرے اور ریاست کی تہوں میں چھپے مسائل کو تاریخی تسلسل کے ساتھ بیان کرتے ہیں، اور ماضی و حال کو ایک منطقی ربط میں جوڑتے ہیں۔ اختتام پر ڈاکٹر بلند اقبال فرماتے ہیں: میرا یقین ہے شہزاد، کہ ہم

دونوں ان عضویاتی مفکرین میں شامل ہیں جو ان موضوعات پر ایک مسلسل جدوجہد میں مصروف ہیں۔ہم صرف بحث نہیں کررہے ہے بلکہ انہیں کتابی شکل میں ڈھالنے کی کوشش بھی کررہے ہیں تا کہ ہم اپنی محدود سی کاوش کے ذریعے آگہی کا چراغ روشن کرسکیں اور آئندہ نسلوں کے لیے کچھ رہنمائی فراہم کرسکیں۔ڈاکٹر اقبال کے یہ آخری الفاظ فکری وفلسفیانہ جستجو کے ساتھ ایک گہری وابستگی کا اظہار ہیں۔''عضویاتی مفکرین'' کی اصطلاح اس بات کی نشان دہی کرتی ہے کہ وہ جامد یا تقلیدی انداز فکر کے بجائے ایک فطری، ارتقائی عمل کے تحت سوچنے کو ترجیح دیتے ہیں۔''

آخر میں، میں یہ کہنا چاہوں گا کہ ہندوستان سے آنے والی مہاجر اشرافیہ نے نئ ریاست پاکستان میں موجود قومیتوں پر اپنی ثقافتی اقدار مسلط کر دیں اور 1978 کا افغان انقلاب، اس کے بعد سوویت یونین کی مداخلت، اور ایران کا اسلامی انقلاب ان تمام عوامل نے ہمارے معاشرے اور ریاست کی پوری ساخت کو شدید نقصان پہنچایا۔

پروفیسر ڈاکٹر فضل الرحیم مروت

سابق وائس چانسلر، باچاخان یونیورسٹی، چارسدہ

ڈائریکٹر، باچاخان ریسرچ سنٹر،

پجگی روڈ، پشاور (پاکستان)

پہلی بدنصیبی

اِس دماغ کو بیس سال کیلئے جیل کے پیچھے ڈال دو

ڈاکٹر محمد شہزاد:

ڈاکٹر صاحب اس سلسلے میں میرا پہلا سوال اپنی سوسائٹی کی تعریف کے حوالے سے ہے کہ آپ کے نزدیک ہماری سوسائٹی کو کس طرح متعارف کرایا جاسکتا ہے؟ کیا یہ ایک فطری سوسائٹی ہے یا ایک مصنوعی معاشرہ ہے؟

ڈاکٹر بلند اقبال:

شہزاد آپ کا سوال بہت اہم ہے۔ بہتر ہے کہ ہم جان لیں کہ انسانی معاشروں کا سماجی اور سیاسی ارتقا کس طرح سے وقوع پذیر ہوا ہے؟ اور پھر اس کا حیاتیاتی ارتقا سے بھی تقابلی جائزہ لیں تو ہمیں اندازہ ہو جائے گا کہ نسلِ انسانی کی بقا کا جو نظریہ ڈارون نے Survival of the fittest کا پیش کیا تھا اُس میں سماجی و سیاسی ضرورتوں نے کس طرح سے انسانی حیاتیاتی شکل بھی بدل دی۔ یہی وہ بڑا کینوس ہے جسے پھر ہم اپنے معاشرے پر بھی لاگو کر سکتے ہیں اور ایک مجموعی علمی و فکری تجزیے سے گزر سکتے ہیں۔ دیکھیے اس سارے عمل کے نتیجے میں یک طرفہ سی ایک مصنوعی سماجی شکل بھی بنتی چلی گئی کیونکہ حیاتیاتی اور سماجی بقا کی کوششوں نے انسانی معاشرے کی بناوٹ اور نشوونما میں اہم ترین کردار ادا کیا ہے۔ اب یہ Selection of fittert چاہے حیاتیاتی ہو یا سماجی، دونوں ہی صورتوں میں جینیاتی تبدیلی (Genetic Mutation) نے ایک

بنیادی عنصر کا کردار ادا کیا ہے۔ انسانوں کے خلیات میں اس کی بقا کی سیاسی اور سماجی کوششوں کے نتیجے میں ایک بڑا جینیاتی انحراف (Genetic Drift) آیا ہے یعنی نتیجے میں ہمیں ایک ہی رُخ میں جینیاتی بہاؤ (Genetic Flow) کا عمل ملتا ہے اور یوں نسلِ انسانی ہمیں ارتقا کرتی ہوئی ملتی ہیں جنہیں بالآخر ہم نے نوع بشر (Homo Sapiens) کا نام دیا ہے۔ چلیں اس انحراف (Drift) کا مقابلہ کسی اور جانوروں کی نسل (Animal Species) سے بھی کر لیجیے مثلاً ایک کتے کی نسل کو ہی دیکھ لیں کہ کتے کو ہم لوگ ایک پالتو جانور کے طور پر گھر میں پالتے ہیں۔ یہ کتا بنیادی طور پر کونسی نوع ہے؟ یہ اصل میں تو ایک بھیڑیا ہے جس میں صدیوں کے ارتقائی عمل کے نتیجے میں تبدیلیاں آتی چلی گئیں اور ان میں اگر کچھ بھیڑیے کی نسل میں نظر آئے تو کچھ کتے بنتے چلے گئے اور جنگلی جانور کے بجائے پالتو جانور بن گئے یعنی ایک ناپسندیدہ ڈراؤنے بھیڑیے کی جگہ ایک پسندیدہ اور معصوم سے جانور کتے کی شکل بنتے چلے گئے ورنہ سچ کہیے کیا آج کوئی شخص کسی بھیڑیے کو گھروں میں کسی خاندانی فرد کی طرح اپنے گھر میں رکھتا یا بچوں کی طرح پال پوس کر بڑا کرتا؟

یہاں ایک اور اہم بات یہ بھی ہے کہ انسانوں اور جانوروں کے حیاتیاتی ارتقا پر سماجی عوامل کس طرح مختلف انداز سے اثر انداز ہوئے ہیں؟ انسانوں کے معاملے میں ہم دیکھتے ہیں کہ وقت کے ساتھ ساتھ یہ تبدیلی، دماغ کے 'ہائیر حصوں' یا (Special Brain Centers) پر زیادہ وقوع پذیر ہوئی ہے۔ انسانوں یا ہوموسیپنز کی بنیادی یا حیاتیاتی جبلت (Instinct) تو ایک ہی ہے مگر یہ ہائیر جبلت جانوروں کے لحاظ سے قطعی مختلف ہے۔ مطلب یہ کہ بنیادی حیاتیاتی جبلت یعنی کھانا پینا، بچے پیدا کرنا اور اپنی نسل کو بچانا ضرور یکساں ہے یا جانوروں کی طرح ہی ہے مگر انسانوں کی سماجی جبلت اُن کے دماغ کی ساخت کے لحاظ سے قطعی مختلف ہے۔ انسانوں کا 'عارضی اور دماغی رشتہ' جانوروں سے بالکل مختلف ہے یعنی یہ کہا جاسکتا ہے کہ انسانوں کا یہ دماغی حصہ اپنے فنکشن کے لحاظ سے خاصا اعلیٰ درجے کا ہے۔ اگر آپ یوہال حراری کی کتاب 'اے بریف ہسٹری آف ہیومن کائینڈ' کا مطالعہ کریں جس میں انہوں نے پینتیس لاکھ سالوں کے سوشل و بیالوجیکل انسانی ارتقا کا ذکر کیا ہے تو آپ کو ایک بہتر اندازہ ہوگا۔ انہوں نے انسانی ارتقا کا آغاز پتھر کے دور سے کیا اور پھر بتایا کہ کس طرح سے بعد میں درجہ حرارت کی تبدیلی کے اثرات اس کرۂ ارض پر پیدا ہوتے چلے گئے اور یوں لاکھوں سالوں میں برفانی دور تک بات پہنچ گئی اور

پھر ایک طویل وقت گزرا، درجہ حرارت بدلتا چلا گیا، یوں موسموں کے مسلسل بدلنے سے سمندروں کی سطحیں بھی بدلتی چلی گئیں اور حیاتیاتی بقا کی خاطر کرۂ ارض کے جانوروں کی ہجرت بھی بتدریج بہتر سے بہتر درجہ حرارت کے علاقوں میں ہوتی چلی گئی۔ صدیوں کے اس سارے سماجی تغیر میں بڑے جسم والے جانوروں کی نسلیں کم و بیش ختم ہوتی چلی گئیں۔ پھر یہ بھی ہوا کہ چھوٹے جانور جب ایک براعظم سے دوسرے براعظموں کی طرف پہنچے تو ان کی پیوند کاری کے نتیجے میں کئی ایک مختلف انواع (Spains) بھی بنتی چلی گئیں۔ اس عمل کے دوران چیمپینزیز یا ایپس یا بندروں کی جو اسپیشز تھی جنہیں ہم (Homo nandrata' or 'Homo erectus' or 'Homo redophensis) 'ہومونندرتا' یا 'ہومو ایریکٹس' یا 'ہومو ریڈوفینیسس' وغیرہ کہتے ہیں اُن کی نسلیں مختلف جزائر میں پھیلتی چلی گئیں اور پھر ان کے درمیان کئی صدیوں کے دوران مستقل کراس بریڈنگ کے نتیجے میں ایک وقت ایسا بھی آ گیا کہ ایک ایسا 'ہوموسیپنز' (Homo sapiens) پیدا ہو گیا جسے ہم آج انسان کہتے ہیں۔ یعنی (Homo sapiens) 'ہوموسیپنز' کہنے کو یہ بھی اور جانوروں کی طرح 'نیچرل سلیکشن' (Natural Selection) ہی کے نتیجے میں ڈویلپ ہوا مگر بعد میں اپنی سماجی و سیاسی ضرورتوں کے لحاظ سے اس میں مخصوص جینیاتی تبدیلی (Genetic mutation) ہوتی چلی گئی اور یوں جینیٹک فلو کے نتیجے میں ارتقا ہوتا چلا گیا اور اس سارے جینیاتی بہاؤ کے نتیجے میں اور جانوروں کے مقابلے میں ایک مکمل طور پر الگ قسم کا تہذیبی جانور وجود میں آ گیا۔ اب ان سارے مراحل یعنی جب ہم 'اولڈ اسٹون ایج' سے 'مڈل اسٹون' اور پھر 'لیٹ اسٹون ایج' میں آتے ہیں تو ہمیں تبدیلی کا یہ پورا عمل خاصا سمجھ میں آ جاتا ہے، کہنے کا مطلب ہے کہ یہ بات شروع تو 35 لاکھ سال پہلے ہوئی تھی مگر جب ہم حضرت عیسیٰ کی پیدائش یا عیسوی کیلینڈر کے لحاظ سے تقریباً دس ہزار سال پیچھے پہنچتے ہیں ہمیں 'مڈل اسٹون ایج یا دور (Middle Stone Age or era) (پتھر کا زمانہ) ملتا ہے اور پھر لگ بھگ تین سے آٹھ ہزار سال پیچھے (Latestone Age or Era) ('لیٹ اسٹون ایج یا دور') پتھر کا زمانہ ملتا ہے۔ یوں ہم بعد میں پتھر کے دور سے نکل کر لوہے اور پھر کانسی کے زمانے میں آ جاتے ہیں۔ یہاں ہم کہہ سکتے ہیں کہ حضرت عیسیٰ کی پیدائش سے تقریباً ڈھائی سے تین ہزار سال پہلے تک ہم ایک منظم زرعی معاشرے تک پہنچ جاتے ہیں یا یوں کہیے کہ ہم ایک 'سادہ دور' سے 'کمپاؤنڈ

ایج‘ (compound age) میں آجاتے ہیں۔ حضرت عیسیٰ سے دوڈھائی ہزار برس پرانے دور میں ہمیں ایک ایسی سوسائٹی ملتی ہے جس میں قانون بھی ہے، ویلفیئر بھی ہے اور مذہب بھی ہے اور جوظاہر ہے اپنی بنیادی بکھری ہوئی شکل سے ایک منظم شکل میں بدلتی ہوئی ملتی ہے۔ یوں وقت کے ساتھ ساتھ انسانی دماغ کی فکری صلاحیتیں بھی بدلتی ہوئی ملتی ہیں یعنی جب ہم پتھر کے زمانے یا شکار کے دور سے زراعت کے دور میں آتے ہیں تو ہم ایک مرکب دور‘ یا غیر تہذیبی معاشرے کے عہد سے نکل کر ایک تہذیبی دور میں آجاتے ہیں۔ اچھا اس سلسلے میں ہمیں کئی ایک ماہرین بشریات کی رائے بھی ملتی ہیں جو ان شواہد کا ذکر کرتے ہیں مثلاً ہنری مورگن اور آگسٹ کامیٹ نے ہمیں بتایا کہ کس طرح سے انسان مذہبی لحاظ سے ایک ’میٹا فزیکل‘ دور سے ’فزیکل دور‘ میں یا ’دور جہالت‘ سے ’دور آگہی یا پروٹو سائنس‘ کے دور میں آجاتا ہے۔ یوں ہمارا عہد ’رفلیکٹو فکری‘ دور سے نکل کر ایک ’کریٹیکل شعوری عہد‘ میں پہنچ جاتا ہے۔ یہ دور ہمیں عیسیٰ کی پیدائش سے پانچسو اور ہزار برس پہلے کے وقت کا پتہ دیتا ہے اب اس دور کے بعد جونہی ہمارے ہزار یا پندرہ سو برس اور گزرتے ہیں تو ہم جدید صنعتی دور یعنی سائنس یا ٹیکنالوجی کے عہد میں آجاتے ہیں۔

ظاہر ہے اس تمام تر تبدیلی کی وجہ ایک ہی ہے۔۔ یعنی ’جینیاتی بہاؤ‘ جو وقت کے ساتھ ساتھ مسلسل ماحولیاتی اور سماجی ارتقا کے نتیجے میں انسانوں کے دماغی اور جسمانی خلیات میں تبدیلی کی وجہ سے پیدا ہوتا چلا گیا۔ انسانی سوسائٹی میں یہ جینیاتی بہاؤ دوسرے جانوروں سے بہت مختلف ہے۔ وقت کے ساتھ ساتھ اِن ہوموسیپنز میں سوچنے اور غور کرنے کی صلاحیت پیدا ہوتی چلی گئی، اُن میں تخلیق کرنے، خواب دیکھنے اور تصور کرنے کی صلاحیت پیدا ہوتی چلی گئی۔ ان میں ایک دوسرے کے ساتھ مل بیٹھنے، گفتگو کرنے اور تعاون کرنے کی صلاحیت بھی پیدا ہوگئی یعنی مجموعی طور پر ان میں اتحاد کی صلاحیتوں کا ایک عنصر نظر آتا ہے جو کسی اور جاندار کو نصیب نہیں ہوا۔ ان ہوموسیپنز میں سوسائٹی کو بڑھاوا دینے کی ایک بھرپور صلاحیت ہے، یہی وجہ تھی کہ وہ ایک سادہ سے پیچیدہ معاشرہ بھی بناتے چلے گئے۔ یعنی اس پورے عمل میں شکار کے دور سے منظم زرعی معاشرے اور پھر صنعتی سے ٹیکنالوجی کے دور تک پہنچتے ہوئے نئے طرز کا جدید معاشرہ بناتے چلے گئے کیونکہ ان کے دماغ کا ’ٹیمپوروسیربرل لنک‘ دوسرے جانوروں کی مجموعی دماغی ساخت سے قطعی مختلف تھا۔ یوں ہمیں ہوموسیپنز میں ایک سماجی اور حیاتیاتی مظہر دونوں ہی

ساتھ ساتھ دکھائی دیتے ہیں۔ اس طرح سے فکری اور جسمانی ضرورتوں کے لحاظ سے ہومو سپینز دیگر جانوروں سے جسمانی طور پر بھی بہت زیادہ بدلتے چلے گئے۔ اچھا یہی تبدیلی ہمیں ہر دور کے لحاظ سے کچھ مختلف بھی دکھائی دیتی ہے مثلاً ہمیں جو مذہبی رہنما، دانشور، سوشل ری فارمر یا پیغمبران وغیرہ ملتے ہیں وہ عموماً زرعی عہد میں ہی ملتے ہیں۔ یعنی اگر آپ مذہبی رہنماؤں کی زندگیوں کو بھی دیکھیں تو وہ چرواہوں والی زندگی کے پس منظر کے ساتھ ہی نظر آتے ہیں، ان کی زندگی کے شب و روز جس طرح کے ہیں، اُسی قسم کا خاکہ بھی اُن کے مذہبی تصورات میں دکھائی دیتا ہے مثلاً جنت دوزخ وغیرہ میں ہمیں ہوائی جہاز، راکٹ یا کمپیوٹر وغیرہ دکھائی نہیں دیتے ہیں بلکہ ایک زرعی معاشرے کے مناظر ہمیں ملتے ہیں۔ مختصراً یہ کہ وقت کے ساتھ ساتھ جو کچھ بھی انسانی حیاتیاتی ہیت میں تبدیلی آتی گئی وہ سب 'فطری'، 'مصنوعی یا اراداتاً' سلیکشن کے نتائج میں ہی وقوع پذیر ہوئی اور اس کی حقیقی وجہ انسانی نسل کی بقا، بنیادی ضرورت اور گرد و پیش کی مستقل تبدیلی اور بہتر زندگی کی تلاش میں ہی ممکن ہوئی۔ یہ سارا انسانی ارتقا، حیاتیاتی سے طاقت ور کی سماجی بقا کے رخ میں ہوا اور یوں آخر میں سماجی یا سیاسی طاقتور نسل جو انسانوں کی تھیں، وہ تو بچ گئی اور جو کمزور جانوروں کی نسلیں تھی وہ بالآخر ختم یا اُن کے تابع ہوگئیں۔ اچھا یہاں ہمیں یہ بھی صاف نظر آرہا ہے کہ جو تمام تر ارتقائی عمل ہوا وہ صرف سوفٹ یا پرامن ہی نہیں تھا بلکہ حقیقت میں بہت پُرتشدد بھی تھا۔ اس دوران نہ صرف اپنی بقا بلکہ دوسروں پر قبضوں کے لیے جنگیں بھی ہوئی اور یہ جنگیں قبائل کے درمیان صدیوں تک چلیں، ایک دوسرے پر حملے ہوئے، قتل و غارت گری ہوئی، بہت خون بہا اور ظلم و زیادتیاں ہوئیں۔ یعنی تبدیلی کا یہ سارا عمل یا سماجی ارتقا طاقت سے بھی ہوا اور پھر اس تبدیلی کے عمل نے انسانی خلیات کی ساخت کو بھی اسی طرز سے منقلب (Mutant) کیا۔ اس طرح سے ہوموسپینز میں جو سماجی تبدیلیوں کے لحاظ سے ڈرفٹ آیا یا کہیے کہ جو جینیٹک فلو یا بہاؤ (ڈرفٹ) بنا وہ فطری اور مصنوعی دونوں پراسیس کے ملنے سے ممکن ہوا اور ہم کہہ سکتے ہیں کہ یہ تمام ایک مصنوعی سوسائٹی کے بننے کے ثمر میں سامنے آیا یا ہم یہاں یہ بات اور کہہ سکتے ہیں کہ اس سارے جینیٹک بہاؤ کے دوران ہوموسپینز کی جو بنیادی یا بہت ہی فطری شکل تھی، وہ تو خیر سے راستے میں ہی پیچھے کہیں گم ہوگئی مگر میوٹیشن میٹریل اور اس کے 'ٹولز' کی شکل باقی رہ گئی۔ اچھا، زرعی سے ہوتے ہوئے انڈسٹریل اور ٹیکنالوجیکل سے گزر کر جونہی ہم

کمپیوٹر ایج تک پہنچے، ہمارے ٹیمپورل سیر یبرل لنک میں بھی تبدیلی آئی مگر یہ تبدیلی ہمیں مختلف علاقوں میں مختلف کلچرل، آب و ہوا، سیاسی و سماجی مسائل اور تجربات کی وجہ سے مختلف ڈویلپ ہوتی ہوئی ملتی ہیں، وجہ اس کی یہی ہے کیونکہ ہمیں مختلف جغرافیائی اقوام میں ثقافتی، معاشی، سیاسی وسماجی، اور سائنسی مزاج بھی مختلف انداز کا ملتا ہے۔ یہ ٹھیک ہے کہ ہر جغرافیائی علاقے کے ہوموسیپنز، اناٹومی اور فزیالوجی کے لحاظ سے ہمیں ایک جیسے ہی کم از کم دکھائی دیتے ہیں مگر وہ اپنے جینیٹک بہاؤ کی وجہ سے اور فکری اعتبار کے لحاظ سے علیحدہ علیحدہ ادوار میں ملتے ہیں۔ اس سارے عمل کو سمجھنا بھی ضروری ہے کیونکہ اس سارے عمل کے پیچھے ایک 'بے رحمانہ سیاسی وسماجی نظریہ' بھی ہے کہ کس طرح سے ایک غاصبانہ اور ظالمانہ انسانی طبقہ ایسا بھی کہیں پس منظر میں چھپا ہوا ہے جس نے جان بوجھ کر مختلف انسانی نسلوں کو مخصوص سماجی رخ میں دھکیلا ہے اور ہم کہہ سکتے ہیں کہ اس طرح سے ایک مصنوعی انسانی معاشرے کا وجود اس کرّہ ارض پر ڈویلپ ہوتا چلا گیا ہے۔ یہاں تک پہنچ کر ہمیں 'تسلط کا نظریہ' کی اہمیت کا اندازہ ہوجاتا ہے کیونکہ یہ نظریہ ہمیں سمجھاتا ہے کہ کس طرح سے ابتدائی انسانی جگہ بلکہ یورپین اور دیگر ایشیائی معاشرے مخصوص سماجی وسیاسی رخ میں سفر کرتے چلے گئے۔ ہم پاکستانی معاشرے پر منطبق کریں تو ہم سمجھ سکتے ہیں کہ کس طرح سے پچھلے ستر پچھتر برسوں میں پاکستانی سماجی وسیاسی معاشرہ ایک مخصوص رخ میں دھکیل دیا گیا۔ تسلط کا نظریہ (Theory of Hedge Money) ہمیں کئی زاویوں سے اس قسم کے سوشل چینج کو سمجھاتی ہے کہ کس طرح سے عوام الناس میں ایک مخصوص نفسیات پیدا کی جاتی ہے اور جس طرح جانوروں کو ایک مخصوص رخ میں اُن کی مرضی بتا کر بِنا مزاحمت کے دھکیلا جاتا ہے، اسی طرح اپنی مرضی کی ایک پوری ہیومن سوسائٹی کو مخصوص رخ میں آسانی سے ڈویلپ کر دیا جاتا ہے۔ اسی لیے میں سمجھتا ہوں کہ سیاست اور سماج کے ایک عام طالب علم ہی کو نہیں بلکہ ہر شہری کو اس تسلط کے نظریے، کو اچھی طرح سمجھنا ضروری ہے۔

ڈاکٹر محمد شہزاد:

ڈاکٹر صاحب، اس نظریے نے پاکستانی معاشرے پر کس طرح سے ایک مجموعی اثر ڈالا ہے؟

ڈاکٹر بلند اقبال:

ضرور شہزاد، یہ ایک اہم موضوع ہے، چلیں پہلے اس اصطلاح کا ہم تھوڑا سا پس منظر دیکھ لیتے ہیں۔ یہ سماجی فلسفیانہ تصور ایک مارکسی فلاسفر، انتونیو گرامچی (Antonio Gramsci) سے منسلک ہے جو 1891 میں پیدا ہوئے تھے، بدقسمتی سے انہوں نے مختصر عمر پائی یعنی صرف چھیالیس سال کی عمر میں 1937 میں ان کی موت ہوگئی تھی۔ اس چھوٹی سی عمر کے آخری بیس سال جیل میں گزرے تھے۔ انٹونیو گرامچی بنیادی طور پر ایک آئیڈیالوجیکل مارکسسٹ تھے، وہ میسولینی کے فاشزم کے انتہائی خلاف تھے۔ جس وقت انہیں جیل میں بند کیا گیا تھا، جج نے اُن کے بارے میں ایک مشہور ریمارک دیا تھا کہ 'اِس دماغ کو بیس سال کیلئے جیل کے پیچھے ڈال دو'۔ مطلب یہی تھا کہ اس دماغ کو کام کرنے سے روک دو کیونکہ یہ ذہانت اس بات کو ظاہر کر رہی ہے کہ کس طرح سے ایک ڈومینیٹنگ پاور سوسائٹی کو کنٹرول کرتی ہے؟ گرامچی جیل میں مسلسل گیارہ سال رہنے سے بیمار ہوگئے اور جب ہسپتال منتقل کیے گئے تو پھر اُن کی وفات ہوگئی۔ اُن کے مرنے کے بعد جیل سے اُن کی ۳۰ نوٹ بکس برآمد ہوئی جن میں تقریباً تین ہزار صفحات پر مشتمل ان کی لکھی گئی تھیوریز تھیں، ان کے اس کام کو 'پریزن نوٹ' کا نام دیا گیا۔ یہ ہی نوٹس بیسویں صدی کے اہم ترین 'پوسٹ مارکسسٹ پولیٹیکل تھیوریز' کہلائیں جنہیں پولیٹیکل سائنسز میں اُن کا ایک اوریجنل کنٹریبیوٹیشن سمجھا گیا جس کے ذریعے سے یہ ثابت کرنے کی کوشش کی گئی کہ کس طرح سے بالادست قوت ریاست کو کنٹرول کرنے کے لیے سوشل رویے کو ڈولپ کرتی ہیں؟ کس طرح سے وہ ایک اپنی مرضی کا مصنوعی سماجی بالائی ڈھانچہ اس طرح سے بناتی ہیں جو عوام کو اپنی مرضی کا اصل سماجی بالائی ڈھانچہ لگتا ہے؟ اگر ہم اس کا تھوڑا سا پس منظر دیکھیں تو ہمیں اندازہ ہوگا کہ گرامچی ان خطوط میں کیا سوچ رہے تھے؟ دراصل اُن کا عہد پہلی اور دوسری عالمی جنگوں کے درمیان کا تھا۔ ۱۹۱۷ میں رشیا میں انقلاب آیا تھا جس کے نتیجے میں بولشویک اقتدار میں آگئے تھے اور پھر 1939 سے 45 کے دوران دوسری بڑی عالمی جنگ نے دنیا کو اپنی لپیٹ میں لے لیا تھا۔ انیسو سینتالیس میں چائنہ کا انقلاب بھی آگیا اور پھر ساری دنیا اشتراکی اور سرمایہ دارانہ دنیاؤں میں بٹ گئی تھی۔ گرامچی کی تھیوری سے اس بات کا تعین ہوا تھا کہ آخر کیا وجہ تھی کہ کامیاب ترین کمیونسٹ انقلاب کے باوجود زیادہ تر دنیا بالآخر سرمایہ دارانہ ہوتی چلی گئی؟ وجہ یہی تھی کہ کیپٹیلسٹ

فورسز نے اپنی سیاسی حکمت عملی سے ایسی ڈومینیٹنگ پاورز پیدا کی جنہوں نے کمیونسٹ دنیا کو مستحکم ہی نہیں ہونے دیا۔ تسلط کے اس نظریے کے مطابق ریاست کی بنیاد اکنامکس پر ہوتی ہے یوں اس کے اِردگرد ایک منظم ڈھانچہ تشکیل ہوتا ہے۔ سب سے طاقتور اس پورے ڈھانچے کو دو حصوں میں تقسیم کرتا ہے۔ اس کے ایک حصے میں سول سوسائٹی ہوتی ہے اور دوسرے حصے میں فوج، عدالت اور اسمبلی ہوتی ہے۔ سول سوسائٹی میں یونیورسٹیز، کالج، مساجد، مندر، چرچ اور میڈیا وغیرہ جیسے ادارے ہوتے ہیں، یوں ایک مجموعی سماجی سیاسی ڈھانچہ بنتا ہے۔ ریاست ان دونوں حصوں کو ایک توازن کے ساتھ استعمال کرتی ہیں۔ ان کا ٹارگٹ یہی ہوتا ہے کہ عوام کو ذہنی طور پر اُس مقام تک لے آئیں کہ وہ خوش دلی کے ساتھ ایک راضی نامہ دے دیں۔ بالا دست قوتیں کچھ اس طرح سے سول اداروں کی تربیت کرتی ہیں اور اُن کے ذریعے سے عوام کو اس طرح راضی کرتے ہیں کہ وہ فوج، عدالت اور اسمبلیوں کے ذریعے سے کیے گئے فیصلے کو خوش دلی سے قبول کر لیتے ہیں اور اپنے حق میں انہیں بہترین فیصلہ سمجھتے ہیں۔ اسی 'رضامندی' کو غلبہ کہا جاتا ہے۔ انٹونیو گرامچی کے مطابق جب تک کسی بھی مملکت میں اِسی غلبے کو توڑا نہیں جاتا ہے وہاں نئے انقلاب یا ایک نئے سسٹم کا آنا قطعی ناممکن ہوتا ہے۔ کیونکہ کمیونسٹ انقلاب کے باوجود یہ تسلط کمیونسٹ ریاستوں میں مکمل طور پر ٹوٹ نہیں سکا۔ اس لیے کمیونسٹ ممالک دیرپا کمیونسٹ ریاست نہ بن سکے اور وہاں سرمایہ دارانہ ہی برقرار رہا یا قائم ہوتا چلا گیا۔ انٹونیو گرامچی نے اس دوران 'نامیاتی دانشور (Organic Intellectual)' کی اصطلاح کا بھی تعارف کرایا۔ اُن کے مطابق نامیاتی دانشور وہ ہوتے ہیں جو اس سارے معاملے کو بخوبی سمجھتے ہیں اور اس کے خلاف ایک سخت تنقیدی رویہ رکھتے ہیں۔

اچھا آپ نے سوال کیا تھا کہ پاکستان میں غلبے (HegeMony) کا سلسلہ کہاں نظر آتا ہے تو بھائی پاکستان میں تو تسلط اپنے تعمیر کے وقت سے ایک مستقل شکل میں نظر آتا ہے۔ دیکھیے پاکستان بننے سے قبل ایک برٹش کالونی تھا، اس کا مطلب یہی ہے کہ ایک بالا دست قوت تھی جو ہندوستان پاکستان کے علاقوں کو مکمل کنٹرول کر رہی تھی، وہ پس منظر میں تھی۔ دیکھیے، تقسیم سے قبل ہندوستان پاکستان کی تہذیب کیسی تھی؟ وہاں ہمیشہ سے ایک صدیوں پرانا ہم آہنگ کلچر موجود تھا۔ ایک ایسا کلچر جو ہندو اور مسلمانوں کے ملاپ اور محبت کا کلچر تھا جس میں وہ پچھلے چار، پانچ سو

برسوں سے ایک دوسرے کے ساتھ رہ رہے تھے۔ برطانوی بالا دست قوت نے یہی کچھ کیا، انہوں نے اس کلچر کو توڑنے کیلئے سول سوسائٹی میں ایک برطانوی حکمران طبقے میں ہندو مسلم دشمنی کا پورا عنوان پیدا کر دیا، جسے ہم سیاسی طور پر 'بیانیہ' کہتے ہیں جو سراسر مصنوعی اور فراڈ ہوا کرتا ہے، ایک ایسی فضا پیدا کر دی جاتی ہے جو عوام کے دل اور ان کے ذہنوں کو اُن کے پلان کے لیے خوشی خوشی راضی کر دے اور یوں سیاسی فضا ان کے لحاظ سے بن جائے۔ اس طرح سے پاکستان بنانے میں ایک پورا سماجی سیاسی ڈھانچہ استعمال کیا گیا تھا۔ مصنوعی نظریات بنائے گئے، لیڈرز پیدا کیے گئے، کلچر کے وہ فرق پیدا کیے گئے جن کا ذکر پچھلی کئی صدیوں میں نظر نہیں آتا ہے اور ایسے سیاسی تصورات استعمال کیے گئے جنہوں نے بالآخر دو قومی نظریہ وغیرہ کی جگہ بنا دی یعنی ہندوستانی قوم یا مستقبل کی ایک بڑی ایشیائی قوت کو مذہب اور کلچر کے نام پر تقسیم کر دیا گیا۔ اس دوران آپ کو دو طرح کے سیاسی لیڈرز نظر آتے ہیں ایک وہ جو نان آرگینک لیڈرز تھے جو بالا دست قوت کے ساتھ تھے، اسی لیے وہ آزادی کی جدوجہد کے دوران کبھی بھی پابند سلاسل نہیں ہوئے، جنہوں نے ہندوستان کو تقسیم کرنے یا توڑنے کی پالیسی پر کام کیا، اس نظریے کو سول سوسائٹی میں مقبول بنایا گیا اور جس کی وجہ سے خود مسلمانوں کو ایک تاریخی نقصان اٹھانا پڑا کیونکہ وہ ایک بہت بڑی طاقت سے کئی ٹکڑوں میں بکھر گئے اور آسانی سے بڑی طاقتوں کے سیاسی مصرف کے لیے استعمال ہوتے چلے گئے جبکہ دوسری طرف جو حقیقی دانشور تھے، انہوں نے دو قومی نظریہ کی مخالفت کی۔ اُن میں عبیداللہ سندھی، ابوالکلام آزاد اور سید حسین احمد مدنی تھے اور تو اور ان میں مولانا مودودی بھی شامل تھے اور سرحدی گاندھی خان عبدالغفار خان تھے۔ ان عظیم ذہنوں نے اس تسلط کے تصور کو سمجھ لیا تھا، اسی لیے انہوں نے ہمیشہ اس تقسیم سے انکار کیا اور کہا کہ یہ ساری گڑبڑ چل رہی ہے مگر عوام الناس کو اس سارے طریقے سے ایک ڈائرکشن میں ڈال دیا گیا اور پھر نتیجہ وہی نکلا جو بالا دست قوتیں چاہتی تھی اور جن سے آج ہم اچھی طرح سے واقف ہیں یعنی ہندوستان تقسیم ہو گیا اور یوں پاکستان وجود میں آ گیا، مگر اس کا فطری انجام وہی ہوا یعنی غیر فطری ملک جلد ہی تقسیم ہو گیا اور اپنے بننے کے بعد سے اب تک پاکستان انہی بالا دست قوتوں کے کنٹرول میں ہے کیونکہ انہوں نے اسے اپنے کنٹرول میں رکھنے کے لیے ہی بنایا تھا تاکہ اُس کے ذریعے سے خطے میں اُن کا سیاسی و جغرافیائی استعمال چلتا رہے۔ اس سارے معاملے کی خاطر برطانوی بالا دست قوت نے انڈین

آرمی کی اُس باقی رجمنٹ نے مقامی لوگوں کا ساتھ دیا جو ہمیشہ سے اُن کی وفادار تھی، جس نے متعدد بار آزادی کی تحریکوں میں ہندوستان کے انقلابیوں کا ساتھ دینے کی بجائے برطانوی بالا دست قوت کا ساتھ دیا تھا۔ یہی وجہ ہے کہ پاکستان بننے کے بعد سے اس رجمنٹ نے اپنی بالا دستی کی خاطر اپنی اور بڑی طاقتوں کے لحاظ سے ایک لوکل مقامی سرکاری اشرفیہ قائم کر دی اور یوں پاکستان کو مستقل اپنے قبضے میں رکھ لیا۔

اب آپ خود دیکھ لیجیے کہ اس کے نتائج میں کس طرح سے پاکستان میں ایک مصنوعی سماجی سیاسی بلکہ مذہبی کلچر ایک مخصوص ڈائریکشن میں دکھائی دیتا ہے۔ آپ خود دیکھیے جب سے پاکستان بنا ہے اس کی بالا دست اسٹیبلشمنٹ بڑی قوتوں کی ہدایت کے مطابق پاکستان کی شکل بدلتی رہتی ہے یعنی کبھی تو اسے ضیاء الحق کا 'مسلم پاکستان' بنا دیا جاتا ہے تو کبھی یہ مشرف صاحب کا 'روشن خیال پاکستان' بن جاتا ہے۔ کبھی یہ بھٹو صاحب کا 'سوشلسٹ پاکستان' بن جاتا ہے تو کبھی نواز شریف کا 'مکی پاکستان' بن جاتا ہے، کبھی عمران خان کا 'مدنی پاکستان' بن جاتا ہے تو کبھی 'چین کا کمیونسٹ پاکستان'۔ کبھی یہ اچانک سے 'چین پاکستان بھائی بھائی' بن جاتا ہے تو کبھی 'امریکا کا جو یار ہے غدار ہے' بن جاتا ہے تو پھر اچانک امریکہ کا 'یار دلدار' بن جاتا ہے۔ کبھی پاکستان میں روس کے خلاف جہاد سے جنت کا تصور اور انعام ملتا ہے تو کبھی روس کے بغیر ہماری اقتصادی جنت کا بیڑا غرق ہونے لگتا ہے۔ اس قسم کی 'عوامی رضامندی یا ہم خیالی' کے لیے ہمیشہ سے بالا دست قوتیں سول سوسائٹی یعنی تعلیمی اداروں، میڈیا انڈسٹری اور جانبدار یا کرشماتی قسم کے سیاسی وسماجی اور مذہبی رہنماؤں کو استعمال کرتی رہتی ہیں۔ جس کے بدلے میں عوام خوشی خوشی 'راضی نامہ' دیتی ہے، سیاسی جلسوں میں نعرے لگا کر عوام الناس، ان رہنماوں کے ہاتھوں پر بیعت کا اعلان کرتی ہے۔ تسلط کا یہ سارا عمل ہر پانچ برسوں میں عوام کو اسی طرح سے تیار کرتا رہتا ہے۔ اس سلسلے میں ٹی وی میڈیا، سوشل میڈیا، ٹی وی ڈرامے، سیمینارز، یونیورسٹی اور کالجز میں نصاب کی کتابوں کے مضامین بن کر اور آج کل تو خیر سے ٹک ٹاک کی وڈیو کلپس، یوٹیوب اور واٹس اپ میسجز بن کر عوام کی ذہن سازی میں استعمال ہوتے رہتے ہیں۔ غیر مصدقہ جھوٹی خبروں کے انبار تیار ہوتے ہیں جن کی یلغار سے عوامی نفسیات متاثر ہوتی ہے۔ اچھا، فراڈ اس طرح سے کھیلا جاتا ہے کہ سچ بھی شرما جاتا ہے بلکہ اسے بھی خود پر شبہ ہونے لگتا ہے۔ جونہی یہ کام مکمل ہو جاتا ہے، انتخابات کا انتظام

ہوتا ہے، اصلی ونقلی ووٹ پڑتے ہیں اور ڈومینیٹنگ پاور مملکت کا نظام نئے رہنماؤں کے ذریعے سے سنبھال لیتی ہے اور یوں ان کا راج پاٹ چلتا رہتا ہے۔ عوام الناس ذہنی طور پر یوں ہی مفلوج رہتی ہے کیونکہ دنیا کی کوئی بھی عوام بہت ہی سطحی انداز سے معاملات کو دیکھنے کی عادی ہوتی ہے۔ ان کی نظر سے ماچس کی دوسری طرف ہمیشہ سے اوجھل رہتی ہے کیونکہ وہ چیزوں کو تھری ڈائمنشنل دیکھنے کے لائق نہیں ہوتے ہیں جیسا کہ ان کے ذہنوں کو ان دیگر اطراف کو نظر سے اوجھل ہی رکھا جاتا ہے اور ایسی ہی تربیت دی جاتی ہے۔ آپ گرامچی کی اس تسلط کے نظریے کے پس منظر سے پاکستان کے بنیادی تصور، تعمیر اور اُس کی آج تک کی بنی ہوئی سماجی و سیاسی ساخت کو بآسانی سمجھ سکتے ہیں اور جان سکتے ہیں کہ آج تک کا پاکستان اس حالت میں کس طرح سے پہنچا ہے۔ یہ ایک تعمیر شدہ یا ٹوٹا ہوا یا تقسیم شدہ یا تخریب شدہ پاکستان کس طرح سے وجود میں آیا ہے۔ شہزاد، پاکستان کا اس صورت حال سے نکلنا جب ہی ممکن ہے جب اس راضی نامے کو توڑا جائے مگر عوام کا اس رضامندی کو توڑنا اس لیے ممکن نہیں ہے کیونکہ ڈومینیٹنگ پاور نے ایک سماجی عقل وشعور سے اندھی عوام پیدا کر دی ہے اور پھر اِن پاورز کے ہاتھوں میں سول سوسائٹی کے اہم ترین ٹولز یعنی اسکول کالجز، مساجد، میڈیا، اخبار اور سوشل و الیکٹرانک میڈیا اور اس کے علاوہ طاقتور ٹولز یعنی فوج، پولیس، عدالتی ادارے اور بیوروکریٹک ادارے وغیرہ ہوتے ہیں، اس لیے پاکستان میں کسی بھی قسم کی تبدیلی کم وبیش ناممکن ہے۔

ڈاکٹر محمد شہزاد:

پاکستان کے بارے میں آپ کا کیا خیال ہے؟ کیا پاکستان واقعی ایک مذہبی سوسائٹی ہے؟

ڈاکٹر بلند اقبال:

شہزاد، کیا پاکستان واقعی ایک مذہبی سوسائٹی ہے؟ اس بحث میں پڑنے کے بجائے ہمیں پہلے مذہب کی دانشوارانہ حیثیت اور انسانی نفسیات کے نازک تعلق کو سمجھنا چاہیے۔ ہمیں یہ بھی طے کر لینا چاہیے کہ اس تعلق کے خاطر مذہب کا جو سیاسی و سماجی کردار انسانی تہذیبی دنیا میں

پیدا ہوا ہے اس نے سوسائٹی کو کس قدر فائدہ یا نقصان پہنچایا ہے؟ مذہب کے ارتقائی دور کی اگر ہم بات کریں تو ہمیں یہ پتہ چلتا ہے کہ ایک منظم مذہب کی پیدائش تقریباً دو سے ڈھائی ہزار برس پہلے زرعی ادوار میں ہوئی تھی۔ ظاہر ہے انسانوں کی اس ابتدائی سوسائٹی میں مذہب کے کچھ مثبت مقاصد ہی تھے اور اُن میں سب سے پہلی وجہ تو بظاہر یہی نظر آتی ہے کہ انسانی زندگی کو ایک معنویت دینے کی کوشش کی جائے یا پھر یہ کوشش کی جائے کہ کسی طرح سے انسانی سماج کی ایک مشترکہ شکل بن سکے اور یوں ساری انسانیت ایک اخلاقی نظریے کی چھتری تلے جمع ہو سکے یا پھر ایک صحت مندانہ احساس کو انسانوں میں بڑھایا جا سکے، لوگوں کے انفرادی اور مجموعی برتاؤ کو کنٹرول کیا جا سکے اور انہیں ایک مثبت سماجی تبدیلی کی خاطر تبدیل کیا جائے۔ ظاہر ہے اُس دور کے لحاظ سے ان کوششوں میں بڑی حد تک کامیابی بھی ملی۔ اب جہاں تک انفرادی انسانی معاملات ہیں ان کا مذہبی اخلاقیات کے 'عالمگیر اصولوں' پر تجزیہ یا انہیں جج نہیں کیا جا سکتا کیونکہ ہر انسان کا اپنا منفرد معیار، عمومی اخلاقی معیارات کے لحاظ سے اکثر مختلف ہوتا ہے کیونکہ ہر انسان کا شعور، اُس کا ضمیر، مختلف ماحول، تربیت، تعلیم یا سماجی قواعد اور رسوم و رواج کے لحاظ سے مختلف ڈویلپ ہوتا ہے اور جہاں تک بہت سارے مذہبی لوگوں کی اگر بات کی جائے تو اُس میں اُن کے نظریات کے لحاظ سے جانبدارانہ افکار موجود ہوتے ہیں مگر ہمیں کوئی ایسا ٹول یا جانچنے کا فارمولا نہیں ملتا جس پر ہم ان تمام جانبدارانہ موڈ یا میڈیم کو ایک مخصوص سطح یا فیصد پر جمع کر کے کہہ سکیں کہ صاحب یہ تمام حضرات اس میڈیم پر ایک جیسی مذہبی اقدار پر ملتے ہیں۔ کہنے کا مطلب یہ ہے کہ ہمیں انسانی سماج میں اس قدر بدلتے ہوئے مذہبی و غیر مذہبی اخلاقی معیارات ملتے ہیں کہ کسی بھی اجتماع کو مذہبی یا غیر مذہبی کا ٹائٹل دینے کے بجائے ایک فرد کو زیادہ آسانی سے مذہبی یا غیر مذہبی کہا جا سکتا ہے۔

مگر ایک بات زیادہ آسانی سے کہی جا سکتی ہے کہ کوئی بھی شخص یعنی عورت یا مرد یا تو زیادہ تر تہذیبی یا کلچر کے اعتبار سے مذہبی ہوتا ہے یا پھر روحانی فکر کے طور پر مذہبی ہوتا ہے۔ تہذیبی مذہبی کا مطلب ہے کہ اُس شخص نے مذہب کی رسوم و رواج کو اپنی 'کلچرل سیکیورٹی' کی خاطر اپنایا ہوا ہے۔ اچھا سوال یہ ہے کہ اُس نے ایسا کیوں کیا ہے؟ بظاہر اس کی وجہ یہ لگتی ہے اُس سے اُس کی زندگی میں آسانیاں پیدا ہو جاتی ہیں اور اُسے یوں محسوس ہوتا ہے کہ وہ ایک مخصوص

سوسائٹی کی نمائندگی کر رہا ہوتا ہے یعنی ایک احساسِ فخر پیدا ہو جاتا ہے اور یوں ایک انا پیدا ہوتی ہے جو شخصی نفسیات کا ایک اہم عنصر ہے۔ اس طرح رہنے سے اُسے کئی سماجی فوائد بھی میسر ہوتے ہیں اور ایک مجموعی رائے اُس کے حق میں بن جاتی ہے جو اُس کی زندگی کے کئی ایک مسائل حل کر دیتی ہے۔ اچھا جہاں تک روحانی طور پر مذہبی ہونے کا تعلق ہے ایسی صورت میں لوگ عموماً مذہب کی روحانی تعلیم کو اپنے تئیں حقیقی مان کر اُسے مکمل طور پر اپنی نفسیات کا حصہ بنا لیتے ہیں اور اُس کو نہ صرف اپنی زندگی کا اوڑھنا بچھونا بنا لیتے ہیں بلکہ دوسروں کو بھی قائل کرتے ہوئے ملتے ہیں۔

اب شہزاد، ان دونوں باتوں کو انفرادی سطح پر لے کر پاکستان کے پچیس کروڑ لوگوں کا ایک عمومی سا تجزیہ کر لیجیے کہ ان دونوں اجزا کا تناسب کس لحاظ سے انہیں اخلاقی طور پر واقعی روحانی یا سماجی طور پر مذہبی ثابت کرتا ہے؟ اب اگر آپ کو مناسب لگے تو اسی تناسب کی روشنی میں ایک پاکستانی فرد یا پورے معاشرے کو مذہبی یا غیر مذہبی کا ٹائٹل دے دیجیے۔ جہاں تک پاکستان کا تعلق ہے ہمیں پتہ ہے کہ وہاں بہت سارے مذہبی فرقے پائے جاتے ہیں اور ہر فرقہ کے لوگ صرف اپنے ہی فرقے کے روحانی یا کلچرلی حصے کو یا اُس کی دی گئی اقدار کو ہی فالو کر رہے ہوتے ہیں۔ اگر نارتھ امریکہ کو دیکھیں تو وہاں میرا خیال ہے کہ لوگ زیادہ تر کلچرلی یا تہذیبی طور پر مذہبی ہیں کیونکہ وہ عیسائی کلچرل اقدار کو فالو کرتے ہیں۔ اب سوال یہ ہے کہ روحانی طور پر مذہبی نہ ہونے یا غیر مذہبی ہونے کے باوجود اُن کی اخلاقیات بہتر کیوں ہے؟ تو میرے خیال میں اُس کی وجہ لیگل سسٹم کا دباؤ ہے اور کچھ نہیں۔ میرا ماننا ہے کہ انسان مجموعی طور پر ایک تہذیبی سا جانور ہوتا ہے اور اخلاقیات کے اچھے اصولوں پر پابند ہی رہنا چاہتا ہے اور اس کو اپنانے کے لیے انہیں مذہب کے سخت احکامات کی اتنی ضرورت نہیں ہے۔ اگر کسی زمانے یا کسی معاشرے کا انسان غیر تہذیب یافتہ اور جنگلی تھا تو یقیناً انہیں مذہب کا جبر اور خود خدا وغیرہ بہتر انسان بنانے میں ضرور مددگار ثابت ہوا ہوگا مگر اکیسویں صدی تک پہنچتے پہنچتے ایک عام انسان کی ساخت خود ہی اس قدر مہذب ہو گئی ہے کہ اکثر و بیشتر دہریے مذہبی انسانوں کی بہ نسبت اخلاقی اعتبار سے ایک بہتر انسان کی صورت میں ملتے ہیں۔ عموماً کچھ انسان کسی بھی معاشرے میں پرابلم ہوتے ہیں مگر اس کا تعلق اُس معاشرے کی اقتصادی ترقی اور معاشرتی ساخت سے بھی ہے۔ عام طور پر تو کسی بھی سوسائٹی میں عمومی طور پر لوگ اچھے ہی پائے جاتے ہیں۔ وہ ایک دوسرے کی مدد کرتے ہیں، ایک دوسرے کا خیال کرتے

ہیں اور وہ یہ سب بنا مذہبی خیال کے کرتے رہتے ہیں۔ ہاں پاکستانی معاشرے میں چونکہ مذہب پر زیادہ تر باتیں چل رہی ہوتی ہیں، ہر طرف مذہبی اجتماع نظر آتے ہیں، میڈیا پر ہر وقت مذہبی پروگرام چل رہے ہوتے ہیں، گلی کوچوں اور محلوں میں جا بجا مساجد اور مدرسے دکھائی دیتے ہیں اور فضا میں ازانوں کی آوازیں مستقل گونج رہی ہوتی ہیں تو ہمیں یہ گمان ہوتا ہے کہ یہ ایک مذہبی معاشرہ ہے مگر ہمیں چاہیے کہ اس سوشل ساخت کے پس منظر کے بجائے ہمیں چاہیے کہ ہم روحانی اور تہذیبی یا کلچرلی مذہب کے فرق اور تناسب کو سمجھ کر یہ طے کریں۔ سچ تو یہ ہے کہ ہم اکثر و بیشتر اپنے اردگرد دیکھتے ہیں کہ جونہی کسی مسجد میں نماز ختم ہوتی ہے تو مسجد کے اردگرد ہی گالی گلوچ، مار دھاڑ، چوری چکاری اور رشوت خوری شروع جاتی ہے۔ یعنی عالم یہ ہوتا ہے کہ سر پر ٹوپی ہے اور چہرے پر اسکارف ہے مگر اندر ایک جنگلی جانور ہے، یوں لگتا ہے جیسا کہ اُسے ٹوپی اور اسکارف سے باندھنے کی کوشش کی جا رہی ہے مگر وہ رسیاں تڑوا کر باہر نکلنے کے لیے بیتاب ہے۔ اکثر و بیشتر تمام تر دن بھر کی عبادتوں کے باوجود اندر کا ایک خود غرض انسان پوری توانائیوں سے موجود ہے جو نہ صرف خود غرضی سے محض اپنے بارے میں سوچتا رہتا ہے بلکہ اُس میں اتنی زیادہ اخلاقی برائیاں اور خامیاں موجود ہیں جو کسی بھی طور سوسائٹی کے لیے نقصان کا سبب بن سکتا ہے۔ یہ صورت حال دیکھ کر ہمیں طے کرنا چاہیے کہ ایسے لوگوں پر مشتمل سوسائٹی یا فرد کو ہم کیا نام دیں گے؟ ایسا فرد یا سوسائٹی کلچرلی مذہبی ہے یا روحانی؟ اب یہاں کئی ایک سوالات بھی ضرور بنتے ہیں کہ انسانی تاریخ میں جو مذہب اور سوسائٹی کا اب تک ارتقا ہوا ہے، آخر اس میں یہ توازن کس سطح پر ڈسٹرب ہوا ہے؟ یا یہ سوال بھی بنتا ہے کہ کیا مذہب اور اخلاقیات کی آزمائش کے پیمانے ایک ہی ہیں یا حقیقت میں ان کا آپس میں کوئی بھی جوڑ نہیں ہے؟ اچھا یہ سخت سا سوال بھی بنتا ہے کہ کیا ہم مذہب کو سیاست سے الگ کر سکتے ہیں یا نہیں؟ یا یہ سوال بھی کہ کیا واقعی میں مذہب کے کاندھے فلسفیانہ طور پر اس قدر مضبوط تھے جو اُن پر اخلاقیات کی بہتری کا بوجھ ڈال دیا گیا؟ کیونکہ تلخ سا سچ تو یہی ہے کہ تمام تر سیاسی طاقتور کوششوں کے باوجود بھی مذہب انسانوں کی مجموعی فکری بہتری لانے میں کامیاب نہیں ہوسکا ہے۔ اچھا یہ بات بالکل کلیئر ہے کہ یہ مسئلہ صرف مذہب اسلام کا ہی نہیں بلکہ دنیا بھر کے مذہبی معاشروں کا کم و بیش کچھ یہی حال ہے۔ اس لیے یہ کہا جا سکتا ہے کہ معاشروں کی تقسیم سراسر من مانی (Arbitrary) ہے انہیں واضح انداز سے مذہبی یا غیر مذہبی کا نام نہیں دیا جا سکتا۔

شہزاد، میرا خیال ہے کہ اکیسویں صدی کی گلوبلائزیشن کے معاشرتی اور اقتصادی تصور میں مذہب، زبان، رسم و رواج اس قدر آپس میں ایک جگہ جمع ہوتے جا رہے ہیں کہ آنے والے پچاس برسوں بلکہ شاید اگلے دس بیس برسوں میں ہی ایک مشترکہ قسم کا سماجی ڈھانچہ بن جائے گا۔ یہ اشتراک اب تک کے انسانی معاشروں کے مقابلے میں زیادہ متوازن اور صحت مند ہوگا کیونکہ اس ملاپ سے قومیت اور مذہب کا روایتی تصور کمزور ہو جائے گا اور انسانوں کے درمیان کا فاصلہ کم سے کم ہوتا چلا جائے گا۔ مختلف اقوام اور مذاہب کے ملنے سے ایک دوسرے کے لیے تحمل اور برداشت بڑھتا چلا جائے گا اور رنگ و نسل جیسے مسائل بھی کم ہوتے چلے جائیں گے اور مجموعی طور پر سوسائٹی پولرائزیشن سے آزاد ہوتی چلی جائے گی۔

ڈاکٹر محمد شہزاد:

آپ نے ابھی کہا کہ مذہبی یا غیر مذہبی تعارف ایک من مانی (Arbitrary) سی تقسیم ہے جو تعارف بنانے والے کی صوابدید کے تحت ہو سکتی ہے تو کیا ہم کسی بھی قسم کی سماجی تقسیم کے بارے میں ایسی ہی بات کر سکتے ہیں یا ہم کچھ معاملات میں مختلف رائے کا اظہار کر سکتے ہیں مثلاً کیا ہم انڈیا کا تعارف کروا سکتے ہیں کہ انڈیا ایک جمہوری معاشرہ ہے؟ یا یورپ ایک سیکولر جگہ ہے یا نارتھ امریکہ ایک مغربی معاشرہ ہے؟ اور پاکستان ایک مشرقی سوسائٹی ہے؟ یا سعودی عرب ایک فاشسٹ سوسائٹی ہے؟

ڈاکٹر بلند اقبال:

شہزاد جہاں تک یہ سوال کہ کیا ہم ایک مشرقی سوسائٹی ہیں؟ یا نارتھ امریکہ ایک مغربی سوسائٹی ہے یا یورپ ایک سیکولر سوسائٹی ہے یا سعودی عرب فاشسٹ سوسائٹی ہے اور کیا ہندوستان ایک ڈیموکریٹک سوسائٹی ہے؟ اگر سچائی سے دیکھا جائے تو سوسائٹی میں اس طرح کی تقسیم ایک بڑا ہی نصابی سا معاملہ دکھائی دیتا ہے۔ اصل میں اس طرح کی تقسیم آج کے دور میں ممکن نہیں ہے کیونکہ یہ معاشی سامراج کا دور ہے۔ آج سے پہلے سیاسی سامراج حکومتیں ہوا کرتی تھی جو دوسرے ممالک پر طاقت سے راج کیا کرتی تھی مگر آج دنیا بدل گئی ہے۔ دیکھیں یہ جو ہم لوگ

کہتے ہیں کہ فلاں ملک مشرقی یا مغربی ہے یا کوئی مذہبی یا غیر مذہبی ہے تو ہمارا اشارہ کلچر کی طرف ہوتا ہے مگر جب سیاسی نظریات (Political ideologies) کے لحاظ سے جغرافیائی تقسیم کرنے کی کوشش کرتے ہیں تو اس قسم کی کلیر تقسیم ممکن نہیں ہو پاتی ہے مثلاً کوئی بھی اسٹیٹ جیسا کہ انڈیا اگر خود کو ڈیموکریٹک کہتی ہے تو ضروری ہے کہ انڈیا خود کو ڈیموکریٹک اسٹیٹ ثابت کرنے کی کوشش کرے یا اس کے تقاضوں کو پورا بھی کرے یا سعودی عرب اگر ایک فاشسٹ اسٹیٹ ہے تو ضروری ہے کہ اُس کے اثرات حکومت سے عوامی سطح تک ہمیں دکھائی بھی دیں۔ آج چونکہ ہم ایک گلوبل سوسائٹی میں رہتے ہیں ایک ایسی سوسائٹی جس میں ٹریڈ، ایکسچینج اور پالیٹیکل انڈکس کا مین اسکیل بہت پھیل چکا ہے اس لحاظ سے ٹیکنالوجی، کلچر یا فائنانس کو دیکھا جائے تو دنیا بھر پر مغرب کا کنٹرول صاف دکھائی دیتا ہے۔ یہ بات درست ہے کہ ہمیں مغرب کے ساتھ ساتھ دوسری جانب چین اور انڈیا بھی بڑی طاقت یا پاور ہاوس بنتے ہوئے دکھائی دے رہے ہیں یا ہمیں جاپان اور ساؤتھ کوریا بھی نظر آرہے ہیں مگر یورپ اور نارتھ امریکہ کا معاملہ یہ ہے کہ یہ نہ صرف فائنانس یا معاشی اداروں یعنی ورلڈ بینک اور آئی ایم ایف کے ذریعے سے ترقی پذیر ممالک کو کنٹرول کررہے ہیں بلکہ کلچرل ایمپیریلزم بھی اس میں ایک اہم کردار ادا کررہا ہے مثلاً آج ہمیں میکڈانلڈ یا کوکا کولا کی فرنچائز ساری دنیا میں نظر آتی ہیں۔ اسی طرح مغربی نظریاتی تصور انسانیت کے حوالے سے، شخصی یا انفرادی آزادی اور سیکولرازم یعنی مذہب اور گورنمنٹ کی علیحدگی کا تصور بھی سوسائٹی میں پھیلتا ہوا ملتا ہے۔ معاشی سامراجیت اور ثقافت آپس میں ہمیشہ سے جُڑے ہوئے ہیں کیونکہ معاشی انجذاب یا ڈیفیوژن بھی معاشی پھیلاؤ میں ریڑھ کی ہڈی کا کردار ادا کرتے ہیں۔ اب سوال یہ پیدا ہوتا ہے کہ اگر ہم آنے والے دنوں میں چین یا انڈیا کو ساؤتھ اور سینٹرل ایشیا میں ایک پاور ہاوس بنتا ہوا پائیں تو کیا وہ اپنا کلچر بھی مغربی اقوام کی طرح سے پھیلا پائیں گے؟ کسی بھی کلچر کی ساخت میں بنیادی عنصر زبان کا ہے، مثال کے طور پر امریکی ڈرامہ یا سوپرا تو ہمیں میڈیا میں چاروں جانب دکھائی دیتا ہے مگر کیا لاطینی امریکی سوپرا بھی اسی طرح سے دنیا میں اپنی جگہ بنا سکتا ہے؟ یا یہ سوال پیدا ہوتا ہے کہ چینی یا کورین زبان یا ہندوستان کی سنسکرت زبان کس حد تک اپنے اندر اس قسم کی گنجائش رکھتی ہیں؟ اچھا پھر ان زبانوں میں علمی یا سائنٹیفک معاملات میں کس حد تک کام ہوا ہے؟ اس طرح انٹرنیٹ یا سوشل میڈیا میں کسی حد تک ان اقوام کا پھیلاؤ ممکن ہو پایا

ہے۔ سب سے اہم بات کہ امیگریشن سسٹم وغیرہ کے ممالک میں کس حد تک دوسری اقوام کے لیے یہ سوسائٹیز کشش کا سبب یہ ہیں؟ یا انہوں نے دوسری اقوام کے لوگوں کو اپنی سوسائٹی میں آزادی سے رہنے بسنے اور کاروبار کرنے کی مساوی جگہ آفر کی ہے؟ اس بات سے انکار ممکن ہی نہیں ہے کہ انگریزی زبان نے بین الاقوامی زبان ہونے کے ناتے مغربی اقوام کی معاشی اور ثقافتی ترقی میں اہم کردار ادا کیا ہے اور اس میں خود انگریزی زبان کی فطری کشادہ ظرفی کا بھی بڑا حصہ ہے۔ دیگر زبانوں کے مقابلے میں انگریزی زبان کی گرامر اور اس میں شامل اور زبانوں کے تراجم اور ادب یا سائنٹیفک علوم اور آنے والے ادوار کے تقاضوں کے لحاظ سے بھی اس نے اپنے دامن کی کشادگی اور وسعت کو ثابت کیا ہے۔ یہی وجہ ہے کہ اس کا پھیلاؤ معاشی ترقی میں مددگار ثابت ہوا ہے۔ اس لحاظ سے ہم یہ کہہ سکتے ہیں کہ کسی فاشسٹ ، مذہبی یا کمیونسٹ سوسائٹی کو بھی لبرل ڈیموکریٹک سوسائٹیز کی طرح نئے دور کی گلوبل سوسائٹی کی معاشی دنیا میں داخل ہونے کی خاطر دیگر قدامت پسند، قبائلی اور مذہبی سوسائٹی کے ساتھ ملکر ہی رہنا ہوگا اس لیے یہ من مانی تقسیم نصابی حد تک یا متعارف کرانے کی حد تک تو ممکن ہے مگر حقیقی معنوں میں سوسائٹیز کی اقدار اقتصادیات کے ساتھ ساتھ کلچر، زبان، رسوم ورواج اور فطری گنجائش ہی طے کرتی ہیں۔

ڈاکٹر محمد شہزاد:

ڈاکٹر صاحب جب ہم ان سچائیوں سے واقف ہوتے ہیں تو ہمارا ردّ عمل ایک سماجی فرد کے طور پر کیسے ہوگا؟ یعنی ہم کس طرح سے ایک فطری سماجی انسان ہونے کے ساتھ ساتھ ایک مصنوعی یا آرٹیفیشل سوسائٹی میں اپنا توازن برقرار رکھ سکتے ہیں؟

ڈاکٹر بلند اقبال:

دیکھیں شہزاد ہمیں نہیں بھولنا چاہیے کہ ہم دنیا میں ایک ایسی کلچرڈ کارٹ یا گاڑی پر سوار ہیں جس کے حقیقت میں چار طرح کے پہیے ہیں۔ ایک ٹیکنالوجیکل کی بھرمار، دوسرا ہماری سرمایہ دارانہ معیشت پر مالیاتی اداروں کا کنٹرول، تیسرا سیاسی اور مذہبی یا سیاسی انتہا پسندی یا پولررائزیشن اور چوتھا ماحولیاتی آلودگی اور ایٹمی جنگ کے خطرات ہیں۔ ظاہر ہے جس گاڑی میں

ہم سوار ہیں اس کا اسٹیئرنگ ہی ہمیں معمول کی زندگی میں رکھنے کا توازن فراہم کرے گا۔ ہمارے چاروں جانب ایک فطری تہذیبی دنیا ہے جس میں ہمیں ایک توازن کے ساتھ زندگی کے بہاؤ میں اس گاڑی کو چلانا ہے۔ ہماری گاڑی کے یہ چاروں پہیے کہنے کو ایک دوسرے سے الگ الگ اپنی شناخت رکھتے ہیں مگر درحقیقت یہ ایک ہی انجن سے جُڑے ہوئے ہیں۔ مثال کے طور پر ماحولیاتی آلودگی براہ راست سرمایہ دارانہ معیشت اور صنعت کاری سے جُڑی ہوئی ہے یا سیاسی و مذہبی بنیاد پرستی ہی اسٹیٹ کو چلانے والی ڈومینیٹنگ پاورز کے مضبوط ترین ہتھیار بھی ہیں۔ یہ چیزیں کس طرح سے ہماری گاڑی کے توازن یا اُس کی ترقی کی رفتار کو خراب کر رہی ہیں ان پر نظر رکھنا یا ان کا تجزیہ کرتے رہنا بہت ضروری ہے کیونکہ ہماری اسی تہذیبی گاڑی پر ہماری آنے والی نسل نے بھی سفر کرنا ہے اگر ہم اس کو سمجھ داری سے نہیں چلائیں گے یا غیر متوازن کر دیں گے تو ہماری آنے والی نسل اپنی زندگیوں میں صرف مسائل پائیں گی۔

دیکھیے شہزاد، ریاستوں کی کنٹرولنگ پاورز تو ہمیشہ سے یہی چاہتیں ہیں کہ ہماری زندگی کی گاڑی اُن کی مرضی یا منشا سے ہی چلے۔ اُن کا مقصد تو ہمیشہ سے اُس کی ڈرائیونگ سیٹ پر ہی سوار رہنا ہے جس کے لیے وہ جس پہیے کو بھی چاہیں گے اُس کی رفتار اپنی غرض کے لحاظ سے کم یا زیادہ کر دیں گے تا کہ اُس کی ڈائرکشن صرف اُن کے حق میں ہی رہے۔ اس کے لیے وہ بالا دستی کا نظریہ اپنا رہے ہوتے ہیں جس سے ہم زندگی کو سراسر اپنا سمجھ کر درحقیقت اُن کی ایما کے لحاظ سے مخصوص ڈائرکشنز میں خوشی خوشی دھکیلتے ہیں۔ ہمیں چاہیے کہ ہمیں اُس مخصوص رُخ کی طرف زندگی گزارنے کے نقصانات و فوائد کا پتہ ہونا چاہیے۔ جیسا کہ ٹیکنالوجیز کے فوائد کا پتہ ہونا چاہیے کہ ٹیکنالوجی ہماری زندگی کی کوالٹی کو بہتر بنا رہی ہے، کمیونی کیشن کو بھی بہتر کر رہی ہے، ہماری زندگی میں سہولت بھی لائی ہیں، ہمیں اطلاعات سے نواز رہی ہے، ہمارے ہیلتھ سیکٹر کو بہتر بنا رہی ہے تو وہیں دوسری جانب ٹیکنالوجی ہماری سماجی تنہائیوں کو بڑھا بھی رہی ہے، ہیومن ورکرز کی حیثیت کو بھی کم کر رہی ہیں۔ اسی طرح سرمایہ دارانہ نظام اگر ایک طرف سائنسی ایجادات کو بڑھا رہا ہے، آزادی کو پروموٹ کر رہا ہے، چوائسز یا بزنس کے مواقع بھی پیدا کر رہا ہے تو وہی دوسری جانب سیاسی اجارہ داری بھی پیدا کر رہا ہے، سوسائٹی کو مزید سماجی طبقات میں تقسیم بھی کر رہا ہے، امیر کو امیر تر اور غریب کو مزید غربت کے اندھیرے میں بھی دھکیل رہا ہے۔ سماجی فرق اور فاصلوں کو بھی

بڑھ رہا ہے۔ اسی طرح گلوبلائزیشن جہاں انفارمیشن، ٹیکنالوجی سے فائدہ اٹھا رہی ہے اور ایک موڈریٹ کلچر ڈویلپ کر رہا ہے تو دوسری جانب گلوبلی انفیکشن کو بھی پھیلا رہی ہے۔ مختصراً یہ کہ ہمیں اپنی تہذیبی فطری زندگی کی گاڑی کو توازن میں رکھنے کی ہر ممکن کوشش کرتے رہنا چاہیے۔

دیکھیے شہزاد، میرا ماننا ہے کہ زندگی میں ہر انسان کو ایک ہی چانس ملتا ہے، اب یہ ہم پر ہے کہ ہم مجموعی طور پر اِس سماجی زندگی کی گاڑی کو ایک اچھے توازن سے چلائیں تاکہ اُس کی منزل کامیابی کی جانب ہی ہو یا اپنی لاعلمی کے بدولت کسی ایسے مخصوص رخ میں اُسے دھکیل دیں جو ہماری آنے والی نسلوں کے لیے سخت ترین نقصان اور مسائل کا سبب بن جائے۔ یہ ہماری اخلاقی ذمہ داری ہے کہ ہم مناسب اور متوازن سیاسی، سماجی اور اقتصادی فیصلے کریں تاکہ ہمیں آئندہ آنے والی نسل کے سامنے شرمندہ نہ ہونا پڑ جائے۔

دوسری بدنصیبی

اس قوم کو انتہا پسندی کی بیماری میں مبتلا کر دو

ڈاکٹر محمد شہزاد:

ڈاکٹر بلند اقبال صاحب بد قسمتی سے ہمارے معاشرے میں فکری پولورائزیشن بہت بڑھ گئی ہے، آپ کی اس سلسلے میں کیا رائے ہے؟

ڈاکٹر بلند اقبال:

شہزاد، پولورائزیشن کا مطلب ہرگز یہ نہیں کہ دو مختلف گروپ ہیں یا دو مختلف لوگ ہیں اور ان کی رائے ایک دوسرے سے مختلف ہے۔ لوگوں کی رائے مختلف ہوسکتی ہے اور لوگوں کی رائے مختلف ہونا ایک قطعی فطری سی بات ہے، یہ تو کسی بھی سوسائٹی کے تنوع کو ظاہر کرتا ہے، یہ تنوع ہی دراصل جمہوریت کی اصلی ساخت کا تعین کرتا ہے اس کے بغیر کسی بھی فرد کی شناخت کا تصور ہی ختم ہو جائے گا یعنی نظریاتی ہونا کسی بھی شخص کا ایک بنیادی سماجی حق ہے مگر شہزاد، پولورائزیشن ایک قطعی مختلف سی شے ہے کیونکہ پولورائزیشن کے دوران تو دو گروپ یا دو افراد ایک دوسرے کی قطعی مخالفت میں چلے جاتے ہیں، وہ ایک دوسرے سے نا صرف متفق ہی نہیں ہوتے ہیں بلکہ اُن کا ایک اندھا ایمان بھی ہوتا ہے کہ ان کا مخالف یا دوسرا گروپ سراسر غلط اور گناہ کے راستے پر ہے۔ یعنی وہ گروپ سیاسی، فلسفیانہ یا مذہبی طور پر ہی نہیں بلکہ اخلاقی اعتبار سے بھی بالکل ہی غلط راستے پر ہے۔ اُن کے لیے یہ رائے بنالی جاتی ہے کہ اُن میں بہتری کی کوئی بھی گنجائش نہیں ہے۔

وہ درست ہونے کے بالکل بھی لائق نہیں ہے یعنی وہ سراسر گناہ کے راستے پر ہے۔

شہزاد، پولورائزیشن کے اندرون خانہ دھاگے مجھے سیاسی مسائل ہی سے جڑتے ہوئے دکھائی دیتے ہیں۔ مجھے لگتا ہے کہ جیسے آج کل کے عہد کی سیاست اور سیاسی رہنما ہیں وہ جس قسم کا سیاسی تاثر اپنی خودغرضیوں کی وجہ سے اپنے تئیں سماج میں پیدا کر رہے ہیں، اس سے وہ وقتی طور پر تو ضرور کامیاب ہو جاتے ہیں یا ہو جائیں گے مگر اس کے اثرات مجموعی طور پر تاریخ میں بہت ہی بُرے آئیں گے، اس کے نتیجے میں سوسائٹی اور بھی بیمار ہو جائے گی۔ یہ بھی ممکن ہے کہ ان باتوں کی وجہ سے ایک خانہ جنگی کی فضا بن جائے گی اور پھر ایک دوسرے کے خون بہانے کی حد تک بھی چلے جائیں۔ انہوں نے تاریخ کے جن کرداروں سے یہ طریقۂ سیاست سیکھا ہے یا جنہیں پڑھ کر یہ نفرتوں کی سیاست کر رہے ہیں، وہ سیاست دان وغیرہ تو دنیا سے جا چکے ہیں اور انہیں نہیں پتہ کہ ان کے مرنے کے بعد دنیا کس قدر مسائل میں گھر گئی ہے اور انسانیت کا کتنا زیادہ نقصان ہوا ہے۔ دورِ حاضر میں پولورائزیشن میں جو خاص عناصر اس کی ساخت میں اہم کردار ادا کر رہے ہیں ان میں ظاہر ہے سیاسی لیڈرز کی کرشماتی یا نرگسی شخصیت، ان کی انتہا پسندانہ فکر، ذرائع ابلاغ کا کردار خصوصاً پرنٹ اور الیکٹرانک میڈیا کے ساتھ ساتھ سوشل میڈیا اور سب سے بڑھ کر نیشنل اور انٹرنیشنل اسٹیبلشمنٹ کا کردار کسی طور بھی نظر انداز نہیں کیا جا سکتا۔ مذہبی نظریات کا سیاسی استعمال اور اس کی انتہا پسندانہ فکر کو تو جیسے جلتی پر تیل کے لیے استعمال کیا جاتا ہے۔

جب بھی ہم پولورائزیشن کی بات کرتے ہیں تو ہمیں نہیں بھولنا چاہیے کہ مقبول لیڈرز یا سیاسی پارٹی، وہ کئی لحاظ سے سیاسی میدانوں میں اپنے جوہر دکھاتے ہیں اور ان کے اثرات ہمیں ہر جگہ نظر آتے ہیں۔ لاطینی امریکہ میں وینیزویلا کے مرحوم صدر شیویز تھے یا اسپین میں پاڈیموس سیاسی پارٹی اور یونان میں بھی جو کچھ ہمیں پچھلی حکومتوں میں دکھائی دیا، اچھا یہ تو بائیں بازو کی مثالیں ہیں بالکل ایسے دائیں بازو کی سیاسی دنیا کی طرف دیکھیں تو آپ کو ایک بڑا نام تو ڈونالڈ ٹرمپ کا ہی مل جائے گا اور پھر ہنگری میں وکٹر اربائین یا فرانس میں میری لی پین وغیرہ اس قسم کے اور بھی نام آپ کو مل جائیں گے جو بہت ہی سنسنی خیز سیاست کرتے ہوئے ملیں گے، جو ہر وقت میڈیا کی سرخی میں رہنے کی کوشش کرتے رہیں گے مثلاً یونان میں اینٹی امیگرنٹس کی مثال مل جائے گی کہ اس سیاسی سلوگن کو خوب ہی استعمال کیا گیا۔ ایک اور بات کہ اس قسم کی سیاست میں خاصا

آمرانہ وجابرانہ قسم کا انداز سیاست آپ کو ملے گا۔ میں پچھلے دنوں ایک کتاب کا سرسری سا مطالعہ کر رہا تھا، ڈاکٹر موفف (Benjamin Moffitt) کی گلوبل رائز آف پاپولرازم، اس میں مثالیں دے کر بتایا گیا ہے کہ کس طرح پچھلے پچیس تیس برسوں میں اس قسم کی سیاست پروان چڑھی ہے جیسا کہ فلپائن کے ڈوریف یا امریکہ کے ٹرمپ وغیرہ کی سیاست کہ وہ کیسے حربے یا بیانیہ استعمال کرتے ہیں جیسا کہ اینٹی انٹلیکچوئلزم، اینٹی ایلیٹ کلاس اور اسی طرح کی اور بھی نیگیٹوازم کو پھیلایا جاتا ہے، مثلاً جمہوریت جو پہلے ہی دنیا بھر میں اسٹیبلش ہو چکی ہے، اُسے ایک پیچیدہ سا نظام کہہ کر متعارف کروایا جایا ہے۔ اس طرح کی مثالیں ہمیں کم وبیش ہر جگہ مل جاتی ہے مثلاً ہندوستان میں دیکھ لیں نریندر مودی ہیں ۔ یہ ایک مقبول عام رہنما ہیں یا پولینڈ کے جلسوزا کازکی ہیں یا ترکی کے صدر طیب اردگان ہیں تو اس قسم کے سیاستدان یا لیڈرز آپ کو کئی جگہ دکھائی دیں گے۔ یہ لوگ بہت زیادہ مشہور اور طاقتور ہیں، یہ بیک وقت الیکشن پر اثر انداز ہوتے ہیں، میڈیا انڈسٹری کے ذریعے کام کرتے ہیں، سوشل میڈیا میں رول پلے کرتے ہیں، عدالتی نظام کے خلاف بات کرتے ہیں، اگر وہ ان کے سیاسی عزائم کے خلاف ہے تو اس کی مخالفت میں بات کرتے ہیں، کہنے کا مطلب یہی ہے کہ سوسائٹی میں جو اعتدال اور برداشت کی فضا ہوتی ہے، اُس کا خاتمہ کر دیتے ہیں، اس کے اندر مذہبی انتہا یا شدت پسندی بھی نشوونما پاتی ہے، اس انتہا پسندی کو بھی مزید مقبول کر کے استعمال کیا جاتا ہے۔

پاکستان کے کئی ایک سیاستدان ہیں جنہیں آپ پاکستان میں پولورائزیشن کا سبب سمجھ سکتے ہیں اور دیکھ سکتے ہیں کہ وہ کس طرح سے اپنے سیاسی مخالفین کے خلاف نعرے بناتے ہیں، وہ اپنے مخالفین کے لطائف بناتے ہیں، اُن کے الگ الگ طرح کے کارٹونز بناتے ہیں، بیک گراونڈ میں الگ الگ طرح کی آوازیں ڈب کر دی جاتی ہیں تا کہ عوام الناس میں اُن کا ایک سنجیدہ تشخص نہ بن پائے، اُن کی کم وبیش ہر ایک شے حتی کہ پرسنل اور فیملی تک کا مذاق بنایا جاتا ہے تا کہ نفرت، غصے اور گالی گلوچ کی فضا بنی رہے اور پھر ظاہر ہے ان باتوں کے نتائج میں اس قدر بدتہذیبی کی فضا پیدا ہو جاتی ہے، سوسائٹی با آسانی کئی حصوں میں تقسیم ہوتی چلی جاتی ہے۔ معاملات اس قدر خراب ہو جاتے ہیں کہ ایک ہی خاندان سیاسی نظریات کی وجہ سے تقسیم ہونے لگتا ہے، سیاست میں مختلف لیڈروں کو فالو کرنے والے خاندان ایک دوسرے کے ساتھ رشتے رکھنے یا شادیاں

کرنے تک پر راضی نہیں ہو پاتے ہیں۔ اسی طرح دو مختلف سیاسی نظریات یا لیڈرز کو فالو کرنے والے خاندان فیملیز آپس میں بزنس کی فضا تک قائم نہیں رکھ پاتے ہیں یوں پوری سوسائٹی کئی حلقوں میں تقسیم ہو جاتی ہے اور بدقسمتی سے پچھلے چند برسوں کی سیاسی سرگرمیوں کی وجہ سے پاکستان میں آپ کو اس طرح کی فضا چاروں جانب پھیلی ہوئے نظر آ رہی ہے۔

ڈاکٹر محمد شہزاد:

سر آپ نے ابھی ایک اصطلاح مذہبی انتہا پسندی' استعمال کی ، یہاں میں اپنا دوسرا سوال یہی آپ سے پوچھوں گا کہ یہ جو مذہبی انتہا پسندی ہے اس کی نفسیات کے پیچھے کیا عوامل ہوتے ہیں یا اس کی ساخت عوام الناس میں کس طرح سے بنتی چلی جاتی ہے؟

ڈاکٹر بلند اقبال:

جی ضرور بالکل مذہبی انتہا پسندی کے کئی ایک اہم فیچرز ہیں جن کا ہمیں پتہ ہونا چاہیے کہ کس طرح سے یہ انتہا پسندانہ فکر ہماری عمومی سوچ کو بدل دیتی ہے اور مذہبی و سیاسی پولورائزشن میں دونوں کم وبیش ایک جیسا ہی طریقہ کار رکھتی ہے۔ اس نفسیاتی تناظر میں سب سے اہم شے جانبدارانہ طریقے سے ایک 'یک رخی' قسم کی (Inclined Sea) قابل قبول فکر پیدا کر دینا ہے جسے ہم شیطانی سوچ (Dualistic Thinking) کہتے ہیں جس پر اس قسم کے سیاستدان خاص طریقے سے کام کرتے ہیں۔ اُن کا مقصد چونکہ انتہائی تقسیم (Division) ہوتا ہے تو وہ ایک بہت ہی سادہ یا بائنری قسم کی عوام کی فکر کو تقسیم کرتے ہیں مثلاً ہم اچھے اور نیک لوگ ہیں اور تم بُرے اور بدلوگ ہو، یعنی یہ کہ ہماری سوسائٹی صحیح اور غلط لوگوں میں تقسیم شدہ ہے اور ہم صحیح لوگ ہیں اور سوسائٹی 'یہ ہم اور وہ تم' میں تقسیم ہے یعنی یہ ہم ہیں اور وہ تم ہو، ہمارے تمھارے درمیان بہت فرق ہے جو کبھی نہیں ختم ہو سکتا۔ تو یوں بہت ہی کم جگہ ملتی ہے ان دونوں حدود کے درمیان، بہت ہی کم امکانات ہمیں ایسے گروہ کے درمیان نظر آتے ہیں، یعنی کہ درمیان میں اس قدر جگہ ہی نہیں ملتی کہ تہذیب سے بات کرنے کی کوئی جگہ یا وجہ بھی میسر ہو سکے، ہمیں کہیں بھی کوئی درمیان کا ایک رنگ یا شیڈ نہیں ملتا جو دونوں طرف کے مختلف رنگوں کو ملا کر ایک باہمی جڑت کی فضا بنا سکے، ایسا

بلیک اینڈ وائیٹ قسم کا انداز ملتا ہے جس میں سوائے فاصلے، نفرتوں اور دشمنیوں کے اور کچھ بھی نہیں پایا جاتا ہے۔ یہ وہ سیاسی انتہا پسندی کی شیطانی شکل ہے جو مقبول ترین سیاست دان مذہبی انتہا پسندی والے حربے استعمال کرتے ہیں۔

دوسری اہم شے مجھے اس قسم کے نفسیات میں دکھائی دیتی ہے کہ ایک انتہا درجے کا پاگل پن (Paranoia) ہے یعنی ایک دوسرے پر بہت ہی گہرا شک وشبہ ہے، ایک غصہ، ایک جارحانہ پن ہے، ایک جوالہ مکھی ہے جو سینوں میں ایک دوسرے کے خلاف مسلسل دہک رہی ہے۔ ان کے درمیان کا فاصلہ بہت وسیع ہے جو صرف اور صرف نفرتوں سے بھرا ہوا ہے۔ تیسری شے جسے ہم نفسیات میں عام طور پر ایسی صورتحال میں دیکھتے ہیں وہ 'اپی کلیٹینیئن' ہے مطلب ایک سراب ہے یا کہیے ایک غیر منطقی سی سوچ ہے جو مذہبی فکر میں ہمیں اکثر ملتی ہے کہ ایک خراب دور (ہندو مذہبی متھ کے لحاظ سے کُل یوگ) چل رہا ہے جو بالآخر ختم ہونے والا ہے اور اس کے بعد ایک نئے جہان یا ایک نئی زندگی یا ایک نئے معاشرے کی شروعات ہوگی، ظاہر ہے ان سب باتوں کا تعلق زمینی حقائق سے نہیں ہے اور پھر چوتھی چیز آپ دیکھیے گا جو آپ کو خاص نظر آئے گی کہ مذہبی ہو یا سیاسی انتہا پسند رہنماؤں، ان میں ایک خاص مشترکہ شکل ملتی ہے کہ دونوں طرح کے لیڈرز بہت ہی کلٹش قسم کی کرشماتی شخصیات رکھتے ہیں۔ ایسے لیڈرز نفسیاتی طور پر اپنے فالوورز کے دماغوں کو کنٹرول کر لیتے ہیں، اُن پر طاری ہو جاتے ہیں۔ حالات یہ ہوتے ہیں کہ اگر وہ کہتے ہیں کہ بیٹھ جاؤ تو سارا ہجوم بیٹھ جاتا ہے۔ وہ اگر کہتے ہیں کھڑے ہو جاؤ تو سارا ہجوم کھڑا ہو جاتا ہے، وہ کہتے ہیں سب مل کر تالی مارو تو ہجوم تالی مارنے لگتے ہیں، وہ کہتا ہے میرے پیچھے پیچھے آؤ تو سب کے سب قطار در قطار دنبوں اور بھیڑوں کی طرح چل نکلتے ہیں، بنا دماغ کے زومبیز کی طرح جیسے ربوٹ ہوتے ہیں۔ ایسے سیاسی و مذہبی لیڈرز کے فالورز کبھی نہیں سوچتے ہیں کہ ان معاملات سے کس قسم کا نقصان پہنچ سکتا ہے؟ وہ خود سے سوال کرنے کا عقل وشعور ہی کھو بیٹھتے ہیں کہ یہ جو لیڈر ہمیں جس بھی راستے کی جانب لے جا رہا ہے وہ درست بھی ہے کہ نہیں؟ کہیں ایسا تو نہیں کہ یہ شخص خود بھی ضائع ہوگا اور ہمیں بھی ضائع کروا دے گا تو اس قسم کا کوئی بھی عقلی سلسلہ دور دور تک دستیاب نہیں ہوتا ہے۔ اچھا چوتھی اہم بات میں نے نوٹ کی ہے اسے میں 'ٹوٹلائز کنورژن' کہتا ہوں یعنی مکمل طور پر بدل جانا۔ مطلب یہ کہ جونہی لوگ اس قسم کی مذہبی یا سیاسی انتہا پسندانہ

جماعت میں شامل ہوتے ہیں وہ مکمل طور پر شامل ہوتے ہیں یعنی ممکن ہے کہ کوئی شخص کسی اور جماعت میں پہلے شامل ہو اور مکمل تبدیل شدہ نہ ہو کیونکہ وہ سیاسی و مذہبی جماعت انتہا پسندانہ مزاج کی نہیں تھی مگر جونہی وہ انتہا پسند جماعت میں شامل ہوتے ہیں، وہ مکمل طور پر بدل جاتے ہیں، بقول شخصے 'سیاسی جہادی' بن جاتے ہیں اور مرنے مارنے کے لیے راضی ہو جاتے ہیں حتیٰ کہ سارے ملک میں آگ لگانے کو تیار ہو جاتے ہیں۔

ڈاکٹر محمد شہزاد:

اس سلسلے کو آگے بڑھاتے ہوئے سر، میرا تیسرا سوال آپ سے یہ ہے کہ مذہبی انتہا پسندی نے ہمارے دماغ کو کس طرح ہائی جیک کیا ہے؟ کیا عمومی طور پر بنیاد پرستی چاہے وہ مذہبی ہو یا سیاسی، ایک ذہنی بیماری ہے؟

ڈاکٹر بلند اقبال:

شہزاد، آپ یقیناً جانتے بھی ہوں گے کہ مذہب میں ہمیں مجموعی طور پر دو طرح کے عمل دکھائی دیتے ہیں۔ ایک میں تو ہمیں قدرے جدت یا اعتدال پسند سا نظر آتا ہے اور میں سمجھتا ہوں کہ یہ کسی حد تک دماغی سکون، نفسیاتی صحت یا ذاتی زندگی کو منضبط ڈسپلین کرنے کے لیے ضروری بھی ہے لیکن مذہبی بنیاد پرستی اصل میں شروع ہی ایک پکے ایمان سے ہوتی ہے جو کہ ایک قادر مطلق اتھارٹی ہے یا پھر الہامی کتب اور پھر مذہبی رہنما پر ہوتی ہے۔ یہ جو اندھا عقیدہ ہوتا ہے وہی دراصل بنیاد پرستی ازم کے مسائل شروع کر دیتا ہے۔ یہ بنیاد پرستی ازم درحقیقت انسانوں کی فہم و فراست، سائنسی شہادتوں اور عقلیت (Rationality) چیلنج کرتا ہے کیونکہ وہ اپنے طور پر یا کہیے فطری طور پر مذہبی اندھے یقین کے لیے مستقل چیلنج بن رہے ہوتے ہیں اور یہی نہیں بلکہ اس کے لیے مستقل انکار کا سبب بن رہے ہوتے ہیں۔

اب آپ پوچھ رہے ہیں کہ کیا فنڈامینٹل ازم ایک ذہنی بیماری ہے؟ تو میں یہ سمجھتا ہوں کہ یہ ایک بیماری یا پیتھالوجی نہیں ہے بلکہ یہ ایک دماغی جرثومہ یا مینٹل پیراسائیٹ ہے یہ اصل میں جس پر اثر انداز ہوتا ہے، اُسے بیمار تو کرتا ہے مگر مکمل طور پر مارتا نہیں ہے کیونکہ اس کا اپنا مسئلہ

یا پلان خود کا بچاؤ (Survival) اور نشوونما ہے یعنی یہ عمومی پیراسائیٹ کی طرح جسم یا دماغ میں گھس کر بیمار کر کے مارتا نہیں ہے بلکہ جس پر اثر انداز ہوتا ہے اس میں ایک تبدیلی لاتا ہے، وہ شخص اس مینٹل پیراسائیٹ کے اثر سے مزاج، سوچ اور عمومی شخصیت میں ریڈیکلی تبدیل ہو جاتا ہے۔ اس مینٹل پیرائیٹ کی بقا اُس کے 'میزبان' کے وجود کی زندگی پر ہے کیونکہ اسے ملٹی پلائی کرنے کے لیے اور تنقیدی دماغ کو غیر تنقیدی دماغ میں بدلنے کے لیے ایک جیتا جاگتا میزبان ہی درکار ہے۔ اچھا اب سوال کا اگلا حصہ یہ ہے کہ آپ اسے پہچانیں گے کس طرح سے؟ یعنی تشخیص کس طرح سے کریں گے؟ اس کو پہچاننے اور تشخیص کا طریقہ مخالف سمت میں ہے یعنی بنیاد پرستی ازم کے شکار ہونے والے شخص جس کی نظریاتی برین واشنگ ہوئی ہے تو ایسی صورت میں ہمیں مکمل طور پر اس تبدیلی کے مخالف سمت میں جانا پڑے گا۔ ہمیں اس کی بحالی کے دوران جا کر دیکھنا پڑے گا کہ ابتدائی طور پر اُس کا دماغ کس طرح سے متاثر ہوا تھا؟ اُس کی شعوری صلاحیتیں کس طرح سے متاثر ہوئی تھیں؟

اچھا اب یہ سوال پیدا ہوتا ہے کہ یہ پیراسائٹ کس طرح سے بیماری پیدا کرتا ہے یا بنیاد پرستی کے اثرات پیدا کرتا ہے؟ جس طرح سے ایک وائرس یا بیکٹر یا انسانی جسم یا دماغ پر حملہ کرتا ہے اسی طرح سے یہ پیراسائٹ بھی متاثر کرتا ہے۔ ایک بیکٹیریا یا وائرس جونہی کسی جسم میں داخل ہوتا ہے تو اُس کے جینز جسم کے جینیٹک پول میں پہنچ کر تقسیم در تقسیم ہوتے ہیں، یہ بھی ملٹی پلائی اور ریپلیکیٹ ہو کر اپنی کاپیز ریلیز کرنا شروع کرتے ہیں۔ اس کی ایک اچھی مثال ۱۹۷۶ میں لکھی گئی رچرڈ ڈاکنز کی کتاب 'دی سیلفش جینز' میں دیا گیا 'میم' کا تصوّر ہے جو کہ جین کا ہی ایک مینٹل اینالوگ ہے مگر کلچر کو پھیلانے کا سبب بنتا ہے۔ انہوں نے بتایا کہ کس طرح سے یہ میم انسانی دماغ کے Behavioral Pole میں داخل ہو کر نشوونما پاتا ہے، ملٹی پلائی ہوتا ہے اور پھر کلچر میں شامل ہو کر ساری سوسائٹی میں ایک جیسی سلوک پھیلانے کا سبب بنتا ہے۔ ظاہر ہے یہاں ان کا موضوع مذہبی بنیاد پرستی ہے کہ کس طرح سے پوری سوسائٹی مذہبی شدت پسندی کا شکار ہو جاتی ہے۔ اگر وہ کلچرل جین طاقتور ہے تو وہ کلچر تیزی سے پورے معاشرے کو اپنے کنٹرول میں لے لیتا ہے اور اگر وہ کمزور ہو تو پھر کچھ عرصے میں خود ہی ختم ہو جاتا ہے، یہ بات بالکل ڈارون کی تھیوری (Survival of the Fittest) کی طرح ہے۔ اچھا اسی بات کو اگر ہم خوف اور لالچ جیسے

تصور سے جوڑلیں تو ہمیں سمجھ میں آجاتا ہے کہ کس طرح سے مذہب پہلے پہل انسانی دماغ کے اندر پہنچتا ہے یعنی یہ وہی بات ہے کہ جب کبھی ایک بچہ بڑا ہونے لگتا ہے تو اس کی ذہنی اور فکری سوچ بھی نشوونما پانے لگتی ہے۔ جوں جوں وہ بڑا ہونے لگتا ہے وہ اپنے مستقبل کے بارے میں بھی سوچنا شروع کر دیتا ہے، پھر ظاہر ہے اس میں اخلاقیات یا اخلاقی انسان بھی آجاتا ہے۔ لیکن اسے جب یہ بھی پتہ چلتا ہے کہ ایک دن اس کے ماں باپ بہن بھائی مر جائیں گے اور پھر ایک دن ایسا بھی آئے گا جب وہ خود بھی مر جائے گا تو اس میں ایک بے چینی شروع ہو جاتی ہے اور یوں اسے مذہبی طور پر ایک زندگی بعد از موت کے تصور سے نفسیاتی سکون ملتا ہے۔ یہ ٹھیک ہے کہ یہ ایک بڑی وجہ ہے مگر اس کے علاوہ بھی ایک اور پورا کا پورا نفسیاتی عمل ہے جو مذہبی کلچر کو ملٹی پلائی کرنے کی خاطر اس کے پیرا سائٹک اسٹر کچر کو پھیلانے میں مدد کرتا ہے، اس سلسلے میں ڈینیل ڈینٹ کی ایک کتاب 'ہاو آئیڈیا کین کنٹرول مائنڈ' آئی تھی جس میں انہوں نے بتایا تھا کہ کس طرح سے ایک دماغ ایک مصنوعی 'آرٹی فیکٹ' بن جاتا ہے، یعنی وہ ایک فطری خیالات وتصورات کی آماجگاہ بننے کے بجائے ایک مصنوعی سی جگہ بن جاتا ہے جس کے اندر سارے کے سارے مذہبی تصورات بس جاتے ہیں یوں مذہبی آئیڈیالوجی کے لیے رہنے کا ایک مستقل ساٹھکانہ بن جاتا ہے اور یوں مائنڈ دماغ کے کنٹرول میں نہیں رہتا ہے بلکہ وہ خود ہی مائنڈ کو کنٹرول کرنے لگتا ہے۔ کیونکہ برین کا فطری فنکشن بدل جاتا ہے اس لیے مائنڈ ایک مخصوص سمت میں کام کرنا شروع کر دیتا ہے اب اس میں سے جو نظریات نکل رہے ہیں وہ مائنڈ کو ایک مخصوص دائرے میں لے جانے کا سبب بنتے ہیں ،اس میں میم سے جو کلچر یا جین پیدا ہوتی ہے وہ پھر میوٹیشن کے عمل سے گزرتی ہے اور اپنی کا پیز ڈویلپ کرتی ہیں۔ ان کا پیز سے پھر مختلف اقسام کی سب ٹائپ، ویرینٹ یا ورژن بننے لگتے ہیں۔ اس دوران کچھ ویرینٹ مائلڈ یا موڈریٹ نوعیت کے ہوتے ہیں اور کچھ انتہا پسندانہ اور بنیاد پرستی والے بھی ڈویلپ ہوتے ہیں جیسا کہ مسیحیت اور مذہب اسلام میں ہمیں ایسا بڑا فکری طبقہ ملے گا جو بنیاد پرستانہ جلالی مزاج کا ہوگا جو صرف اخلاقیات اور نفسیاتی سکون اور امن وآشتی وغیرہ کی بات کرتا ہے مگر پھر ایک مقدار ایسے ویرینٹ کی بھی نظر آئے گی جو شدت پسندانہ یا جلالی فکر پیدا کرتے ہیں، جو غیر منطقی ہوتے ہیں، غیر حقیقی سوچ پیدا کرتے ہیں اور سوسائٹی کے لیے سخت ترین مسائل کا سبب بنتے ہیں۔

اس معاملے کو ہم بہت آسانی سے کمپیوٹر کے ٹریگان ہارس وائرس سے موازنہ کر سکتے ہیں۔ بالکل جس طرح سے کمپیوٹر کسی ٹریگان وائرس سے متاثر ہوتا ہے، جس طرح سے وہ سافٹ ویر میں ڈاؤن لوڈ ہوتا ہے اور پھر اپنی جیسی لاکھوں کروڑوں کاپیز ریلیز کرنا شروع کر دیتا ہے بالکل ایسے ہی کلچرل جینز یعنی میم میں بھی ہوتا ہے۔ مثلاً جیسے تمام عبادتیں ہیں، لوگ جوق در جوق مندر جانے لگتے ہیں، کوئی چرچ میں جا رہا ہے اور کچھ لوگ مسجدوں میں جاتے رہتے ہیں۔ یوں ذہنی آب و ہوا کی ایک مخصوص سی فضا میں اسے سچ سمجھ کر پھنسے رہتے ہیں اور نہ صرف خود اسے مستقل طور پر بنا سوچے سمجھے بس پریکٹس کر رہے ہوتے ہیں بلکہ اکثر کوشش کر کے پورے معاشرے میں اسے پھیلانے میں بھی مصروف ہوتے ہیں۔ یوں یہ پروسس سوسائٹی میں ایک مخصوص کلچر کو پھیلانے کا سبب بنتا ہے مثلاً مسیحی بنیاد پرستی میں ہمیں اس کی ایک پوری پیرا سائیٹیکل (Parasitic) نفسیات مل جاتی ہے۔ اس فکر کو ہم 'میجیکل تھنکنگ' بھی کہتے ہیں یعنی ایک ایسی سوچ جس کا حقیقت کی دنیا سے کوئی تعلق نہیں ہے۔ یہی سوچ بنیاد پرستی کی صورت میں بھی پھیل جاتی ہے۔ اس بارے میں سائکولوجسٹ اور نیورولوجسٹ کہتے ہیں کہ یہ ایک بہت ہی طاقتور سوچ ہوتی ہیں کیونکہ اس میں خوبی ہوتی ہے کہ یہ کسی بھی قسم کی وضاحت کو اپنا سکتی ہے، کسی بھی قسم کی دلیل کا جواب دینے کی صلاحیت رکھتی ہے اور اس میں سخت قسم کا وجدانی یا 'میں صحیح ہوں' والا فکری انداز ہوتا ہے، اس میں کوئی تجزیاتی یا تنقیدی ذہن نہیں پایا جاتا ہے اور پھر سب سے بڑھ کر اس میں ایک سخت قسم کا 'انکار' ہوتا ہے خصوصاً سائنس کے لیے، کیونکہ سائنس تو حواس خمسہ کے مشاہدات، تجربات اور مخصوص مفروضوں کی بنیاد پر بات کرتی ہے تو یہ سائنس کو مکمل مسترد کر دیتی ہے۔ سائنس کو مسترد کرنا اس لیے ضروری ہوتا ہے کیونکہ اس طرح سے معروضی سچ ضائع ہو جاتا ہے۔ معروضی سچ ضائع کرنا اس لیے ضروری ہے کیونکہ اگر وہ رہے گا تو وہ شدت پسند ذہن کا تجزیہ کرے گا اور یوں اس سے اس کے اپنے وجود کے لیے مسائل پیدا ہو سکتے ہیں۔

اب ہمیں سوچنا چاہیے کہ ہم کس طرح سے اس شدت پسندی کو ختم کر سکتے ہیں، یا کم کر سکتے ہیں؟ اس کا تو بس یہی طریقہ ہے کہ اس پوری بنیاد پرست نظریے یا دماغی جھکاؤ کو ایک کمپیوٹرائز قسم کے بیالوجیکل سسٹم کی طرح ہی سمجھنے کی کوشش کی جائے اور جب اس پوری انالوگی کو سمجھ لیں تو ہمیں اندازہ ہو جائے گا کہ برین واش کس طرح سے کیے جاتے ہیں؟ کس طرح سے یہ

ذہنی وائرس (Mental Parasite) پھیلتا ہے اور جب ہم اسے عام لوگوں کو بھی سمجھائیں گے تو یقیناً اس کی شدت میں قدرے کمی بھی آجائے گی۔

ڈاکٹر محمد شہزاد:

بلند اقبال صاحب یہ سماجی تفریق (Social olarization) اور مذہبی انتہا پسندی اب ساری دنیا کا ایک مسئلہ بنتی جارہی ہے، اس دنیا کے بارے میں آپ کیا خیال رکھتے ہیں؟

ڈاکٹر بلند اقبال:

دیکھیں شہزاد گاندھی جی نے ایک بار کہا تھا کہ 'جو یہ سمجھتے ہیں کہ مذہب اور سیاست آپس میں جڑے ہوئے نہیں ہیں انہیں نہ تو مذہب کا شعور ہے اور نہ ہی سیاست کا پتہ ہے۔' اصل بات یہی ہے کہ مذہب اور سیاست آپس میں بہت اندر تک جڑے ہوئے ہیں۔ دیکھیے میں چند دنوں پہلے میں ۲۰۱۲ میں امریکہ میں کی گئی ایک ریسرچ اسٹڈی پڑھ رہا تھا جس سے امریکن سوسائٹی میں مذہبی اور سیاسی تقسیم کا اندازہ ہوتا ہے کہ کس طرح یہی آبادیاں ری پبلیکن اور ڈیموکریٹس کو سپورٹ کرتی ہیں۔ مثلاً کوئی چرچ ہے چرچ آف نزارین اس میں ۶۳ فیصد لوگ ہیں یا کوئی بیپٹسٹ چرچ ہے جس میں ۶۴ فیصد لوگ جاتے ہیں یا امریکہ کا کوئی چرچ ہے پرسبیٹائرین وہاں ۶۵ فیصد آبادی جمع ہوتی ہے یا گاڈ آف کرائسٹ کا چرچ ہے جہاں ۷۵ فیصد لوگ جاتے ہیں وغیرہ وغیرہ تو مختلف چرچز کی آبادیوں کے لحاظ سے وہاں پر وہی لوگ ری پبلکن کو سپورٹ کر رہے تھے یا اسی طرح ایک مختلف قسم کی آبادی ہے جیسے کہ اُن جگہوں پر جہاں مسلم ۶۲ فیصد ہیں، ہندو ۶۹ فیصد ہیں یا بدھا مذہب کے ماننے والے یا افریقی کرسچن چرچز ہیں، اُن علاقوں کے لوگ ڈیموکریٹس کو زیادہ سپورٹ کر رہے تھے تو اس طرح سے چرچز کی ری پبلیکن اور ڈیموکریٹس کے لحاظ سے تقسیم نظر آتی ہے۔ اسی طرح ہندوستان میں بھی جب سے ہندوتوا کی تحریک سیاسی انداز میں پھیلی ہے ہمیں ایسا کچھ نظر آرہا ہے۔ وی ڈی سورکار کی پرو ہندوتوا تصور پر ۱۹۲۳ میں مشہور کتاب آئی تھی جس میں انہوں نے گاندھی اور نہرو کی سیکولر آئیڈیالوجی کے بجائے ہندو نیشنل ازم کو جغرافیہ کے بجائے تہذیب اور کلچر سے جوڑا تھا، اسی تصور کے نتائج میں پھر سیاسی انتہا پسند تنظیم آر ایس ایس بنی اور پھر ہم سب نے دیکھا کہ وہی

ہندوستان جو دنیا بھر کے لیے ایک عظیم سیکولر ریاست سمجھی جاتی تھی، کس قدر آسانی سے ہندو نیشنل اسٹیٹ سے بدل گئی، مودی کی ۲۰۱۴ کی حکومت کے بعد سے انڈیا کا سیاسی ماحول جس طرح سے تبدیل ہوا ہے اس سے انڈیا نا صرف سیاسی طور پر بیمار ہوا بلکہ اُس کا دنیا بھر میں سماجی و تہذیبی تعارف بھی قدرے متاثر ہوا، پاکستان میں بھی سیاسی جماعتوں اور اسٹیبلشمنٹ کا کردار کسی سے چھپا ہوا نہیں ہے، سب جانتے ہیں کہ مذہبی شدت پسند تنظیموں نے سیاسی و عسکری جوڑتوڑ کے پیچھے ہی تربیت حاصل کی ہے اور یوں سارا ملک شیعہ، سنی، وہابی اور دیوبندی ٹکڑوں میں تقسیم ہو گیا۔ ادھر یورپ میں بھی دیکھ لیجیے وہاں بھی یہی سب تماشے نظر آتے ہیں، کیا برازیل، کولمبیا، بنگلہ دیش، انڈونیشیا، کینیا، پولینڈ اور کیا ہی ترکی، ان تمام جگہوں پر یہی سب چیزیں نظر آتی ہیں۔ اگر آپ ان کا ذرا سا گہرائی سے مطالعہ کریں تو پس منظر میں ایک جیسا ہی سیاسی اسٹیٹس اور ایک جیسی ہی معاشی ساخت دکھائی دے گی اور کئی ایک چیزیں سیاست میں مشترکہ عمل میں ملیں گی۔ مثلاً کینیا، کولمبیا اور پولینڈ میں جو پولورائزیشن ڈویلپ ہوئی ہے اس کی اٹھان کم و بیش ایک جیسی ہی ہے، پولینڈ میں جلسوزا کازکی نے بھی وہی سوشل میڈیا ہی استعمال کیا، ترکی میں طیب اردگان نے بھی اپنے مخالفین کے خلاف ایک تناؤ کی سی شکل پیدا کی ہے، مقصد سوائے الیکٹورل کامیابی کے سوا کچھ بھی نہیں تھا۔ یہ سب اپنے اپنے سیاسی مخالفین کو ایک شیطان کے روپ میں عوام کو پیش کرتے ہیں۔ یہ عموماً ڈیموکریٹک نظام کی توڑ پھوڑ کرتے ہیں اور ہر وہ مسئلہ جو عوام کو ان کے حق میں کر دے جیسا کہ پولینڈ میں ابارشن پر پابندی لگانے والے نعرے چلائے گئے، جیسا کہ اٹلی میں تارکین وطن کے خلاف نعرہ استعمال کیا گیا۔ مطلب کہنے کا یہی ہے کہ یہ ساری 'انڈسٹری' اسی طرح سے کام کرتی ہے اور اس انڈسٹری کو استعمال کرنے کے لیے سوشل میڈیا کا بے دریغ استعمال کیا جاتا ہے، جمہوریت دشمن حربے عوام میں استعمال کیے جاتے ہیں۔ ایک رائے بنانے کی خاطر تناؤ پیدا کیا جاتا ہے جس کے نتائج میں انتہا پسندانہ رویے پیدا ہوتے ہیں، سوسائٹی پولورائزیشن کا شکار ہو جاتی ہے، اچھا سوال پیدا ہوتا ہے کہ اس سارے عمل میں معیشت کا کیا کردار ہوتا ہے؟ مجھے نہیں پتہ، ممکن ہے کہ کردار ہو، کیونکہ انڈیا میں تو بالکل ایک علیحدہ ہی تصویر دکھائی دیتی ہے، انڈیا میں جب مڈل کلاس زیادہ طاقتور ہوئی تو ہم نے دیکھا کہ ہندوتوا (Hindu National Narrative) ابھی اتنی ہی شدت سے پھیلتا چلا گیا تو اِن کا آپس میں آخر کیا اندرونی تعلق ہے؟ میرا خیال ہے اس پر بھی

ہمیں کئی ایک مطالعے (Studies) مل جائیں گے کہ ایسا کیوں کر اور کیسے ہوا؟ اچھا کرپشن کا کردار تو ہے، مطلب یہ کہ دیکھا گیا ہے کہ اگر کرپشن کم ہوتی ہے تو پولورائزیشن بھی کم ہوجاتی ہے۔ مثلاً یہ جو اقربا پروری اپنوں کو پالنے والوں کی سرپرستی ہے اس کو کم کرنا بہت ہی ضروری ہے، ان رویوں کی کمی سے پولورائزشن میں بھی بڑی حد تک کمی آجاتی ہے۔ تو یہ سارے معاملات ہیں مگر ہمیں جو عمومی سماج میں صاف نظر آتا ہے وہ یہی ہے، چاہے برازیل یا وینزیلا جائیں تو جس ادارے کا پولورائزشن کی وجہ سے سب سے زیادہ نقصان ہوا، وہ بہر حال ڈیموکریسی ہی ہے اور پھر عدلیہ یا عدالتی نظام کا نقصان ہوا ہے۔ کیونکہ یہ مقبول قسم کے لیڈر ہوتے ہیں وہ جب پولورائزشن کو ڈویلپ کرتے ہیں تو سب سے پہلے عدالتی نظام کو جانبدارانہ ثابت کرنے میں لگ جاتے ہیں کیونکہ اس کی ایک وجہ یہ بھی ہے کہ وہ اپنے من پسند لوگ عدلیہ میں لانا چاہتے ہیں تاکہ وہ ان کے حق میں ہی فیصلے کرسکیں۔ اگر وہ صدارتی نظام ہے تو صدر کی کوشش یہی ہوگی کہ وہ اپنے ہی سپورٹرز یا سیاسی پارٹی کی مدد کرے، اُسے ملک کے مسائل سے زیادہ اپنی سیاسی پارٹی کے معاملات میں دلچسپی ہوتی ہے۔ اس طرح سے سوسائٹی میں ایک اعتدال اور برداشت کا جو ماحول ہے وہ تباہ و برباد ہوجاتا ہے، سوسائٹی میں جو ایک یکجہتی کا ماحول ہونا لازمی ہے وہ ختم ہوجاتا ہے۔ اور اگر یہ پولورائزیشن بہت زیادہ پھیل جائے تو سوسائٹی انارکی کا شکار ہوجاتی ہے، انسانی حقوق کے مسائل آجاتے ہیں نفرت پر مبنی جرائم (Hate Crime) شروع ہوجاتے ہیں، سیاسی فساد پھیل جاتا ہے اور بالآخر ملک خانہ جنگی کی طرف چلا جاتا ہے۔ اس کی مثالیں آپ کو پچھلے چند برسوں کے انڈیا میں مل جائیں گی، پاکستان میں تو اکثر و بیشتر ہی نظر آتی ہیں، پولینڈ میں بھی یہی ہوتا رہا ہے، امریکہ میں ڈونلڈ ٹرمپ کے دور کے بعد سے اس قسم کے واقعات میں بہت اضافہ ہوگیا ہے۔

ڈاکٹر محمد شہزاد:

ڈاکٹر صاحب یہ میرا آخری یعنی پانچواں سوال ہے کہ ہم اس پولورائزیشن کو ختم کیسے کر سکتے ہیں یا اس کی سطح میں ہم کمی کیسے لاسکتے ہیں؟

ڈاکٹر بلند اقبال:

دیکھیں شہزاد، اصل بات مکالمے ہی کی ہے جو اس وقت ہم لوگ بھی کر رہے ہیں۔

پولورائزیشن کی کمی کے لیے مکالمے کی اہمیت اور اُس کو قائم رکھنے کے لیے ایک مستقل جدوجہد کرنا ضروری ہے، میڈیا میں اصلاحات بہت اہم ہیں اور سب سے بڑھ کر نیشنل اور انٹرنیشنل ایکشن بھی، کہ تمام معاشروں کے سیاسی ادارے مل بیٹھ کر اس قسم کی باتوں کی روک تھام کے لیے چند سنجیدہ اقدام لیں۔ یہ سمجھنا چاہیے کہ سوسائٹی کی بقا کے لیے اِسے پولورائزیشن سے بچانا بہت ضروری ہے۔ جہاں تک ادارہ جاتی اصلاحات (Institutional Reform) کی بات ہے ہمیں اس کے لیے پولیٹیکل سسٹم کو ڈی سینٹرلائز کرنے کے بارے میں سوچنا ہوگا، اسی طرح طاقت کے مراکز اور انتخابی قوانین میں بھی ممکنہ تبدیلی لانی ہوگی مثلاً امریکہ میں ۲۰۱۶ میں الیکٹورل سسٹم کے لیے ایک نیا قانون 'رینک چوائس ووٹنگ' جنرل اسمبلی میں پاس ہوا تھا یعنی اس طرح سے سیاسی پارٹیوں کا ایک دوسرے کے خلاف منفی مہم کی حوصلہ شکنی کرنے کی کوشش کی گئی تھی۔ اسی طرح عدالتی نظام کے حوالے سے ایک مثال ہمیں انڈیا میں آئین کے حوالے سے ملتی ہے جہاں کچھ عرصے پہلے ہی سیاسی تشدد اور دنگے فساد کے خلاف قانون سازی کی گئی اور سخت ترین سزاوں کے اعلانات کیے گئے۔

اسی طرح سیاسی رہنماؤں کے حوالے سے جو مثالیں ہمیں ملتی ہیں جیسا کہ یوکروڈا ایک جگہ ہے جہاں کے صدر تھے لینن مرینو، انہوں نے اپنا سیاسی سلوگن پولورائزیشن کی مخالفت میں بنایا اور اُن کا یہ یک جہتی والا بیانیہ بلکہ مثبت طرزِ عمل بہت کامیاب رہا اور ان کی سیاسی جماعت الیکشن میں بھی کامیاب ہوئی۔ اسی طرح ترکی میں بھی ہوا تھا جب ۲۰۱۹ میں ایک اپوزیشن جماعت کے امیدوار جو استنبول کے میئر بننا چاہتے تھے انہوں نے بھی ترکی میں جو سیاسی وسماجی تقسیم ہو رہی تھی، اس کی مخالفت کی بات کی اور الیکشن میں کامیاب رہے۔ اس طرح ہمیں کئی اور مثالیں بھی ملتی ہیں مگر میڈیا اور ادارہ جاتی اصلاحات ،قومی اور بین الاقوامی پالیسیوں کے علاوہ سب سے زیادہ اہم کردار خود ہمارا ہے یعنی ہمیں سوچنا چاہیے کہ ہم اپنے مخالفین کی رائے کو سنجیدگی سے پڑھتے بھی ہیں؟ ہم میں سے کتنے ہی ہیں جو وہ ٹی وی چینلز بھی دیکھتے ہیں جہاں ہماری اپنی سیاسی رائے یا نظریات کے خلاف بات ہوتی ہے؟ اچھا ہم میں سے کتنے ہی ہیں جو سوشل میڈیا پر اندھا دھند پولورائزیشن کے موافق تبصروں و بیانات کو پسند کرتے ہیں، انہیں لائک کر کے اس کی حوصلہ افزائی بھی کرتے ہیں۔ اصل میں ہم خود بھی اس قطار کا حصہ بنے ہوئے ہیں۔ ہم خود اس قسم

کے میٹریل پر کھل کر گفتگو بھی نہیں کرتے ہیں، ہم یوں اس سارے عمل کی حوصلہ شکنی نہیں کرتے ہیں، اس بات پر کبھی تنقیدی انداز میں سوچتے بھی ہیں تو اظہار نہیں کرتے ہیں مثلاً یہی سوشل میڈیا کے اوپر مخصوص وقتوں میں ایک ہی جیسا نفرت انگیز اور تقسیم کر دینے والا پروپیگنڈا مسلسل سامنے کیوں آرہا ہے اور سب سے بڑھ کر ہم کیوں کر اسے قبول بھی کر رہے ہیں؟۔ کہیں ایسا تو نہیں کہ ہم خود اس قطار میں بھیڑ بکریوں کی طرح یا اندھے عقیدت مندوں کی طرح شامل ہیں؟ کہیں ایسا تو نہیں کہ ہم خود ہی اس سارے سماجی رجحان کو انجانے میں سیٹ کر رہے ہیں؟ ہم خود ہی اس پولورائزیشن کا حصہ ہیں یا اسے بڑھانے یا پھیلانے کی کوشش میں مستقل لگے ہوئے ہیں؟ تو یہی سوال سب سے اہم ہے کہ ایسے برے حالات میں ایک ذمہ دار سماجی شہری ہونے کے ناتے ہمارا اپنا کیا کردار ہونا چاہیے؟ اس کے بعد ہی ہم باقی تمام باتیں کرنے کی کسی منزل پر ہوں گے اور پولورائزیشن کو کم سے کم یا معاشرے سے صاف کرنے کی کوشش کر پائیں گے۔

تیسری بدنصیبی

اس دماغ کو بھیڑوں کی طرح ہانکنا ہوگا

ڈاکٹر محمد شہزاد:

ڈاکٹر صاحب مجمع کی فکر سے کیا مراد ہے؟ کیا یہ انسانوں میں جانوروں کی طرح کی ایک عمومی فطری جبلت ہے؟ یا یہ انسانوں کی کچھ مخصوص سی حیوانی صفت ہے؟

ڈاکٹر بلند اقبال:

شہزاد، یہ ایک بہت اہم موضوع ہے مگر بدقسمتی دیکھیے کہ ہمارے ہاں اس قسم کے موضوعات پر شاذ و نادر ہی کسی بھی یونیورسٹی یا کسی تعلیمی ادارے میں ایک آدھ بھی علمی نوعیت کی گفتگو نظر آتی ہے۔ ہم نے کچھ دن قبل ہی اس بات پر غور کرنے کی کوشش کی تھی کہ کس طرح سیاسی طور سے ہمیں ایک فرد اور سوسائٹی کی صورت میں مذہبی انتہا پسندی سے سیاسی انتہا پسندی کی طرف دھکیلا گیا ہے۔ ہمارا معاشرہ ایک پورے پلان کے ساتھ سماجی طور پر پولورائزیشن کے سپرد کر کے تقسیم در تقسیم کیا جا چکا ہے۔ بدقسمتی سے ہمیں کہیں بھی کسی یونیورسٹی یا کالج میں ایم اے یا بی اے کی سطح پر سگمنٹ فرائیڈ کی (Discontent of socialization) جیسی کتاب کا کوئی حوالہ نہیں ملے گا کہ ہم سمجھ سکیں کہ سوسائٹی یا فرد کی عمومی نفسیاتی بناوٹ کیونکر ایک مخصوص رخ میں ڈویلپ ہوتی چلی گئی ہے یا انتونیو گرامچی کی تھیوری آف ہیجی منی کے پس منظر میں پاکستانی سوسائٹی کے گزشتہ اسی برسوں کا تجزیہ نہیں ملے گا کہ سوسائٹی یا فرد کو سماجی طور پر کیونکر ایک مخصوص رخ میں

دھکیلا گیا اور اس کے پیچھے آخر کس قسم کے مضموم ارادے تھے؟ ہمیں کہیں کوئی غیر جانبدارانہ تجزیہ نہیں ملے گا۔ بس جو حالات ہیں وہ یہی ہیں کہ نوجوانوں کے دماغوں کو ڈبوں میں بند کر کے تالے لگا دیے جائیں ، اُن کے سروں پر مخصوص مذہبی و سماجی نعروں سے بھری فکر کے گھونسلے بنا کر صدیوں پرانی تکرار کے انڈے پیدا کر دیے جائیں جن سے پیدا ہونے والے بچوں سے سوسائٹی کی پسماندہ سوچ والے مفلوک الحال نابالغ سے 'بالغ دماغ' پیدا کیے جائیں۔ اچھا پھر یہ سلسلہ یہی پر رکا نہیں بلکہ ایسی پسماندہ اور روایتی اشکال اور شخصیات پر فخر بھی فرمایا جائے۔ ظاہر ہے جس طرز کے پروفیشنل موٹیویشنل اسپیکر مثلاً قاسم علی شاہ، ذاکر نائیک اور طارق جمیل کی طرز کے لوگ اور پھر ان حضرات کی اسپیکنگ پاور کے نتیجے میں پیدا ہونے والی ہنا عقل وشعور کی 'اوسط درجے کی اندھی عقیدتوں کی ماری ہوئی نسل تیار ہوئی ہے وہ ہمارے سامنے ہی ہے۔ اچھا اگر آپ ان مسائل پر جدید انداز سے گفتگو کرنا چاہیں گے اور ان مسائل کا کسی قسم کا شعوری یا علمی انداز سے تجزیہ کرنے کی کوشش کریں گے تو بہت ممکن ہے اس کے بدلے میں آپ کو کسی بھی قسم کا منفی قسم کا لقب دے دیا جائے اور آپ کے حوالے سے کچھ بھی اوٹ پٹانگ سی بات کر کے آپ کو ایک کونے میں پھینک دیا جائے۔ اچھا یہ معاملہ صرف پاکستان کا ہی نہیں ہے ادھر ہندوستان کا بھی کم و بیش کچھ یہی حال ہے، کہنے کا مطلب یہی ہے کہ ایک مخصوص قسم کی بیمار سی فکر آپ کو چاروں جانب ملے گی، بدقسمتی سے دونوں اطراف بس گھاس سے گھاس پیدا ہو رہی ہے اس لیے کسی قسم کی سماجی اور فکری تبدیلی نہ ہونے کے برابر ہے۔

شہزاد جہاں تک جبلت کا تعلق ہے تو حقیقت یہی ہے کہ یہ کسی قسم کی کوئی مخصوص 'انسانی' جبلت وغیرہ نہیں ہے بلکہ یہ ایک سراسر حیوانی صنف ہے جو بھیڑوں وغیرہ میں پائی جاتی ہے۔ یہ ایک بھیڑوں کے مجمعے کی طرح کی بات ہے یا جسے ہم دوہرے انداز میں بھیڑوں کے مجمع (انسانوں کی بھیڑ) کی طرح سماجی انداز فکر کہتے ہیں۔ یعنی ایک بہت سے افراد کا مجموعہ ہے جو جسمانی طور پر تو ایک دوسرے کے ساتھ ہیں مگر فکری اعتبار سے ایک دوسرے سے جڑے ہوئے نہیں ہیں۔ اسے انگریزی زبان میں شیپل کہتے ہیں یعنی ایسی خصوصیت جو انسانوں اور جانوروں میں ایک سی ہو جو کہ حقیقت میں ایک بھیڑ کی سائیکولوجی ہے، یہ ایک حیوانی جبلّت ہے اس کی مثال ایک ایسے جسم کی سی ہے جو یوں تو بہت سے اعضا سے مل کر بنا ہے لیکن اس میں ہاتھ اپنے ہی جیسے

رش میں شامل کسی اورانسان یا بھیڑ کا ہے، پاؤں کسی اور کا، دھڑ کسی کا اور سینہ کسی اور کا، یوں وہ ساتھ تو ہیں مگر وہ آپس میں ایک دوسرے سے منسلک (Coordinated) نہیں ہیں۔ انسانوں میں آپ کو اس طرز کی بہت ساری مثالیں مل جائیں گی۔ اسی طرح انسانوں کے علاوہ آپ کو بھیڑ بکریوں کے ریوڑ مل جائیں گے، پرندوں کے جھُنڈ مل جائیں گے، چونٹیوں کی قطار مل جائے گی۔ انسانوں میں آپ کو اس کی مثالیں سڑکوں، گلی کوچوں میں کسی بھی سیاسی ہڑتال میں، یا جیسے اگر کبھی اسٹاک مارکیٹ میں اچانک گراوٹ آ ہو جائے تو بنا جانے یا کسی ٹھوس معلومات کے لوگ ایک دم سے ایک ردعمل دینا شروع کر دیں یہ ایسا ہی ہے جیسا کہ اگر کوئی اچانک سے پرندوں کے جُھنڈ پر فائر کر دے تو ہر ایک پرندہ اپنی جان بچانے کی خاطر مجمع کے سینٹر کی جانب اڑنے لگتا ہے، حقیقت میں تو یہ سارا عمل اپنی جان بچانے کی خاطر خود غرضی کی وجہ سے ہوتا ہے مگر دور سے دیکھنے والے کو یوں لگتا ہے جیسے کہ ہر ایک جانور ایک ہی سمت میں ایک یکساں کوآرڈینیشن اور کارپوریشن کے ساتھ اڑ رہا ہے مگر حقیقت اُس کے قطعی برعکس ہوتی ہے، وجہ اس کی یہی ہوتی ہے کہ وہ جسمانی طور پر تو آپس میں منسلک ہوتے ہیں مگر ذہنی وفکری طور پر ایک دوسرے کے ساتھ کنکشن میں نہیں ہوتے ہیں یعنی وہ ایک دوسرے کی کاپی کر رہے ہوتے ہیں۔ اس کو ہم شپل کہتے ہیں یعنی ایسا برتاؤ یا رویہ بھیڑوں جو اور انسانوں میں یکساں ہے جیسا کہ کوئی لباس کا فیشن ہے اور سب لوگ اسی فیشن کو فالو کرنے لگیں، ایک لیڈر ہے اور سب کے سب ایک دوسرے سے سن کر اُس کے پیچھے پیچھے چل نکلیں یا کوئی آئیڈیالوجی ہے اور ایک دوسرے کے ساتھ اسی آئیڈیالوجی کو فالو کرنا شروع کر دیں تو یہ ایک طرح کی حماقت یا پاگل پن ہے جو جانوروں کا طرز عمل ہے اور انسانی ارتقا میں ایک محدود حد تک ہی ارتقا پذیر ہوا ہے۔

ڈاکٹر محمد شہزاد:

ہجومی نفسیات کے حیاتیاتی یا سائنسی عمل کی وضاحت کیجیے گا؟

ڈاکٹر بلند اقبال:

شہزاد اس حوالے سے کئی ایک مفروضے ہیں مثلاً یونیورسٹی آف بیسل، سوئٹزرلینڈ کے

ایک پروفیسر، ویسلے کشف ہیں اُن کا کہنا ہے کہ اس معاملے میں ایک دوا کا کردار ہے جو انسانی دماغ کے ایک بڑے حصے جسے پری فرنٹل کارٹکس کہا جاتا ہے، جو یوں تو بہت سے مواقع پر خارج ہوتا ہے مگر اُس وقت بھی وہاں سے نکلتا ہے جب وہ خصوصاً آپ کی جان بچانے کی فکر کرتا ہے کیونکہ وہ ایک زندگی بچانے والا نیوروٹرانسمیٹر ہے۔ مثلاً جب کبھی بھی آپ کسی مجمع کے ساتھ ہوتے ہیں تو وہ نارمل انداز سے ریلیز ہوتا رہتا ہے کیونکہ اُس کی نظر میں ہجوم کے ساتھ آپ کی جان بچی ہوئی ہے مگر جونہی آپ ہجوم کی طرح برتاؤ نہیں کرتے ہیں تو وہ حیوانی جبلت کے لحاظ سے زیادہ سے زیادہ ریلیز ہوتا ہے اور ہجوم کی طرح عمل کروا کے جان بچانے کی فکر کرواتا ہے۔ یہ بات ایسے بھی ہے کہ جب ہم ہجوم کی طرح عام رائے نہیں رکھتے ہیں تو دماغ سے پیغام یہی آنے لگتا ہے کہ ہجوم کی طرح کا دماغ نہیں ہے اس لیے آسانی کے لحاظ سے اُن جیسی رائے یا خیال ہی ٹھیک ہے اور یوں اپنے طور پر وہ غلط سے درست کرنے میں لگ جاتا ہے کیونکہ وہ حیوانی جبلّت کے لحاظ سے صدیوں کے ارتقائی عمل میں یوں ہی ڈویلپ ہوا ہے۔ جبلّت کے ساتھ اُس کا رویہ ٹھیک وہی ہوتا ہے جو دوسرے تمام چرند پرند یا جانداروں کے لیے ہوتا ہے یعنی وہ سماجی شعور سے ماورا ہو کر صرف اور صرف حیاتیاتی جبلت کے ذریعے ردعمل کرتا ہے۔ اس بات کو ثابت کرنے کے لیے انہوں نے کئی ایک تجربات بھی کیے مثلاً جب انہوں نے کچھ سماجی صورتحال میں ایک میگنیٹک اسٹوملی کے ذریعے سے ڈوپامین کے ریلیز کو کم کر دیا تو ایسے شخص نے اپنی رائے کو مجمع کی رائے کے لحاظ سے نہیں بدلا اور آسانی سے لوگوں کا ہم خیال ہونے سے انکار کر دیا۔ ایک بہت ہی دلچسپ تجربہ ڈنمارک میں ہوا جب وہاں ایک لیبارٹری میں اس کے مخالف سمت میں تجربہ ہوا۔ انہوں نے کہا کہ جب ہم نے مختلف سماجی واقعات کے دوران ڈوپامین کا شاٹ (انجکشن) لگا کر ری ایکشن چیک کیا تو اُس شخص نے بہت ہی آسانی سے مجمع کی رائے کا ساتھ دے دیا۔ اس بات کو مزید تقویت اس جسمانی دلیل سے بھی ملی کہ وہ دانشور جو عمومی طور پر اپنا مخصوص نقطہ نظر رکھتے ہیں یا حقیقت ہوتے ہیں اور آسانی سے مجمع کی فکر کے ساتھ کھڑے نہیں ہوتے ہیں، اُن کا پری فرنٹل کارٹکس (Prefrontal cortex) کا سائز مجموعی طور پر کم ہوتا ہے یعنی وہاں سے ڈوپامین کا ریلیز کم مقدار میں ہوتا ہے۔ مجمع کے فکر کے حوالے سے یہ ایک بیالوجیکل ریسرچ ہے جو کسی حد تک اس حوالے سے سائنسی دلیل دیتی ہے۔

اچھا نفسیاتی تفصیل کے لیے ہمیں سگمنڈ فرائڈ کی کچھ کتب کا مطالعہ کرنا ہوگا مثلاً اُن کی مشہور و معروف ٹوٹم اور ٹابو جو انہوں نے 1912ء میں لکھی تھی یا پھر 'گروپ سائیکالوجی اینڈ اینالاسس آف ایگو' میں انہوں نے ایک نئے زاویے سے بات کی تھی۔ اُن کے کسی بھی گروپ کے اندر بہت سارے افراد کی ایگو گروپ کے دوسرے افراد کی ایگو کو شناخت کر کے آئیڈیالائز کر لیتی ہے، اس کو انہوں نے ایگو آئڈیل کا نام دیا تھا اور اسے (Libidal Dynamics) سے جوڑا تھا مگر ان پیرامیٹرز میں انہوں نے صرف اندرونی نفسیاتی یا حقیقت کو ہی چنا تھا، اس بات کو بھی لکھا تھا کہ اس میں بیرونی حقیقت کا بھی بہت بڑا کردار ہوتا ہے۔ جہاں اس میں گریٹ مین سنڈروم کا کردار ہوتا ہے وہاں سوشل ڈائنمکس کا بھی امپریشن ہوتا ہے۔ ایسی کئی ایک باتیں ہیں اور پھر کچھ الگ طرز سے انہوں نے اپنی کتاب 'سویلائزشن اینڈ ڈس کونٹنٹ' میں اور موسس اینڈ مونوتھوسس میں بھی انہوں نے گروپ سائیکولوجی کا تجزیہ کیا ہے۔

اچھا حیاتیاتی یا نفسیاتی کے ساتھ آپ کو کئی ایک سماجی پہلو (Social Dynamics) بھی ملیں گے مثلاً ولیم ڈونلڈ ہملٹن جو ایک سماجی اور حیاتیاتی سائنسدان تھے، اُن کی ایک کتاب آئی تھی (The Genetic Evolution of Social Behavior) اس میں ان کا نکتہ نظر یہ ہے کہ ایک زخمی سماجی جبلّت (Social Hurt Instinct) ہوتی ہے۔ جو ایک خاص قسم کی پاگل پن (Craziness) ڈویلپ کر دیتی ہے یوں لوگ اپنے آپ کی شناخت اسی طرح سے کرواتے ہیں۔ مثلاً ایک جیسی کتابوں یا فلموں کی طرف یکساں ریکشن، ایک طرز کی غذا اور ریسٹورنٹ میں لوگوں کا جانا، ایک طرز کی گاڑیوں اور گھروں میں رہنا یا ایک طرز کے رسوم و رواج کا اپنا لینا اور محفلوں، مذہبی اداروں، تقاریر اور مجالس میں قطار در قطار شامل ہو جانا، ایک دوسرے کی طرح اُن جگہوں پر بی ہیو کرنا، ایک دوسرے کی سر جھکا کر کاپی کرتے چلے جانا، اس طرح سے ایک مخصوص کلچر یا سوشل گروپ سے اپنی شناخت کو جوڑ دینا مثلاً یہ کہ میں امت مسلمہ کا ایک فرد ہوں، ایک سنی، شیعہ یا وہابی یا احمدی ہوں، یا برھمن یا یہودی ہوں، یا کرسچن ہوں، یا پاکستانی یا کینیڈین یا برٹش ہوں۔ اس طرح کی ایک فرد کی شناخت اس طرح ایک مخصوص سوشل ڈائنمکس کا حصہ بن جاتی ہے۔ اب اس شناخت کو فرائیڈ کی سائیکولوجیکل تھیوریز یعنی فرد اور گروپ کی ایگو ڈراوٗ اور ڈوپامین کی بیالوجیکل تھیوری کے پس منظر سے دیکھی جائے تو مجمع کے برتاوٗ کی یکساں

حقیقتوں کی ایک غیر جانبدارانہ شکل دکھائی دیتی ہے یعنی ایک سائنسی دلیل تو دکھائی دیتی ہے گو کہ اس برتاؤ کی اور بھی وجوہات ہوں گی، ان وجوہات میں ہمیں فرانسیسی سماجی دانشور ایملی ڈرکھایم کو نہیں بھولنا چاہیے۔ جن کی مشہور کتابیں 'آن دی ڈویژن آف سوشل لیبر'، دی رولز آف سوشیولوجیکل میتھڈ'، سوسائڈ (خودکشی) اینڈ دی ایلیمنٹری فارمز آف ریلیجیس لائف' تھیں۔ انہوں نے گروپ شناخت میں 'مقدس' تصویر کے استعمال پر تفصیل سے روشنی ڈالی ہے۔ اُن کے خیال میں مقدس صرف مذہبی سچویشنز میں ہی نہیں ہوتا ہے بلکہ اور افکار میں بھی ہوسکتا ہے جو ضروری نہیں کہ مذہبی ہی ہوں۔ خود بعض مذاہب میں مثلاً بدھا ازم یا جین ازم میں کسی ایکسٹرنل خدا کی شکل نہیں ہے مگر پھر بھی وہ مقدس ہیں یا بہت سی روایتیں یا فرائض ہیں، متھس ہیں مثلاً قومی ترانہ یا ملکوں کے جھنڈوں کا تصور ہے، بہت مقدس سمجھے جاتے ہیں، آپ کسی ملک کا جھنڈا جلا دیں پھر دیکھیں کیا وبال مچتا ہے۔ قومیت کا تصور ہے، زبان یا لسانیات کے معاملات ہیں۔

ہجوم کی نفسیات میں مجموعی جذبات کا بھی بہت بڑا کردار ہے مثلاً ایک احساسِ محرومی کا استعمال اور پھر اُس سے مصنوعی طور پر پیدا کیا گیا ڈپریشن کا احساس بھی تمام مجمع کی نفسیات یا ایگو کو آپس میں چپکانے کا کردار ادا کرتا ہے۔ فطری یا مصنوعی 'ظلم و زیادتی' کا بدلہ لینے کے لیے مجمع کی خواہش میں سسٹم کو کنٹرول کر لینے کی شدید خواہش اور اُسے حاصل کرنے کے لیے ایک جارحانہ رویہ اور پھر ایک مجموعی طاقت کی وجہ سے قانونی یا اخلاقی آزادی کا احساس، ایک جیسے رویّے کے برتنے میں اہم کردار ادا کرتے ہیں جس دوران ایک فرد کی انا، گروپ کی انا کے ساتھ مل کر ایک یا قبیلے کی شناخت بن جاتی ہے اور ایک مجموعی انا سطحی انداز میں برتاؤ کا سبب بن جاتی ہے۔ بعض اوقات یہ مجموعی فکر اس قدر غیر محدود اور پھیل جاتی ہے کہ کچھ مصنوعی یا فطری سیاسی نظریات نئے انقلابات اور قوموں یا ممالک تک کی تشکیل کا سبب بن جاتے ہیں اور پھر جب کچھ نسلوں کے بعد یہ مجموعی سحر ٹوٹتا ہے تو اُس کے لپیٹ میں یا بعد میں آنے والی نسلوں کو حقیقت پسند یا تنقیدی شعور کے استعمال سے اپنے سود و زیاں ل کا احساس ہو جاتا ہے۔

ڈاکٹر محمد شہزاد:

ڈاکٹر صاحب ہم جب اپنے آس پاس دیکھتے ہیں تو ہمیں ایک 'مذہبی سوسائٹی' دکھائی

دیتی ہے۔ مذہب نے اور سیاست کے اس استعمال نے ہمیں انفرادی طور پر خاصا خودغرض بھی بنا دیا ہے۔ اس تمام معاملے میں مجروح ذہنیت (Hurt Mentality) کا کیا کردار ہے؟

ڈاکٹر بلند اقبال:

شہزاد میرا خیال ہے کہ ہمیں ان دونوں عناصر کے استعمال کو سمجھنے کے لیے پہلے تو مذہب کی تعریف واضح کر لینی چاہیے اور پھر اُس کے سماجی استعمال پر غور کر لینا چاہیے مثلاً یہ سوال بہت اہم ہے کہ ایک سچے مذہب سے کیا مراد ہے؟ انگریزی میں تو اکثر ہم یہ بات کرتے ہیں کہ (True Religion as the Tools to Access Your Free Will) اب سیدھا سا سوال یہی ہے کہ فری وِل کا ایک سچا مذہبی کس طرح سے ممکن ہے؟ وہ کون سا راستہ ہوگا؟ کیا وہ راستہ ذاتی مفاد (Self-interest) کے لیے ہوگا؟ یا آپ کی اپنے اندرونی ذات یا باطن کے لیے ہوگا یعنی آپ کی جو بھی اندرونی میٹا فزیکل دنیا ہے وہاں تک پہنچنے کا یہ ایک راستہ ہے؟ اور مجھے لگتا ہے کہ ایسا ہی ہے تو پھر کیا اس راستے پر سفر ایک مجمع سے ہو کر گزرتا ہے یا اپنی ذات یا الہامی فکر کی خاطر تنہائی میں اپنی جگہ کا متقاضی ہے؟ ایک معمولی پڑھائی کی خاطر جب ہم کسی لائبریری کا رخ کرتے ہیں تو ہماری ممکنہ کوشش ہوتی ہے کہ ہم کسی شور یا ہنگامے سے بچ کر کتاب سے اپنا رشتہ جوڑ لیں تو ایک الہامی فکر میں مبتلا ہونے کے لیے اپنی ذات کے لیے کیسی تنہائی درکار ہے؟ چلیں کچھ لوگ تخلیقی قوتوں سے مالا مال ہوتے ہیں اور کبھی کبھار ایسا ہوتا ہے کہ اُن پر آمد کا سلسلہ کسی مجمع میں بھی ممکن ہے مگر کتنی دیر تک؟ کیا آپ گھنٹوں مہینوں برسوں عوام الناس کے درمیان کھڑے ہو کر یا بیٹھ کر اپنی فکر سے واقعی کوئی رشتہ جوڑ لیتے ہیں یا محض ایک فزیکل ایکسرسائز فرماتے ہیں اور کچھ آیتوں کی بِنا معنی و مطلب کے یا معنی و مطلب جان کر بھی اُس کی گہرائی میں گئے بغیر سلام پھیر کر خدا حافظ کہہ کر الٰہی کے اثر سے فٹافٹ نکل آتے ہیں؟ مجھے یاد ہے میرے والد جو شاعر ادیب تھے اکثر اپنے تخلیقی کام یا فکر میں اس قدر کھو جاتے تھے کہ ہم بچے اُن کے آس پاس کھیلتے رہتے تھے مگر وہ ڈسٹرب نہیں ہوتے تھے ہاں اگر بہت زیادہ شور اور ہنگامہ ہونے لگے تو پھر ہمیں ہماری والدہ اشارے سے منع کر دیتی تھیں تاکہ وہ ڈسٹرب نہ ہوں۔ اب روحانیت کا جہاں تک تعلق ہے وہ بھی درحقیقت کسی تخلیقی فکر میں مبتلا ہونے والی تنہائی چاہتا ہے، یہ کام ہجوم میں

ممکن نہیں کہ آپ ذکرِ الٰہی میں مصروف ہیں، آنکھیں آپ کی اُس الہامی فکر کی طلب میں بند ہیں، آپ دنیا و مافیہ سے بے خبر اپنی ذات کے عرفان سے باطنی سفر میں اتر رہے ہیں اور ارد گرد ہنگامہ ہو رہا ہے، نعرے باجے بج رہے ہیں، لاوڈ اسپیکر پر ہر چند سیکنڈ کے بعد ہدایات آپ کے کانوں تک پہنچ رہی ہیں۔ اس بات کو اگر مزید سنجیدگی سے سوچا جائے تو پھر ذکر کہیں سے کہیں چلا جائے گا ، ڈھائی ہزار برس قبل جب ماونٹ سینائی پر موسیٰ علیہ السلام خدا سے کلام کر رہے تھے اور لاکھوں لوگوں کے مجمع سے مخاطب تھے تو ایک پیغمبر ہونے کے ناتے اس واقعہ کے لیے کئی ایک فکری نقطے پیدا کیے جاسکتے ہیں مگر جب یہی بات کسی عمومی انسان کے حوالے سے ہوگی تو اُس کے جمع کیے ہوئے مجمع کی الہامی کی جگہ سماجی یا سیاسی وجہ بھی غور طلب ہوگی بلکہ الہامی اور سیاسی و سماجی وجہ کا تناسب بھی جاننا ضروری ہوگا۔ اور یہ سوال بھی کہ اس قدر ہجوم میں جس مذہب یا الہام کی بات ہو رہی ہے وہ دراصل فری ایکس تک پہنچنے والا سچا مذہب ہے یا کوئی سیاسی و سماجی مذہب ہے یا کسی سچے مذہب کا محض سیاسی و سماجی بلکہ آج کے سرمایہ دارانہ نظام کے لحاظ سے اقتصادی نصب العین ہے۔ اب یہاں نہ صرف اس قسم کے سوالات ہمیں مل جاتے ہیں بلکہ سچے مذہب کے اس قسم کے مادی استعمال پر بھی سخت تنقیدی سوال اٹھاتے ہیں۔

اس قسم کے سوال صرف توحیدی مذہب (Monotheism) ہی نہیں بلکہ ہندوازم یا بدھ ازم کے ریفرنس میں بھی اپنی ایک جامد شکل رکھتے ہیں۔ ہوسکتا ہے یہاں آپ کو ایک وضاحت ملے کہ صاحب یہ میوزک وغیرہ میں بھی تو لوگ کھو جاتے ہیں، جب میوزک میں ایسا ممکن ہے تو الہامی فکر میں بھی ممکن ہے۔ یہاں ان دونوں باتوں میں فرق ہے، میوزک انٹرٹینمنٹ کا حصہ ہے جبکہ سیکرٹ یا الہامی فکر کا، اگر دونوں کے راستے ایک ہی ہیں تو پھر میوزک کے بجائے مذہب کو زیادہ سخت جرح کا سامنا پڑسکتا ہے۔

جہاں تک سماجی و سیاسی وجوہات کا تعلق ہے تو پھر مذہب یا کسی بھی مقدس فکر کے استعمال کے لیے ہر مجروح ذہنیت کے کردار کو ذرا توجہ سے دیکھنا پڑے گا کہ ایسے کس طرح سے ممکن ہے؟ مثلاً نازی جرمن ہٹلر کے لیے ایک اسٹیج سیٹ کرتے تھے کیونکہ وہ قوم اور نسل پرست لیڈر رہے تھے، قوم پرست اور نسل پرستی کے مقدس عنوان کو نعرے کی شکل دی گئی تھی، اس کے لیے ہجوم کے لیے ویسا ہی ماحول بنایا جاتا تھا اور ہجوم میں ہٹلر کے اپنے لوگ مخصوص نعرے لگاتے تھے۔ ہٹلر

کے جوش وولولے سے ایک خاص فضا پیدا کی جاتی تھی۔ ہٹلران تمام طریقوں کو بہت احتیاط اور وسعت سے استعمال کرتا تھا۔ وہ زخمی ابھار کا ماہر تھا، اُن کی کوآرڈینیشن سے واقف تھا۔ بالکل اسی طرح تمام تر سیاسی انقلابات میں آپ کو یہ ہنر ملے گا مگر اس کا مطالعہ ایک قطعی غیر جانبدارانہ فکر کا طالب ہے۔ اُس کے لیے ضروری ہے کہ آپ ہرڈ مینٹیلیٹی کے شکار ہوئے بغیر تمام سیاسی، سماجی اور اقتصادی تحریکوں اور انقلابات کو غور سے پڑھیں اور اُن کا تجزیہ کریں۔ یہی نہیں ابھی چند سال قبل ایک بڑا بیالوجیکل قسم کا پین ڈیمک سارے ایشیا، یورپ اور نارتھ امریکہ میں آیا تھا کیا آپ کو معلوم ہے اس پین ڈیمک کے نتیجے میں پوری دنیا میں پانچ ہزار کے قریب پروٹیسٹ اور رپورٹس آئے جنہوں نے ان حصوں کے ممالک کی اقتصادی اور سماجی دنیا ہی بدل کر رکھ دی اور یہاں آباد عوامی مجمع یا موب کو ایک نئے سماجی اور سیاسی کلچر میں دھکیل دیا۔ انسانی ارتقا کی تاریخ ایک مخصوص رخ میں تہذیبی موبلائزیشن کے واقعات سے بھری پڑی ہے۔ مثلاً انیسویں صدی میں فیمنسٹک موومنٹ نظر آتی ہے، سلسلہ ووٹ اور مزدوروں کے حقوق سے شروع ہوتا ہے اور مکمل برابری تک پہنچتا ہے یا ایک غلامانہ نظام دنیا بھر میں موجود تھا جسے توڑ دیا گیا، کالوں کی تحریک تھی، کیتھولک چرچ اور جاگیردارانہ فکر کا گٹھ جوڑ تھا، سیکولر انداز فکر تھا، ان سب میں بھی مجمع کی فکر کو استعمال کیا گیا تھا مگر یہاں فرق مثبت اور منفی استعمال کا ہے۔ ان دونوں افکار میں فرق اُن سے پیدا ہونے والے جلد یا بدیر نتائج سے نظر آجاتا ہے۔

ڈاکٹر محمد شہزاد:

ڈاکٹر صاحب پاکستان کی جو معاشرتی بناوٹ ہے اس میں عمومی طور پر آپ کو ہرٹ یا ہجومی ذہنیت (Mob mentality) کے کردار کو کس حد تک دیکھتے ہیں؟

ڈاکٹر بلند اقبال:

پاکستانی معاشرے کی عمومی بناوٹ میں کس حد تک ہمیں ہرٹ مینٹلٹی نظر آتی ہیں؟ آئیں ہم اس کی ایک دو مثالیں دیکھ لیتے ہیں۔ دنیا بھر کی طرح پاکستانی یا ہندوستانی معاشرے میں ہرٹ سوسائٹی کا بہت زیادہ رول آپ کو مل جائے گا۔ مردان میں خان عبدالولی خان یونیورسٹی

کے واقعہ کو یاد کیجیے، اس یونیورسٹی کا نام خان عبدالولی خان پر ہے جو خان عبدالغفار خان کے بیٹے تھے یعنی یہ وہ عظیم شخصیت تھے جنہیں ہم سرحدی گاندھی کہہ کر یاد کرتے ہیں، جنہوں نے گاندھی جی کی طرح عدم تشدد کی بات کی تھی، وہ ایک سیکولر مسلم تھے جو مذہبی تقسیم کے سخت خلاف تھے اور جنہوں نے پختونوں کے ہاتھوں سے اسلحہ لے کر انہیں قلم تھما دیا۔ اُن کے بیٹے کے نام پر قائم یونیورسٹی میں اُس نوجوان بچے، مشال خان کو مذہبی انتہا پسندوں نے بلاسفیمی کے نام پر بے دردی سے قتل کر دیا۔ اس یونیورسٹی کے بیس پچیس طالب علموں اور شاید باہر کے کچھ لوگوں نے انہیں پہلے مارا پیٹا اور پھر بعد میں کسی شخص نے انہیں گولیاں مار دی۔ اچھا اس دوران تفتیش نہیں ہو پا رہی تھی اور ان کے والد کو سخت مسائل کا سامنا کرنا پڑ رہا تھا مگر پھر جب اس وقت کے وزیر اعظم نواز شریف اور اپوزیشن لیڈرز نے بیان دیے کہ مشال خان ایک مذہبی آدمی تھے اور نماز وغیرہ پڑھتے تھے مگر ان کا ایک پوائنٹ آف ویو تھا جس کو فیس بک پر لکھ رہے تھے جو ان کی سزا بن گیا اور پھر ان کی تدفین میں بھی مشکلات کا سامنا کرنا پڑا۔ اب ایک اور مثال بھی ملتی ہے ممتاز قادری صاحب کی، جنہوں نے اُس وقت کے گورنر پنجاب کا بلاسفیمی کے نام پر خون کر دیا تھا اور سزا کے بعد ممتاز قادری کے جنازے میں دو لاکھ سے زیادہ لوگ شامل تھے۔ اب یہاں ایک نکتہ نظر اُبھرتا ہے کہ کیا پاکستانی قوم ایک سخت قسم کی ہجومی ذہنیت کا شکار ہے؟ اب ظاہر ہے اگر آپ اس پر گفتگو کا آغاز کریں گے تو دو قسم کی افکار ہمیں مل جائیں۔ مثلاً لبرل سوچ کے لوگوں کے خیال میں بلاسفیمی لا، شرعی نظام قانون کا حصہ ہے، یہی پرابلم ہے چناچہ اسے فوراً ختم کر دینا چاہیے مگر دوسری طرف مذہبی لوگ کہیں گے کہ صاحب کیونکہ عمومی لیگل پروسس بہت آہستہ چلتا ہے، اس میں مہینے بلکہ برس لگ جاتے ہیں اور ایسے واقعات لوگوں کے جذبات کو مجروح کر دیتے ہیں، اسی لیے وہ ایسے واقعات کی روک تھام کی خاطر ایسے مجرموں کی سرکوبی کر دیتے ہیں۔ اب بظاہر ان دونوں باتوں میں کہیں نہ کہیں کچھ سچائی بھی ہے مگر ان باتوں سے قطع نظر یہاں سوال ہجومی ذہنیت (Mob mentality) اور اُس کے اثرات کا ہے۔ مشال خان کے واقعہ کے فوراً بعد سیالکوٹ میں تین لوگوں نے ایک ایسے شخص کو مار دیا جو ذہنی مریض تھا اور جس نے تیرا سال قبل کوئی متنازع بات کی تھی یا اس کے فوراً بعد ایک شخص کی گاڑی کو آگ لگا دی گئی جس کی وجہ ذاتی دشمنی تھی مگر الزام کچھ اسی نوعیت کا تھا جو بلاسفیمی کے زمرے میں پہنچا دیا گیا تھا۔

اس قسم کے واقعات اگر آپ کو پاکستان میں جا بجا ملتے ہیں تو انڈیا میں بھی اس قسم کے واقعات کی بھر مار ہے مثلاً آپ کو وہ پہلو خان والا کردار یاد ہوگا جس کو یہ کہہ کر مار دیا گیا تھا کہ وہ گائے راکشس تھا اور تو اور بعد میں کسی عوامی سیاسی لیڈر کا یہ بھی بیان عوام کے لیے کہیں چھپا تھا کہ عوام کو اس واقعہ پر زیادہ معذرت خواہ ہونے کی ضرورت نہیں ہے کیونکہ پہلو خان گائے ماتا کی اسمگلنگ وغیرہ میں ملوث تھا، مطلب دو مختلف واقعات کو آپس میں جوڑ کر ایک مریضانہ فکر کو عملی اور عمومی فکر بنانے کی کوشش کر دی گئی تھی۔

دراصل ہجومی ذہنیت کے اندر اتحاد میں بڑی 'برکت' ہے والی فکر کام کرتی ہے کیونکہ اتحاد ایک پورے کا پورا سماجی کلب ہے۔ اس کا استعمال بہت سے سیاسی وسماجی عزائم کے لیے بڑا ہی کارآمد ہے۔ اس پریکٹیکل گروپ کی داخلہ فیس بہت سادہ ہے کہ آپ اس کے بنا فیس کے ممبر بن جائیں اور جب وقت آئے تو پس منظر میں موجود سیاسی و مذہبی جماعتوں کے پراپیگنڈہ بزنس کے لیے اُن کے چنے ہوئے ولن کو ہجوم کی شکل میں ٹھکانے لگا دیں۔ اس قسم کی سیاسی و مذہبی اور سماجی جماعتوں کے پیچھے اسٹیٹس کا کردار ہوتا ہے جو انہیں اسی طرح سے ڈویلپ کرتے ہیں۔ یہاں ہمیں رچرڈ ڈاکنز کے لیے گئے 'میم' یعنی کلچر جین کے تصور کو یاد رکھنا چاہیے کہ کس طرح وہ نسل در نسل انسانی جینیٹکس میں پھیل جاتی ہے اور سیاسی وسماجی منفی قوتیں کس طرح سے اُس قبائلی فکر کو اپنے مذموم فائدے کے لیے استعمال کرتی ہیں۔ میرا خیال ہے کہ اس ساری ہیرارکی کو ایک باشعور شخص کے لیے سمجھنا ضروری ہے تاکہ وہ مجمع کی فکر کا شکار ہو کر انسانیت کے درجے سے گرنے سے بچ سکے۔

ڈاکٹر محمد شہزاد:

اچھا سر ہم نے ہرٹ یا موپ مینٹلٹی کے حوالے سے کئی ایک اہم باتیں جان لیں اور ہمیں اندازہ ہو گیا کہ یہ ایک کافی خطرناک سی نفسیاتی شے ہے تو اب یہ بتائیں کہ اس کا حل کیا ہے؟

ڈاکٹر بلند اقبال:

جی شہزاد آپ درست فرما رہے ہیں یہ ہجومی ذہنیت واقعی خاصی خطرناک چیز ہے۔ ہم

نے اس بات کا اندازہ کرلیا ہے کہ مشرق ہو یا مغرب اکثر فاشسٹ قسم کی حکومتوں کے قیام میں اس کا رول نظر آتا ہے۔ یہ قوتیں اکثر و بیشتر مقدس قومی اور مذہبی نعروں کے استعمال سے ایک مخصوص تقسیم پیدا کرنے میں باآسانی کامیاب ہوجاتی ہیں اور اُس کے نتائج ہم جیسے عام انسانوں کو سہنے پڑتے ہیں۔ اچھا مزیدار بات یہ ہے کہ خود فاشسٹ ریاستیں اپنی ترقی کے بعد اپنے خلاف پیدا ہونے والی ہجومی ذہنیت کو بہت طریقے سے کنٹرول بھی کرنے میں کامیاب ہوجاتی ہیں اس لیے جہاں سے مسائل آتے ہیں وہاں اُن ہی کے پاس کچھ حل بھی موجود ہے مثلاً سعودی عرب یا چائنہ میں ڈکٹیٹرشپ اور ون پارٹی سسٹم ہے، یہ طاقتور ممالک ہجوم کو طاقت سے کنٹرول کرتے ہیں، ان جگہوں پر فری اسپیچ اور ایکسپریشن پر پابندی ہے، سوشل میڈیا پر اکثر پابندی ہے یا سخت نگرانی میں انہیں استعمال کرنے کی اجازت ملتی ہے۔ مسئلہ مغربی ممالک میں آتا ہے جو اپنے ہی دیے گئے انفرادیت پسندی، انسانی حقوق اور اظہار رائے کی آزادی کے قوانین میں اکثر پھنس جاتے ہیں اور وہاں ہجومی ذہنیت کے ڈویلپ ہونے کے امکانات بڑھ جاتے ہیں مگر پھر وہاں قوانین ہیں جو ہجوم کو متحرک کرنے والی فکر کو بڑی باریک بینی سے دیکھتے ہیں اور مذہبی انتہا پسندی، نسل پرستانہ نعروں اور گفتگو کے ساتھ قانونی طور پر سختی سے نمٹتے ہیں۔

اب رہی بات ایک فرد کی تو ہمیں سمجھنا چاہیے کہ اس سلسلے میں سب سے مرکزی کردار علم وشعور ہی کا ہے یعنی ایک عام آدمی ہجومی ذہنیت کی سماجی ونفسیاتی حقیقت سے واقف ہو، اُس کے نتائج اور مسائل کو جانتا ہو۔ جوں جوں کوئی فرد اس بات کو سمجھنے لگتا ہے وہ عام شخص کے زمرے سے نکل کر خاص بن جاتا ہے اور پھر رش میں شامل نہیں ہوتا ہے اور بقول شخصے موپ کلچر سے آزاد ہوجاتا ہے۔ یعنی شرط علم ہی ہے جو کتاب یا ڈائیلاگ سے ہی ملتا ہے۔ جس قدر زیادہ ہم اور آپ علم سے آشنا ہوتے جاتے ہیں ہجومی ذہنیت سے نکلتے چلے جاتے ہیں، ہماری سوچ میں ایک تنقیدی رویہ آتا چلا جاتا ہے، ہمارا ایک نکتہ نظر تشکیل پاتا ہے جو عام لوگوں سے قطعی مختلف اور عالمانہ ہوتا ہے جس کے پیچھے علم اور شعور ہوتا ہے۔ جتنا زیادہ ہم کسی فکر یا واقعے کا غیر جانبداری سے تجزیہ کرتے ہیں اور اُس کی دونوں سائیڈز کے بارے میں سوچتے ہیں، پولورائزیشن کے شکار ہونے سے بچتے چلے جاتے ہیں مثلاً ایک آسان سی بات ہے کہ اگر ہم کوئی وڈیو کلپ یا مووی دیکھتے ہیں یا میڈیا پر کوئی خبر دیکھتے ہیں جو ہمارے جذبات کو بھڑکا دیتے ہیں تو پھر یہ بھی سوچنا

ضروری ہوجاتا ہے کہ یہ الیکٹرانک میڈیا کہیں کسی سیاسی یا معاشی ٹولز کی شکل میں تو استعمال نہیں ہورہا ہے؟ کیونکہ اس چینل کی خبر کی صداقت کسی طرح ممکن نہیں ہے مگر اس کے مقابلے میں کوئی خبر کسی بڑے نیوز پیپر مثلاً واشنگٹن پوسٹ یا نیو یارک ٹائمز سے مجھے پہنچتی ہے تو میں اسے تھوڑی سی سنجیدگی سے دیکھتا ہوں کیونکہ مجھے پتہ ہے کہ تمام تر سیاسی جانبداری کے باوجود ان نیوز پیپرز یا میڈیا کا ایک سخت صحافتی ایڈی ٹوریل چیک اپ بھی موجود ہے اس لیے ممکن ہے کہ اس خبر میں کچھ صداقت موجود ہو جو شاید کسی یوٹیوب اور ٹک ٹاکر کی وڈیو میں ممکن نہیں۔ کہنے کا مطلب یہ ہے کہ جس طرح سے چرچ اور اسٹیٹ کی مغربی دنیا میں علیحدگی ممکن ہو پائی ہے بالکل اسی طرح ایک رائے اور حقیقت میں بھی فرق موجود ہے اور ہمیں اس فرق کو کبھی نہیں بھولنا چاہیے۔ میرا خیال ہے اس طرح سوچنے سے ہجوم کی ذہنیت سے ہم انفرادی سطح پر مکمل نجات نہیں تو کم از کم فاصلہ ضرور حاصل کر سکتے ہیں۔

چوتھی بدنصیبی

اس عوام کو جمہوریت کے دھوکے میں رکھو

ڈاکٹر محمد شہزاد:

ڈیموکریسی یعنی جمہوریت کے بارے میں آپ کا کیا نقطہ نظر ہے؟ اور اس کی مختلف اقسام کے بارے میں آپ کی کیا رائے ہے؟

ڈاکٹر بلند اقبال:

شہزاد جب بھی ہم دنیا کی تاریخ پر نظر ڈالتے ہیں تو ہم دیکھتے ہیں کہ دنیا میں آج تک جو بھی حکومتیں ہوئی ہیں اُن میں ڈکٹیٹر شپ ایک طویل عرصے تک چلی ہے مثلاً اشرافیہ کی حکومت (راجے مہاراجے) بادشاہت وغیرہ، ان میں ایک بات مشترک تھی کہ ان میں عوام کا حصہ لگ بھگ نہ ہونے کے برابر تھا۔ جب ہم ڈیموکریسی کی بات کرتے ہیں تو اُس کا مطلب سراسر عوام کی حکومت ہے کیونکہ اپنے نمائندے عوام خود چنتی ہے۔ اگر ہم رومن دور کی تاریخ میں جائیں تو ہمیں یہ سلسلہ پانچ سو برس قبل از مسیح میں کلاسٹھینس جیسے رومن ایمپائر تک پہنچتا ہوا دکھائی دیتا ہے جنہیں ہم بابائے جمہوریت کے نام سے یاد کرتے ہیں۔ رومن دور میں ایتھنز میں جمہوریت پریکٹس ہوتی تھی، خود ڈیموکریسی جو لفظ ڈیمو ہے اس کا مطلب ہی عوام ہے اور اُس کے دوسرے حصے سے مراد حکومت کرنا ہے یعنی جمہوریت کے تصور کی اصل بنیاد

ہمیں رومن دور میں ہی ملتی ہے۔ اُس دور میں ایتھنس میں باضابطہ ایک اسمبلی ہوتی تھی، پارلیمنٹ یا کونسل تھی، آپ کو یاد ہوگا خود سقراط کا مقدمہ بھی پارلیمنٹ میں پیش ہوا تھا جس میں پانچ سو ممبرز تھے۔ جن میں سے 220 ممبرز نے ان کے حق میں اور 280 نے ان کے خلاف ووٹ دیا تھا اور یوں انہیں اس الزام پر سزائے موت دی گئی تھی کہ وہ روایتی مذاہب کے خلاف باتیں کرتے ہیں اور نوجوانوں کو بگاڑنے کا سبب بن رہے ہیں۔ کہنے کا مطلب تھا کہ اُس دور میں بھی باضابطہ ایک پارلیمنٹ اور کورٹ کا تصور تھا جو ایک سسٹم کے ذریعے کام کرتے تھے، جس کے لیے قانون ساز بھی تھے اور قانون سازی کا پورا ایک نظام تھا جس کی تیاری میں ڈیموکریٹک رولز استعمال میں لائے جاتے تھے۔ اچھا پھر جب ہم ماڈرن دور تک آتے ہیں تو سب سے پہلے ہماری نظر میگنا کارٹا کے ڈاکومنٹس پر جا کر رکتی ہے جو انگلینڈ میں گریٹ چارٹر کے سائن ہوا تھا۔ یہ وہ پہلا ڈاکومنٹ تھا جس میں اُس دور کے بادشاہ کے فیصلوں کو چیلنج کیا گیا تھا یعنی ان کی اتھارٹی پر سوال اٹھایا گیا تھا یا دوسرے الفاظ میں انہیں جتا دیا گیا تھا کہ اب انہیں بھی قانون کے دائرے کے اندر رہ کر ہی حکومت کرنی ہوگی۔ اب یہ الگ بات ہے کہ میگنا کارٹا کے بعد بھی انگلینڈ میں باشاہت کئی صدیوں تک چلتی رہی کیونکہ کیتھولک چرچ نے بادشاہت کو اپنی مذہبی طاقت سے سپورٹ کیا ہوا تھا یعنی یہ دونوں ادارے مستقل ایک دوسرے کی پشت پناہی کر رہے تھے۔ ظاہری بات ہے کہ روشن خیالی کی تحریک یا نشاۃ ثانیہ (Renaissance) کا دور تو پھر چودھویں اور پندرہویں صدی کے دوران آیا اور یوں اُس کے لیے سب سے بڑا چیلنج کیتھولک چرچ کا گورنمنٹ میں اثر تھا جسے توڑنا آسان نہیں تھا۔ مگر پھر سیاسی، سماجی، سائنسی انقلابات اور ایجادات کا ایک ایسا سلسلہ شروع ہوتا چلا گیا جس سے صورت حال بدلنی شروع ہوگئی۔ خصوصاً اُس دور کے سیاسی انقلابات نے خاصی بڑی تبدیلی پیدا کردی۔ یوں تاریخ کی کتابوں میں پڑھنے میں یہ سارا ایک رومانٹک سا عمل دکھائی دیتا ہے مگر حقیقت میں یہ سب قتل وغارت گری اور خون خرابہ سے بھرا ہوا دور تھا مثلاً اُس دور میں جو سب سے پہلا بڑا انقلاب ہے وہ فرانسیسی انقلاب ہے جو 1789 میں آیا تھا۔ اب یہ ایک انوکھی سی بات دکھائی دیتی ہے کہ اس انقلاب کے فوراً بعد ہمیں فرانس میں کسی ڈیموکریسی کا سلسلہ دکھائی نہیں دیتا ہے بلکہ ایک فوجی جنرل نپولین بوناپارٹ

کی آمریت دکھائی دیتی ہے۔ حقیقت میں تو اصل انقلاب ہمیں فرانس میں 1848 میں ہوتا ہوا دکھائی دیتا ہے جس کے نتیجے میں فرانس میں اشرافیہ کی حکومت کا صحیح معنوں میں خاتمہ ہو پایا تھا اور سول ڈیموکریسی کا سلسلہ شروع ہوا تھا۔

یہ بات بھی ٹھیک ہے کہ 1789 کے انقلاب کے بعد فرانس میں ڈیموکریسی تو نہیں آئی تھی مگر ہاں ایک جمہوری ڈھانچہ یا فکر ضرور وقوع پذیر ہو گئی تھی جس کی بڑی وجہ اس انقلاب میں عوام کی جدوجہد اور خون شامل تھا جس کے نتیجے میں ایک عظیم نظریاتی آزادی کا تصورِ انقلاب برپا ہو گیا تھا یعنی سیکولر فکر پیدا ہو گئی تھی اور اظہار رائے وجود میں آ گیا تھا۔

اس دوران اگر ہم امریکہ کی طرف آئیں تو ہمیں سب سے بڑی جو چیز نظر آتی ہے وہ تھامس جیفرسن (Thomas Jefferson) کا کردار ہے۔ تھامس جیفرسن تیسرے امریکی صدر تھے۔ اُن کا ایک بڑا رول ڈیموکریسی کی طرف دکھائی دیتا ہے کیونکہ انہوں نے اُس وقت 1776ء اعلان آزادی (Declaration of Independence) سائن کیا تھا جو بنیادی طور پر پانچ لوگوں کی ایک کونسل تھی مگر جس کے ذریعے انھوں نے امریکہ کے آئین میں میگنا کارٹا کے ڈاکومنٹس کو شامل کر دیا تھا اور یوں امریکہ میں مذہبی آزادی اور سیکولر گورنمنٹ کی بات شروع ہو گئی تھی۔ جس کا مطلب یہی تھا کہ امریکہ میں بسنے والا ہر ایک شخص مذہبی طور پر آزاد رہے گا اور اپنی مسجد یا چرچ وغیرہ میں جا کر اپنی اپنی عبادت کر سکتا ہے، اُس پر اس معاملے میں کسی قسم کی کوئی بھی پابندی نہیں ہوگی۔ ظاہر ہے جب چرچ اور اسٹیٹ کی علیحدگی کی بات ہوتی چلی گئی تو شہری حقوق کی بھی بات شروع ہو گئی۔ اچھا اب ہم مزید سو سال کے بعد کے امریکہ میں آ جاتے ہیں یعنی 1864 میں ہمیں ایک بہت بڑا نام ابراہام لنکن کا نظر آتا ہے۔ یہ وہ دور تھا جب امریکہ میں سول وار چل رہی تھی۔ یعنی غلاموں کی وجہ سے شمالی اور مغربی ریاستوں کے درمیان مستقل جھگڑا چل رہا تھا، اس وقت ابراہام لنکن نے جو تقریر کی تھی اس کے خاص جملے جمہوریت کے لیے تاریخی ثابت ہو گئے، انہوں نے کہا تھا 'اٹ از گورنمنٹ آف دی پیپل، بائی دی پیپل، فار دی پیپل' تو یوں اُن کا یہ بیان جمہوریت کے لیے باضابطہ طور پر ایک ٹیکسٹ بک کی تعریف بن گئی تھی۔ اس طرح سے ڈیموکریسی وقت کے ساتھ ساتھ بہترین ہوتی چلی گئی اور یوں پچھلے سو ڈیڑھ سو برسوں میں وہ پوری دنیا میں خاصی مستحکم ہوتی چلی گئی۔

اب رہی بات ڈیموکریسی کی اقسام کی تو یہ ذرا سی ٹیکسٹ بک والی بات ہوگی مگر جان لینے میں کوئی حرج بھی نہیں۔ ڈیموکریسی کو ہم مجموعی طور پر پریکٹیکل یا فنکشنل ڈیموکریسی میں ہی تقسیم کر سکتے ہیں۔ اس میں ایک طریقہ ڈائرکٹ پریکٹس کا تھا جس دوران ایک زمانے میں عوام ڈائرکٹ اپنے نمائندے چن لیتے تھے مگر پھر اس میں خون خرابہ اور جھگڑے بھی ہوتے تھے۔ ایک دوسرا طریقہ ان ڈائرکٹ ڈیموکریسی کا تھا جس میں لوگ گروپس کی شکل میں آرگومنٹس کرتے تھے اور پھر ووٹنگ سے پہلے اُن کے دیے گئے دلائل کو مدنظر رکھ کر انہیں منتخب کیا جاتا تھا، پھر بعد میں سیاسی پارٹیوں کے ذریعے سے نمائندوں کو بھی چنا جانے لگا جس میں پہلے سیاسی پارٹی کے منشور اور پھر نمائندگان کی سماجی اور اخلاقی صورت حال کو جان کر ووٹنگ سے انہیں منتخب کرنے کا سلسلہ شروع ہوگیا، آج کل کم و بیش یہی سلسلہ ڈیموکریسی کا چل رہا ہے، عوام اپنے نمائندے سیاسی پارٹیوں کی طرف سے تجویز کردہ لیڈرز کو ووٹ دے کر منتخب کر لیتے ہیں۔ عوام سیاسی جماعتوں کے قائدین کی کرشماتی شخصیت یا اُن کے سیاسی بیانات اور خود سیاسی پارٹی کے آئین کے لحاظ سے اُن سے متاثر ہوتے ہیں مگر کچھ ملکوں کی سمجھ دار عوام سیاسی جماعتوں کی صرف پرفارمنس کو ہی مدنظر رکھ کر اُن کے دیے گئے نمائندوں کو منتخب کرتی ہیں ورنہ انہیں اگلے الیکشن میں مسترد کر دیتی ہے۔

نصابی اعتبار سے ایک صدارتی اور دوسرا پارلیمانی نظام ہے جو اس وقت ساری دنیا پر رائج ہے جسے اگر ہم فنکشنل اعتبار سے دیکھیں تو اس میں ہمیں آئینی جمہوریت ملتی ہے، ہمیں مختلف ممالک میں دکھائی دیتی ہے اس میں وزیر اعظم سربراہ حکومت ہوتا ہے۔ امریکہ میں صدارتی نظام ہے۔ اچھا برطانیہ میں جمہوریت کے ساتھ ایک پرانا روایتی بادشاہی نظام کو بھی رکھا گیا ہے جس کا پاور ہاؤس سیاسی سے کہیں زیادہ مضافتی اور ثقافتی ہے۔ سوشل ڈیموکریسی کے نتیجے میں پچھلے ڈیڑھ سو سالوں میں جواب ایک نیا سسٹم مروّج ہوا، اس میں سماجی مسائل کو امتیازی حیثیت دے دی گئی ہے مثلاً عوام کی تعلیم، صحت، رہائش، زندگی کی بنیادی سہولتیں، اشیا کی قیمتیں، ہیومن رائیٹس، جرائم وغیرہ کی روک تھام اور پھر بین الاقوامی سیاسی وتجارتی پالیسیز اور تعلقات وغیرہ کو سب سے اوپر جگہ دی گئی۔ عمومی طور پر عوام کی نظریں ان ہی مسائل یا ایشوز پر ہوتی ہیں اور انہیں کی کارکردگی کی بنیادوں پر وہ سیاسی جماعتوں اور اپنے نمائندوں کو منتخب کرنے کے لیے ووٹنگ سے فیصلے کرتے ہیں۔

ڈاکٹر محمد شہزاد:

اچھا سر یہ تو بنیادی باتیں ہوگئی اب آپ ہمیں یہ بتائیں کہ خود جمہوریت کو مستحکم ہونے میں کن مسائل کا سامنا کرنا پڑتا ہے؟

ڈاکٹر بلند اقبال:

ضرور شہزاد اس موضوع پر تھوڑی سی بات کر لیتے ہیں کہ ڈیموکریسی کے لیے مسائل کہاں سے آتے ہیں؟ یعنی بعض ممالک میں ڈیموکریسی کی جگہ ایک مصنوعی یا جعلی جمہوریت کیسے تشکیل پاتی ہے۔ اگر ہم تاریخ میں تھوڑا سا پیچھے جائیں تو دیکھتے ہیں کہ ارسطو نے کیا کہا تھا؟ انہوں نے تو اپنے اردگرد پھیلے ہوئے غلامانہ نظام کی طرف اشارہ کیا تھا کیونکہ وہ انسان کی غلامانہ نظام اور فکر سے آزادی کی بات کر رہے تھے یعنی وہ شخصی بات کر رہے تھے اور پھر اُن کے استاد یعنی افلاطون نے پبلک میں پوری قوم کے حوالے سے بات کی تھی اور نیچر کے حوالے سے بات کی تھی مگر وہ روایتی جمہوریت کے خلاف تھے جس کی وجہ سقراط کی موت میں پارلیمانی ووٹنگ کا کردار تھا۔ ارسطو اور افلاطوں کی جمہوری فکر پر ہمیں نشاۃ ثانیہ کے بعد عمرانی معاہدے کا تصور ملتا ہے اور روسو اور جان لوک کے سیاسی نظریات دکھائی دیتے ہیں۔

یہاں ہمیں یہ دیکھنا چاہیے سب سے پہلے اس جمہوری ڈھانچے میں کیا کوئی فریڈم ان اسمبلی موجود ہے یعنی کوئی بھی آدمی اگر کسی بھی سماجی یا سیاسی پارٹی کو جب کبھی بھی جوائن کرتا ہے چاہے وہ کوئی ٹریڈ یونین ہو یا کوئی مذہبی یا سماجی ادارہ ہو یا کوئی بڑی سیاسی جماعت ہو، کیا ایسی کسی بھی یونین، آرگنائزیشن یا پارٹی میں وہ رضا کارانہ جاسکتا یا اُس میں سے استعفیٰ دے کر نکل سکتا ہے یا وہ پارٹی کی مافیا کے کنٹرول میں رہتا ہے۔ اگر وہ کنٹرول میں رہتا ہے تو پھر وہ جماعت یا ادارہ ڈیموکریٹک نہیں ہے۔ مثلاً اگر کہیں مذہبی آزادی ہے تو کتنی آزادی مذہب ہے؟ کہیں ایسا تو نہیں کہ ایک ریاست میں کہنے کو ڈیموکریسی ہے اور مذہبی ریاست ہونے کے باوجود ایک مذہبی آزادی کا نعرہ تو لگا دیا گیا ہے مگر حقیقت میں وہاں موجود اقلیتیں مثلاً کرسچن، ہندو، مسلم یا احمدی وغیرہ مستقل طور پر ہراسمنٹ کا شکار ہو رہے ہیں۔ اگر ایسا ہے تو اس کا مطلب ہے کہ اُس ریاست میں ڈیموکریسی نہیں ہے۔ اسی طرح اظہار خیال کی کتنی آزادی ہے یا پھر لوگوں کی اس بات کی کھلی

اجازت ہے کہ وہ اپنے ملک کی آرمی جوائن کرسکیں یا بیوروکریسی اور پارلیمانی کونسلز کا حصہ بن سکیں؟ اگر مسائل ہیں تو پھر اس کا تو مطلب یہی ہے کہ ریاست میں ڈیموکریسی نہیں ہے۔ اسی طرح بہت ساری باتیں ہیں مثلاً قانونی حقوق ہیں؟ کیا اقلیتوں کو بھی رنگ، نسل مذہب سے ماورا ہوکر برابری سے ایک ہی وقت میں قانونی حقوق ملتے ہیں؟ یعنی دوسرے الفاظ میں ہر وہ شے جس کو معاشرے کے جمہوری ڈھانچے کا حصہ بنایا گیا ہے اسے ایک ایک کر کے چنا جائے، تجزیہ کیا جائے اور دیکھا جائے کہ وہ سب جمہوریت کے تمام اصولوں کے لحاظ سے برتتے جارہے ہیں یا نہیں؟ اگر نہیں تو پھر اُس ریاست میں جمہوریت نہیں ہے۔ بالکل اسی طرح انتخابی جمہوریت کی کیا صورت حال ہے؟ شہری آزادیوں کا تحفظ ہے یا نہیں؟ اگر نہیں ہے تو یقیناً جمہوریت نہیں ہے۔ اگر ہر چوتھے یا پانچویں برس کے بعد انتخابی جمہوریت کے نتائج میں آپ نے جو بھی نمائندے چُنے تھے، کیا انہوں نے آپ کو بتایا کہ انہوں نے آپ سے وعدوں کے مطابق کام کیا اور آپ کی تمام امیدوں کو پورا کیا یا نہیں؟ اگر انہوں نے ایسا نہیں کیا ہے تو اس کا مطلب ہے کہ ڈیموکریسی کو پریکٹس نہیں کیا گیا ہے۔

ایک خطرناک صورت حال اور بھی ہے جو انتخابی نظام کے ذریعے کبھی کبھار مسائل کا سبب بن جاتی ہے مثلاً ایسا ممکن ہے کہ انتخابی نظام کے استعمال سے بعض اوقات ایسی سیاسی جماعت منتخب ہوجاتی ہے جو اپنے اصل مزاج میں فاشسٹ ہوتی ہے یا مذہبی بنیاد پرست جماعت کو کبھی کبھار اچھے بیانیوں اور اشتہارات سے ووٹ مل جاتے ہیں اور یوں ملک میں جمہوریت کی آڑ میں آمریت آجاتی ہے۔ مثلاً جیسے ایران میں ہوا۔ ایسی صورت حال میں عوام کی سیاسی بلوغت سوالیہ ہوجاتی ہے، اس طرح کے تجربات کے بعد خود جمہوریت بھی تنقیدی رویے کے سپرد ہوجاتی ہے۔ بہت سی فاشسٹ جماعتیں جھوٹی خبریں استعمال کرتی ہیں، مذہبی اور قومی نعروں اور مقدس بیانیوں سے طاقت حاصل کرنے کی کوشش کرتی ہیں، لوگوں کے جذبات کو استعمال کرتی ہیں، سوشل میڈیا کے ذریعے نفرت، غصے اور غلط بیانیوں یا الزام تراشیوں سے سوشل یا مذہبی طور پر ایک انتہا پسندانہ تقسیم پیدا کردیتی ہیں جس سے عوام در تقسیم ہوتی چلی جاتی ہے اور ایک تلخ سی فضا پورے ملک میں پھیل جاتی ہے۔ جمہوری رویوں کا سیاسی جماعتوں میں بھی نظر آنا شرط ہے مثلاً اگر خود سیاسی جماعت میں رہنمائی کے لیے ایک موروثی سلسلہ چل رہا ہے

اور خاندان کے افراد ہی حکومت کا فیض اٹھا رہے ہیں یا سیاسی جماعتوں میں الیکشن نہیں ہوتے ہیں تو ایسی سیاسی جماعتیں جمہوری ہونے کا ڈھونگ رچا رہی ہیں، اصل میں تو ان کا جمہوری مزاج ہی نہیں ہے۔ اگر سیاسی جماعتیں اسٹیبلشمنٹ کے اندر کام کر رہی ہیں اور انہیں کی ڈکٹیشن میں اپنے بجٹ، عوام الناس کے لیے پروجیکٹس اور داخلی و خارجی پالیسیز بنا رہی ہیں تو اس کا مطلب یہی ہے کہ وہ صرف دکھاوے کے لیے حکومت میں ہے، حقیقت میں تو ایک ٹائرنی مسلط ہے جس میں فوج کے جنرلز، عدلیہ اور بیوروکریسی نے مل کر ایک اسٹیبلشمنٹ بنائی ہوئی ہے اور عوام کو سیاسی جماعتوں کے لیڈران کی شکل دکھا کر یا جمہوریت کا جھانسا دے کر حکومت پر قابض ہیں۔ ایسی صورت حال میں اکثر سیاسی لیڈرز بھی پولیٹیکل انجینئرنگ کے ذریعے تیار کیے جاتے ہیں، انہیں جھوٹے سچے نعرے دے کر عوام میں پاپولر کیا جاتا ہے اور پھر عوام سے یا جعلی ووٹس دلوا کر انہیں مصنوعی طور پر حکومت میں رکھا جاتا ہے تاکہ عوامی مسائل کی صورت میں بدنامی اُن کے حصے میں آئے اور بیرونی ممالک کی امداد سے آنے والا پیسا اُن کی جیب میں جائے، ظاہر ہے یہ تمام علامتیں مصنوعی یا سوڈو (Pseado) جمہوریت کی طرف اشارہ کرتے ہیں۔ ایسی صورت کے لیے جعلی رہنماؤں کی تیاری کے لیے الیکٹرانک میڈیا کو پوری طاقت اور ذہانت سے استعمال کیا جاتا ہے، اس کام میں مذہبی ادارے، مذہبی رہنما، سماجی ادارے، سماجی رہنما اور تعلیمی ادارے اور بکے ہوئے دانشوروں کا استعمال ہوتا ہے، صحافیوں کو زمین اور جائیدادوں کے تحائف دیے جاتے ہیں، نوجوانوں کے ذہنوں میں تعصبی سیاست اور انتہا و بنیاد پرست مذہبی خیالات کا زہر انڈیلا جاتا ہے۔ ان تمام معاملات میں شامل مقامی یا قومی اسٹیبلشمنٹ اپنے تعلقات انٹرنیشنل اسٹیبلشمنٹ سے بنا لیتی ہے اور یوں یہ سلسلہ ایک مافیا کی شکل میں کام کرتا ہے۔ ایسی صورت حال کا عموماً عوام کو کوئی اندازہ نہیں ہوتا ہے، وہ اندھیری راہوں میں چلنے والے گمنام مسافر ہوتے ہیں جو اپنے تعین باخبر ہوتے ہیں اور اپنے اپنے کرشماتی رہنماؤں کے پیچھے اندھا دھند بھاگ رہے ہوتے ہیں مگر اُن کا انجام آغاز کی طرح اندھیرے میں ہو جاتا ہے اور اکثر و بیشتر کو ساری زندگی اپنی اور ملک کی سماجی ناکامی کی وجہ بھی سمجھ نہیں آتی ہے اور وہ یوں ہی ایک مخالف جماعت کے رہنماؤں پر الزام دے کر ان گنت مسائل کے ساتھ اپنی زندگی گزار دیتے ہیں۔

ڈاکٹر محمد شہزاد:

ڈاکٹر صاحب، پاکستان میں جمہوریت کی کونسی شکل ہے اور وہ کس طرح سے پریکٹس ہو رہی ہے؟

ڈاکٹر بلند اقبال:

شہزاد پاکستان میں جمہوریت پریکٹس ہی نہیں ہو رہی ہے۔ ہاں، پاکستان میں پچھلے اُٹھہتر برسوں سے وہاں کی عوام اور دنیا کو دکھانے کے لئے ایک جعلی قسم کی جمہوریت جس کو ہم ری پارلیمانی ڈیموکریسی کہتے ہیں، رکھ دی گئی ہے۔ حقیقت میں ہمارے ہاں اشرافیہ کی حکومت ہے جو مستقل پریکٹس ہو رہی ہے۔ اس میں اعلیٰ فوجی افسران اور اُن کے پیدا کیے گئے سیاستدان شامل ہیں۔ اس کے علاوہ اس گروپ میں قانون کے ادارے یعنی سپریم کورٹس کے ججز اور سول افسران کا گٹھ جوڑ شامل ہے جنہوں نے مل کر ایک نیشنل اسٹیبلشمنٹ بنائی ہوئی ہے۔ یہ وہ حقیقی گروہ ہے جس کا اپنا ہی ایک چیک اینڈ بیلنس کا سسٹم ہے۔ اس دوران وہ ایک دوسرے کی مانیٹرنگ کرتے ہیں۔ اس پورے کام میں کسی بھی قسم کی سماجی یا اخلاقیات کا کوئی عمل دخل نہیں ہے۔ اس میں کسی بھی قسم کا کوئی عوامی مسئلہ، اہم نہیں ہے اور اگر ہے تو محض جلسوں میں نعرے بازیوں اور میڈیا میں بحث و مباحثوں کی حد تک ہی ہے، اُن کی کوئی حقیقی ویلیو نہیں ہے، اس پورے ڈھانچے میں عوام کو سویلین کہا جاتا ہے اور کبھی کبھار اس کے ساتھ ایک توہین آمیز سا لفظ بھی جوڑ دیا جاتا ہے یعنی وہ ایک حقیر کیڑے مکوڑے جیسی کوئی حشرات وغیرہ ہیں۔ یہی وہ اشرافیہ کے بہترین اہل کہلائے جاتے ہیں جو پاکستان میں حکومت کے لیے دستیاب ہیں اور ان کی ہی نسلیں پچھلے اُٹھہتر برسوں سے پاکستان پر برسر اقتدار گروہ میں شامل ہیں۔ اس کام کے لیے انہوں نے پاکستانی عوام کو لسانی، مذہبی اور اور نسلی گروپوں میں تقسیم کیا ہوا ہے تا کہ انہیں اپنے خلاف کسی بھی متحدہ طاقت بننے سے روکا جاسکے۔ یہ ایک کامیاب ترین طریقہ واردات ہے جو اب تک اپنے سو فیصد نتائج دے رہا ہے۔

اچھا شہزاد، سب سے اہم بات یہ بھی ہے کہ یہ جو نیشنل اسٹیبلشمنٹ کا ایک ڈائرکٹ رابطہ انٹرنیشنل اسٹیبلشمنٹ سے ہے، یوں ان کے آپس کے تعلقات اس پورے جعلی نظام میں

ایک ریڑھ کی ہڈی کا کردار ادا کرتے ہیں۔ مثلاً انٹرنیشنل اسٹیبلشمنٹ کو پاکستان کے جیو پولیٹیکل حصے سے خاصی دلچسپی ہے جس کی خاطر انہیں ایک ایسی مصنوعی یا جمہوری حکومت سے زیادہ غرض ہے کیونکہ ایسی حکومتیں لوکل اسٹیبلشمنٹ کے ذریعے آسانی سے استعمال میں آجاتی ہے۔ یہی وجہ ہے کہ پاکستان جسے برطانیہ نے جس مقصد کے لیے بنایا تھا یعنی کمیونسٹ ممالک کے خلاف ایک مغربی بلاک تیار کرنا تھا جس کی آہٹ انہیں دوسری عالمی جنگ سے پہلے ہی 1917ء کے سوویت انقلاب سے مل چکی تھی اور پھر بعد میں اس ملک کو کمیونسٹ ممالک کی اقتصادی راہ داری میں مستقل رکاوٹ کے لیے اسے استعمال کرنا تھا۔ اصل میں تو پاکستان کی حیثیت جنوبی ایشیا میں ایسی ہی ہے جیسی کہ مڈل ایسٹ میں اسرائیل کی حیثیت ہے، ان دونوں خطوں میں یہ دونوں ممالک مذہبی بنیادوں پر اسی لیے تعمیر کیے گئے ہیں تاکہ ان جگہوں پر کبھی بھی سیاسی استحکام کا قیام ممکن نہ ہوسکے۔ اسرائیل کی وجہ سے مڈل ایسٹ ہمیشہ سے ایک عدمِ استحکام میں رہتا ہے اور پاکستان کے ذریعے ابتدا میں کمیونسٹ ممالک کی سیاسی و جغرافیائی پھیلاؤ کو روکا گیا جس کی شکل کولڈ وار میں پاکستان کی شمولیت تھی اور آج کل اُن کی اقتصادی راہ داری کو اس کی مدد سے بلاک کیا جاتا ہے یعنی دہشت گردی وغیرہ کے واقعات کے ذریعے سے۔۔۔ یہی وجہ ہے کہ پاکستان میں کبھی بھی حقیقی ڈیموکریسی پریکٹس نہیں ہوئی ہے۔

ڈاکٹر محمد شہزاد:

پاکستان ایک مذہبی ریاست ہے تو کیا یہاں یا دوسرے مذہبی ممالک میں جمہوریت پروان چڑھ ہوسکتی ہے؟

ڈاکٹر بلند اقبال:

شہزاد جتنے بھی توحید پرست مذاہب ہیں، ان میں ایک خدا کا تصور ملتا ہے کہ اسی نے ہم سب انسانوں اور جانداروں کو پیدا کیا ہے، اسی نے کائنات بنائی اور وہی آغاز و انجام کے پس منظر میں ہے اور ظاہر ہے یہ بھی کہ اس کی اس بادشاہت کو چیلنج نہیں کیا جاسکتا ہے۔ یہ ہمیں توریت، انجیل اور قران مجید میں کم و بیش ایک جیسا ہی ملتا ہے اور اس تصور کے کردار بھی کم و بیش ایک جیسے ہی

خصوصیات کے حامل ہیں مثلاً خدا، اُن کے پیغمبران، خدا کا بیٹا، مقدس روح، فرشتے، جنات، روحیں یعنی ان کے انتظامات میں کم و بیش ایک بادشاہت کا تصور ملتا ہے جیسا کہ حکمرانی بادشاہ کی ہے، اُس کے بعد اُس کے شہزادے یا بیٹے ہیں، وزیر، درباری اور کنیزیں اور ملازمائیں وغیرہ سروسز کے لیے ملتے ہیں۔ اچھا اس تصورِ مملکت میں ظاہر ہے جمہوری یا پارلیمانی ساخت تو نہیں ہے یعنی کوئی وزیر اعظم یا صدر یا وزرائے کرام تو کہیں نہیں دکھائی دیتے ہیں یعنی (Replica) جمہوریہ کا تصور نہیں ہے، یہی وجہ ہے کہ مذہبی ذہن کی بڑی سی بڑی تخلیقات میں ہمیں مونارکسٹ خدا ہی دکھائی دیتا ہے مثلاً سینٹ اگسٹائن نے بھی قرون وسطی میں سٹی آف گاڈ ہی لکھی تھی، ری پبلک آف گاڈ تخلیق نہیں کی تھی۔ کہنے کا مطلب یہ ہے کہ جب بھی ہم مذہبی شخص کی بات کرتے ہیں تو پہلا لفظ اُس کے ایمان پر ہوتا ہے کہ وہ خدا اور اُس کے مونارکسٹ سسٹم پر ایمان لے آتا ہے۔ اس سسٹم کے لیے اسلام میں شریعت کا آئینی نظام موجود ہے جس کا اتباع ایمان ہی کی طرح لازم ہے بلکہ کچھ صورتوں میں تو ایمان سے بھی زیادہ ضروری ہے۔ یہی حال کیتھولک اور یہودیت کا بھی ہے وہاں بھی اسی طرح کی ہیرارکی اور زندگی کے دوران اور زندگی کے بعد کی جزا و سزا اور ابدی زندگی کا تمام تر تصور ملتا ہے۔

ظاہر ہے اس تمام تر حکمرانی کی ساخت میں عوام کی رائے کی اہمیت نہیں ہے یعنی اُن کی پسند و ناپسند کا کوئی تصور نہیں ہے، جیسا سسٹم انہیں دیا گیا ہے، انہیں اسے ویسے ہی فالو کرنے کا حکم ہے اور نافرمانی کی صورت میں سزاؤں کا حکم ہے، زندگی میں بھی اور زندگی کے بعد بھی، اس کنگ ڈم آف گاڈ میں اظہار خیال یا تنقید کی آزادی نہیں ہے جو کسی بھی انسانی مونارکسٹ ریاست کا بھی خاصا ہے۔

مغرب میں پانچویں سے پندرھویں صدی کے دوران کیتھولک چرچ اور بادشاہت کے درمیان گٹھ جوڑ چلتا رہا، شارلمین جیسے کنگ کی پاپ ٹو کی مقدس رسم میں تاج پوشی ہوئی تھی اور پھر جوں جوں رومن ایمپائر کی ٹوٹ پھوٹ ہوئی اور ویسٹرن ایمپائر پر جرمن اور فرانسیسی قبائل حملے کرنے لگے تو فیوڈل ازم پھیلتا چلا گیا اور یوں کیتھولک چرچ نے یہاں اور بازنطینی سلطنت پر بادشاہوں کے ساتھ مل کر مقدس ریاستوں اور مقدس صلیبی جنگوں کا سلسلہ شروع کر دیا۔ ظاہر ہے یہ جنگیں دوسری جانب کھڑی مقدس اسلامی ریاستوں سے چل رہی تھیں جن میں خلافت اسلامیہ

سرفہرست تھی۔ اچھا ان جنگوں کے جو بھی نتائج ہوئے مگر مرکزی حیثیت میں ایک طرف کیتھولک چرچ تھا اور دوسری جانب اسلامی اسکول تھا اور اس کا انجام کچھ مختلف سا ہوتا چلا گیا یعنی مغرب میں کیتھولک چرچ پندرہویں صدی تک آتے آتے ٹوٹ گیا یعنی اُس کے کنٹرول سے بادشاہت اور فیوڈل ازم نکل گئی کیونکہ وہاں ان دونوں نظاموں کا خاتمہ ہو گیا اور اس کی جگہ جمہوری ریاستوں نے لے لی اور خود کیتھولک چرچ محدود ہو گیا اور پروٹسٹنٹ تصور بھی چرچوں تک محدود ہو گیا۔ بدقسمتی سے ایسا کچھ مشرقی ریاستوں میں نہیں ہو سکا یعنی سلطنت عثمانیہ بیسویں صدی میں جا کر ٹوٹی جب تک قومی ریاستیں مغرب میں مستحکم ہو چکی تھیں اور پھر ان مشرقی اسلامی ریاستوں کو کسی بھی قسم کا کوئی فکری نشاۃ ثانیہ میسر نہ ہوا، نہ تو کوئی بڑی فلاسفیانہ یا سائنسی انقلاب کی آہٹ پیدا ہوئی اور نہ ہی کوئی سیاسی اور سماجی منظرنامہ بدلا بلکہ الٹا یہاں کی ریاستیں مغرب کی کالونیز بن گئیں اور مغربی ریاستوں نے انہیں کنٹرول کرنے کے لیے کسی فکری انقلاب کی ہوا بھی نہیں آنے دی بلکہ اسی بادشاہت کو کنٹرول کے غرض سے جاری رکھا اور مسجد اور ریاست کے گھٹ جوڑ سے پورا سیاسی اور جغرافیائی فائدہ اٹھالیا۔ پاکستان بھی اپنے پس منظر میں اسی تاریخ کا حصہ ہے، ہندوستان میں تو پھر بھی ایک سیاسی وسماجی شعور پیدا ہو گیا مگر پاکستان کا قیام چونکہ مغربی ریاستوں کے سیاسی عزائم کے لیے تھا، اس لیے یہاں مسجد اور فیوڈل طاقتوں کے گھٹ جوڑ کو قائم رکھا گیا۔ یہی وجہ ہے کہ یہاں ہمیشہ سے سیکولرویژن کو کافرانہ ذہنیت دے کر عوام الناس کو آسانی سے بے وقوف بنا دیا گیا، ماڈرن ازم جس کا تعلق سائنسی اور سماجی انقلاب سے تھا، اسے ایک گالی یا مغرب پرستی وغیرہ بنا دیا گیا اور یوں پاکستان کو خصوصاً یورپ کے تاریک دور (Dark Ages) کے سپرد کر دیا گیا، یہی وجہ ہے کہ پاکستان کے عوام کی زندگی ابھی بھی پانچ سے پندرویں صدی کے درمیان کی تباہ حال یورپینز کی طرح کی ہے جو بنیادی ضرویات کے لیے آج بھی ترستی ہے اور نسلی اور قوم پرستی یا مذہبی انتہا پسندی کا شکار ہو کر ایک دوسرے کا خون خرابہ کرتی رہتی ہے۔ ظاہر ہے جب تک ریاستوں پر مذہبی لیبل چڑھا رہے گا یعنی اگر مکی یا مدنی ریاستیں بنا کر عوام الناس کو بے وقوف بنانے کی چالاکیاں چلتی رہیں گی اُس وقت تک پاکستان جیسی ریاستوں کی قسمت میں تبدیلی ممکن نہیں ہے۔ سیکولر ریاست بنائے بغیر جمہوریت ممکن نہیں ہے کیونکہ عوام الناس کو رائے کی آزادی دینا ہوگی، جاگیرداری کی قید سے ریاست کو نکالنا ہوگا تا کہ جاگیردار سیاست دان عوام پر دباؤ نہ ڈال سکیں،

مسجد کو ریاست سے آزاد کرنا ہوگا تا کہ مسجد کو سیاست سے نکال کر اُس کی مقدس جگہ پر پہنچایا جائے اور عوام الناس کو اپنی زندگیاں گزارنے اور بنیادی ضروریات پہنچانے کے وعدے پورے کرنے ہوں گے مگر ان تمام باتوں کے لیے عوام الناس میں سماجی وسیاسی بلکہ حقیقی مذہبی شعور کا پیدا ہونا شرط ہے۔

ڈاکٹر محمد شہزاد:

سر کیا اس پوری تشویش ناک صورتحال کا کوئی پختہ یا قابلِ عمل حل ہے؟

ڈاکٹر بلند اقبال:

جی میں نے کہا کہ یہ ایک انتہائی تشویشناک صورت حال ہے کیونکہ اٹھہتر برسوں میں پاکستان میں مجرمانہ طور پر ایسے حکمران طبقے آئے جنہوں نے اسٹیبلشمنٹ کے ساتھ مل کر زومبیز جیسے مجسمے پیدا کر دیے ہیں جو فکر وشعور کو اپنا دشمن تصور کرتے ہیں۔ جو ہرٹ یا ہجومی ذہنیت کے مریض ہیں اور جو مغربی سیاست کی روشنی میں وہاں کے فلسفے اور دانشورانہ فکر کو اپنا دشمن تصور کرتے ہیں۔ حالانکہ مغرب کا فکری انقلاب اور سیاسی تدبیر دو مختلف چیزیں ہیں ہوسکتا ہے اُن کی سیاسی تدبیر کسی سطح پر آپ کے خلاف ہو مگر اُن کی فلسفیانہ اور سائنسی فکر ہی ہے جس نے انہیں طاقتور ملک بنایا ہے، انہوں نے کیتھولک چرچ کو ریاستوں سے الگ کر کے سیکولر ریاستیں بنائی ہیں، اُن کا ماڈرن ریاستی تصور انہیں دنیا پر غالب آنے کا راستہ دکھا گیا ہے کیونکہ ہم جس راستے پر آج ہیں وہ وہاں کل تھے اور انہیں پتہ چل گیا تھا کہ یہ آج کے دور کے لحاظ سے شکست، تباہی اور بربادی کا راستہ ہے ہمیں بھی ان معاملات کو غیر جانبداری سے سمجھنا چاہیے۔ میرا خیال ہے سیاسی و سماجی دانشمندی سے ہمیں ایک بار پھر 399 قبل مسیح میں جانا چاہیے اور دیکھنا چاہیے کہ سقراط کے ساتھ کیا ہوا تھا؟ سقراط کو ڈیموکریسی سے نقصان ضرور پہنچا تھا مگر وہ ڈیموکریسی کے خلاف پھر بھی نہیں تھے کیونکہ ڈیموکریسی میں تہذیبی ارتقا کے امکانات ہوتے ہیں بشرطیکہ وہ حقیقی ڈیموکریسی ہو یعنی وہ کسی لوکل یا انٹرنیشنل اسٹیبلشمنٹ کی تیار کردہ مصنوعی ڈیموکریسی نہ ہو، کیونکہ بعد میں افلاطون ڈیموکریسی کے خلاف ہو گئے تھے کیونکہ ان کے خیال میں جب ڈیموکریسی اس قسم کے

طاقت ور حلقوں کے سپرد ہو جاتی ہے تو اُس میں ایک ظلم (Tyranny) ڈویلپ ہو جاتا ہے جو بادشاہت سے بھی زیادہ خطرناک ہے۔ پاکستان میں وہی ظلم چل رہا ہے۔ سقراط کے پاس اُس کا حل حقیقت پسندی سے آتا ہے یعنی لوگوں کو سیاسی و سماجی شعور ہو اور وہ اداروں پر کھل کر تنقید کریں، کارکردگی پر بات کریں، شخصیتوں کے کرشمہ سے باہر نکلیں، مذہبی فکر کو سیاسی اداروں کی نذر نہ ہونے دیں اور اگر یہ سب ممکن نہ ہو تو ڈیموکریسی کی جگہ متبادل تجربات کا تجزیہ کریں۔ ایسا بہت ممکن ہے کہ ہر ریاست ایک جیسی اقتصادی و سماجی صورت حال نہیں رکھتی ہے۔ وہاں کی عوام ایسا تعلیمی اور سیاسی شعور نہیں رکھتی ہے کہ وہ ووٹ دینے کے لائق ہو۔ ایسی عوام جو آسانی سے ہجومی ذہنیت (Mop mentality) کا شکار ہو جائے، جو جذباتیت کی ماری ہوئی ہو، جسے مذہبی جھانسوں میں پھنسا کر سیاسی علما اپنے الّو سیدھا کریں یا جاگیردار سیاست دان نعروں اور بیانیوں میں الجھا کر اپنی کرسی کا بندوبست کریں وہاں ہر شخص کو برابر ووٹ دینے کی طاقت ایک مضحکہ خیز سی بات ہے۔ سنگاپور میں ٹیکنوکریسی کا تجربہ ہوا تھا اس میں ٹیکنوکریٹس نے سیاسی جماعتوں سے الیکشن لڑا تھا اور ملک کو مثبت شکل میں بدلا تھا کیونکہ ٹیکنوکریٹس کے اذہان روایتی انداز سے نہیں سوچتے ہیں۔ وہ مڈل کلاس کے پریکٹیکل قسم کے لوگ ہوتے ہیں، چیک اینڈ بیلنس کا نظام اگر ایماندارانہ ہو تو یہ تجربہ کیا جا سکتا ہے۔ سنگاپور میں یہ تجربہ کامیاب رہا تھا۔ ووٹرز کی تعلیم کو ووٹ کے لیے شرط بنایا جا سکتا ہے۔ اُن کے سیاسی و سماجی شعور کا ایک امتحان لیا جا سکتا ہے کیونکہ ہر کس و ناکس ووٹ دینے کا حقدار کیونکر ہو سکتا ہے؟ یہ ایک بہت متنازع موضوع ہے مگر اس پر بحث ہونی چاہیے مگر یہ سب اظہار رائے کی آزادی میں ہی ممکن ہے۔ پاکستان کے سیاسی و سماجی دانشوروں کو آگے آنا ہوگا کیونکہ یہ اُن کی دانشورانہ ذمہ داری ہے کہ وہ اس سلسلے میں سنجیدگی سے اپنا کردار ادا کریں اور عوام الناس کو کم از کم بنیادی شعور پہنچائیں ورنہ ان کی موجودگی اور نام و نمود کا کیا فائدہ ہے جب قوم تباہی و بربادی کے اندھے کنوؤں میں گر رہی ہو۔ سیموِن ڈی بوا جو ایک فرانسیسی فیمینسٹ اور فلسفی تھیں، انہوں نے دوسری عالمی جنگ کے دوران جرمن فوجوں کے پیرس میں داخلے پر فرانسیسی ادیبوں کی خاموشی پر سخت تنقید کی تھی۔ انہوں نے اسے غورِ فکر کا غیر دلچسپ نام دیا تھا۔ اُن کے خیال میں ایسے ادیب اور دانشور اپنے ذاتی امیج کی خاطر اصل مسائل پر باتیں کرنے اور لکھنے سے کتراتے ہیں اور حکمرانوں سے فائدے اٹھانے میں مصروف رہتے ہیں۔ اٹلی کے پوسٹ مارکسٹ

سوشلسٹ انقلابی کے نزدیک ایسے ادیب آرگینک ادیب نہیں ہوتے ہیں ان کی موجودگی یا غیر موجودگی کا کوئی فائدہ نہیں۔

آج پاکستان میں ایسے ہی ادیبوں اور سیاسی تجزیہ نگاروں کی بہتات ہے جو یا تو بات نہیں کرتے ہیں یا محض کنفیوژ کرنے والی جگت بازیاں کر کے شہرت اور دولت کی دوڑ میں مصروفِ عمل ہیں۔ پاکستان کی عوام اس سلسلے میں بھی خاصی بدقسمت ہے، یہی وجہ ہے کہ اُن کی سماجی شعوری تربیت ممکن نہیں ہو پا رہی ہے۔

پانچویں بدنصیبی

اس عوام کو قبائلی پدرانہ ذہنیت سے نکلنے نہ دو

ڈاکٹر شہزاد:

ڈاکٹر بلند اقبال صاحب، ہم جب بھی اپنے معاشرے پر سوچتے ہیں تو ہمیں یہ محسوس ہوتا ہے کہ ہمارا معاشرہ دنیا کے عمومی معاشروں سے قطعی مختلف ہے۔ ہمارے یہاں معاشرے میں کئی ایک ایسے انہونے معاملات ہیں جن کی ہم اکثر و بیشتر پردہ پوشی کرتے رہتے ہیں، کئی ایسے مسائل ہیں جنہیں ہم حقیقی سمجھتے ہوئے اُن کو جسٹیفائی کرنے کی خاطر مختلف فکری نظریات سے جواز ڈھونڈتے رہتے ہیں مثلاً ہمارے یہاں جو ایک پدرشاہی نظام ہے جس کو پشتو میں نروا کی نظام کہتے ہیں یعنی ''نر'' کا اختیار جو کہ پورے معاشرے میں ایک ناسور کی طرح پھیلا ہوا ہے۔ ڈاکٹر صاحب آج کا ہمارا یہی موضوع ہے۔ اس سلسلے میں میرا پہلا سوال آپ سے یہ ہے کہ اس نروا کی کے تانے بانے تاریخی تناظر میں ہمیں کہاں سے آتے ہوئے ملتے ہیں؟

ڈاکٹر بلند اقبال:

جی ضرور شہزاد، پدرانہ نظام سے مراد معاشرے میں مردوں کی بالادستی یا غلبے کو کہتے ہیں۔ اب ظاہری بات ہے کہ یہاں مردوں کا ذکر آیا ہے تو اس کا مطلب ہے کہ جنسی لحاظ سے پدرشاہی یعنی ہم یہاں جنسی پدرانہ (Sexual Patriarchy) کی بات کر رہے ہیں۔ ایک

ایسی سوسائٹی جہاں مرد پیدا ہونا ایک افضلیت ہے جس کی وجہ سے اِنہیں ایک مفت کا معاشرتی فائدہ مل جاتا ہے اور وہ دوسری جنس یعنی عورت پر غلبہ رکھنے کا حق حاصل کر لیتے ہیں یا یوں کہیے کہ اُسے کنٹرول کر سکتے ہیں یا اُن کا استحصال کر سکتے ہیں۔ ایک ایسے نظام کو پدرشاہی نظام کہتے ہیں۔

دراصل لفظ Peter the Great دو یونانی لفظوں کا مجموعہ ہے جس میں 'پیٹر یرار' کا مطلب 'مرد' ہے اور 'آرکی' 'اتھارٹی' کو کہتے ہے۔ یعنی 'مردوں کا کنٹرول' یا 'مردوں کی اجارہ داری'۔ اب اس پورے نظام پر ایک مختصر سی تاریخی نگاہ بھی ڈال لیتے ہیں۔ شہزاد آپ کو پتہ ہی ہے کہ ہم جب بھی انسانی تہذیب کی مجموعی تاریخ کا مطالعہ کرتے ہیں تو عام طور پر اسے دو حصوں میں بانٹ لیتے ہیں، ایک پتھر کا دور (Stone Age) اسٹون ایج اور دوسرا لوہے کا دور (Iron Age) آئرن ایج مطلب یہ ہے کہ آج سے چھے ہزار سال پہلے یعنی حضرت عیسیٰ (علیہ السلام) کی پیدائش سے بھی چار ہزار سال پہلے کی تاریخ انسانی میں ہمیں اسٹون ایج دکھائی دیتا ہے کیونکہ اُس دور میں باضابطہ لکھنے لکھانے کی سہولت میسر نہیں تھی یا دریافت نہیں ہوئی تھی اس لیے کچھ زیادہ معاشرتی حقائق کا سراغ نہیں ملتا ہے، مگر جب دور بدلنے لگا اور ہم کا پر اور پھر کانسی یا برونز کے دور میں داخل ہوئے تو کئی ایک تاریخی شواہد ملتے چلے گئے۔ ہم بات کر رہے ہیں حضرت عیسیٰ کی پیدائش سے ہزار ڈیڑھ ہزار سال پہلے کی، جب باضابطہ طور پر برونز دور کی ایک ترقی یافتہ سوسائٹی ملتی ہے۔ یہ بات آج سے لگ بھگ چار ہزار برس پرانی ہے جب لوگ زرعی انقلاب سے گزر رہے تھے، انسانوں نے چھوٹی چھوٹی آبادیوں کی شکل میں منظم ہو کر گاؤں، دیہات وغیرہ بنانے شروع کر دیے تھے، یعنی اسٹیٹ کا تصور پیدا ہو رہا تھا، دیو مالائی کہانیوں کی وجہ سے مختلف مذہبی نظریات سوسائٹی میں پنپ رہے تھے اور مذہبی دانشوروں کی وجہ سے ان کی ایک منظم سی شکل بھی بنتی جا رہی تھی۔ عبادت گاہیں بننے لگیں تھیں اور رسوم ورواج کے لیے بھی قواعد وقوانین بنتے جا رہے تھے، لکھائی کا ہنر دریافت ہو گیا تھا، زبانوں پر کام ہو رہا تھا، علم بقول شخصے سوسائٹی میں بنیادی شکل اختیار کرتا جا رہا تھا۔ ایک انسانی معاشرے کے تمام تر ضروری عوامل تہذیب کا حصہ بنتے جا رہے تھے۔ ریاضی، فلکیات اور فلسفہ انسانوں کی ذہنی نشوونما کا حصہ بن رہا تھا۔ انسانی شعور دن بدن ترقی کر رہا تھا۔ اس عرصے میں ساری انسانی تہذیبیں چاہے وہ ہندوستانی ہو یا چینی یا خصوصاً مشرق وسطیٰ جسے ہم اُس دور کے لحاظ سے ابتدائی یا قدیم

مشرق کہہ سکتے ہیں، ایک منظم گورنمنٹ کے تحت ترقی کرتے ہوئے ملتے ہیں۔ ان میں پروشیا یعنی شمال مغربی ایران یا فارس، ترکی میں اناطولیہ اور آذربائیجان اور اسرائیل، فلسطین اور مشرق وسطی کے وہ علاقے بھی شامل ہیں جہاں آج شام اور عراق ہیں۔ ان تمام علاقوں کی تہذیب میں ہمیں مجموعی طور پر آج سے چار پانچ ہزار برس قبل ایک پدرشاہی نظام ملتا ہے۔ اچھا شہزاد، اس موضوع پر ہمیں کئی ایک کتابیں اور ریفرنسز بھی با آسانی مل جاتے ہیں مثلاً آپ کو یاد ہی ہوگا فریڈرک اینگلز جو کال مارکس کے ساتھ تھے، انہوں نے ایک بڑی معروف سی کتاب لکھی تھی 'دی اوریجن آف فیملی، پراپرٹی اینڈ اسٹیٹ' جس میں انہوں نے اس سارے پدرشاہی نظام کو طبقاتی تقسیم کے ساتھ جوڑا تھا۔ ان کا کہنا تھا کہ اُس دور میں مرد اپنی پراپرٹی صرف مرد بچے ہی کو دیتا تھا، اُس دور میں عورتوں کا کام بچے پیدا کرنا اور گھریلو کام تھا مگر مرد کی ذمہ داری گھر کا نان نفقے کا بندوبست کرنا تھا۔ مگر پھر ایک امریکی تاریخ دان تھی جنہوں نے اپنی کتاب 'دی کریشن آف پیٹریرارکی' میں اس تاریخی تصور پر اعتراض کیا تھا، اُن کا کہنا تھا کہ نہیں ایسا نہیں تھا بلکہ اُن کے مطابق پدرشاہی نظام تو اس سے بہت پہلے یعنی طبقاتی تقسیم کے مسائل سے قبل ہی مضبوط ہو چکا تھا۔ یہ رائٹر ہمیں ارسطو کے پاس تک لے جاتے ہیں اور کہتے ہیں کہ خود ارسطو اخلاقی، ذہنی اور جسمانی طور پر عورت کو مرد سے کمزور سمجھتے تھے اور یہ کہ عورت حقیقت میں مرد کی ایک ملکیت ہے۔ ارسطو کا خیال تھا کہ عورت کا کام صرف بچے پیدا کرنا ہے اور مرد کی خدمت کرنا ہے۔ اُن کے خیال میں مرد فطری طور پر ہی معاشرے پر غالب ہے اور وہ عورت کے مقابلے میں ایک بہتر جنس ہے۔ اُن کے خیال میں عورت ایک ناقص سی جنس ہے اور ناقص کامل کو پیدا نہیں کرسکتی ہے، یوں انہوں نے پدرشاہی نظام کو فطرت کے عین مطابق قرار دیا تھا۔ اب ظاہر ہے اس قسم کی تھیوری جب ایک بار تشکیل پا جائے تو پھر نسل در نسل پنپتی چلی جاتی ہیں ۔ بچے جب بڑے ہوتے ہیں تو اپنے خاندان میں اس مزاج کو دن رات دیکھتے ہیں اور اسے فطری سمجھ کر اپنا لیتے ہیں اور پھر ایک وقت ایسا آتا ہے کہ روایتیں ہمارے خون یعنی جینز کا حصہ بن جاتی ہیں۔ اگر ہم بعد کی یونان اور مصر کی سوسائٹی کا مطالعہ کریں تو ہمیں اندازہ ہوگا کہ ایتھنز کا معاشرہ مصر سے قطعی مختلف تھا۔ ایتھنز میں پدرانہ نظام مصر سے بھی کہیں زیادہ تھا۔ یہ بڑی دلچسپ سی بات ہے کہ حضرت عیسیٰ سے دو ڈھائی برس پہلے مصر میں خواتین کے حقوق یونان سے بہت زیادہ تھے۔ مصر کی مڈل کلاس عورت مردوں کے شانہ بشانہ گھر سے باہر کام کرتی تھی، وہ پراپرٹی

بزنس یا پراپرٹی اور رئیل اسٹیٹ کا کاروبار کرتی تھی ، وہ دستاویزات پر دستخط بھی کرتی تھی اور کاروباری معاملات طے کرتی تھی ، وہ سماجی طور پر بہت ہی متحرک تھی جبکہ ایتھنز اس معاملے میں بہت پیچھے تھا۔ اُس دور میں ایتھنز میں عورتوں کے پاس حقوق نہیں تھے. وہاں معاشرے میں مرد کی حاکمیت تھی ، اب ظاہری بات ہے کہ اگر ارسطو جیسے اسکالر کے خیالات ہی پدرانہ تھے تو ارسطو کا شاگرد ہی سکندرِ اعظم ، یونان کا حکمران تھا۔ اس لیے بہت زیادہ چانسز تھے کہ سارا معاشرہ ان ہی خطوط پر آگے بڑھ رہا تھا۔ اچھا ایک اور بات ، اگر ہم اُس دور کے چائنہ کو دیکھیں تو ہمیں کنفیوشس کے پاس بھی پدرانہ تعلیمات ہی ملتی ہیں۔ کنفیشوسس کی ایک کتاب تھی 'دی تھری اوبیڈینس اینڈ فور ورچوز' (The three obedience and four virtues) جس میں انہوں نے عورتوں کو معاشرے میں دوسرے درجے کی مخلوق کا درجہ دیا تھا۔ اُن کے مطابق شادی سے پہلے عورت اپنے باپ کی ، شادی کے بعد شوہر کی اور اگر بیوہ ہو جائے تو بڑے بیٹے کے ماتحت رہے گی۔ اُن کے خیال کے مطابق عورت کے لیے ضروری ہے کہ وہ ہمیشہ مرد سے وفادار رہے کیونکہ وہ مرد کی ایک جنسی ملکیت ہے۔ مختصراً یہی ہے کہ انسانی معاشرہ زمانہ قدیم سے پدرانہ معاشرہ ہی رہا ہے۔

ڈاکٹر شہزاد:

ڈاکٹر صاحب ، کیا پدرشاہی نظام ایک 'موروثی' نظام ہے یا یہ مردوں کی طرف سے بنایا ہوا ایک 'مصنوعی' نظام ہے جو صرف اور صرف عورتوں پر حکومت کرنے کے لیے منظم ہوا تھا؟

ڈاکٹر بلند اقبال:

جی شہزاد یہ ایک بڑا ہی دلچسپ سوال ہے کہ پدری نظام حقیقت میں موروثی ہے یا ایک مصنوعی نظام ہے جسے فطری نظام کے طور پر ظاہر کیا گیا ہے۔ دیکھیں سماجی سائنسدان تو اسے سراسر مصنوعی کہتے ہیں کہ جینیٹکلی مرد اس طرح سے تشکیل ہی نہیں ہوا ہے کہ وہ عورت کو کنٹرول کرلے بلکہ یہ سب کچھ تہذیبی ارتقائی منازل ہیں جس کے تحت وہ عورتوں کو سماج میں کنٹرول کرنا چاہتا ہے۔ یہی فیمینسٹ موومنٹ کا بھی خیال ہے کہ پدری نظام مردوں کا ایک مصنوعی سماجی برتاؤ

ہے جو قبائلی فکر ہے اور اسے اب بدل جانا چاہیے۔ یہاں درحقیقت دو ہی بنیادی سوال ہیں جو فیمینسٹ موومنٹ کی طرف سے اٹھائے جاتے ہیں کیوں؟ اور کیسے؟ یعنی مرد آخر عورتوں کو کیوں کنٹرول کرنا چاہتا ہے؟ اور وہ کیسے عورت کے خلاف طاقت استعمال کر رہا ہے؟ اُن کا کہنا ہے کہ یہ جو نظام ڈویلپ ہوا ہے اُس کے پس منظر میں ایک سراسر سماجی اور تاریخی مٹیریل شہادت (Evidence) موجود ہے۔ اگر اس کا معاملہ فطری ہے تو یہ کیسے فطری ہے؟ عموماً روایتی لوگ جو قبائلی فکر کے حامل ہیں، یہ سمجھتے ہیں کہ یہ مذہبی احکامات ہیں اور چونکہ مذہب ایک اُن کے لیے ایک فطری عمل ہے اس لیے یہ 'حکم خداوندی' ہے یعنی یہ سراسر فطری ہے اور اس پر کسی بھی سوال وجواب کی کوئی بھی گنجائش نہیں ہے۔ وہ کہتے ہیں کہ مرد کو قدرت نے امتیازی جسامت کے ساتھ پیدا کیا ہے مثلاً مرد کا حجم زیادہ ہوتا ہے، اُس کی ہڈیاں اور پٹھے عورتوں سے زیادہ مضبوط ہوتے ہیں اور تو اور اُس کے دماغ کا سائز بھی اُن سے زیادہ ہوتا ہے۔ مگر یہاں سوال یہ پیدا ہوتا ہے کہ دماغ کا سائز تو بڑا ہے مگر کیا ذہانت کی سطح بھی اُن سے بڑی ہے؟ کیونکہ جب مردوں اور عورتوں کے نفسیاتی اور کوگنیٹو اسکیلز کو دیکھیں تو مختلف ہی تضادات یا فاصلے ملتے ہیں۔ یہاں بجائے وزن یا حجم کے ذہانت کو دیکھنا ہوگا یعنی ہمیں یادداشت، دلائل دینے کی قوت، احتجاج اور استقامت کے فرق کو دیکھنا ہوگا۔ اگر ہم آئی کیو ہی چیک کر لیں تو ہمیں ایکس وائی کروموسومز کی میکانی ساخت کے ساتھ ساتھ فنکشنل ساخت بھی چیک کرنی ہوگی۔ سچ تو یہ ہے کہ مرد کے پاس ایک ایکس اور ایک وائی کروموسوم ہوتا ہے جبکہ ایک عورت کے پاس دو ایکس کروموسومز ہوتے ہیں اور یہ بات جینیٹیکلی ثابت ہو چکی ہے کہ ایکس کروموسوم میں انفارمیشن کو ڈ کرنے کی صلاحیت وائی کروموسومز سے کہیں زیادہ ہوتی ہے۔ اسی طرح رچرڈ لیپا کی ایک کتاب 'جینڈر، نیچر اور نرچر' کے نام سے آئی تھی جس میں مرد اور عورتوں کے سوشل تضادات کو خاصا تفصیل سے ڈسکس کیا گیا ہے۔ مثلاً مصنف کے مطابق مرد اور عورتوں کے سماجی اور جذباتی سطحوں میں (Moderate) حد تک فرق ملتا ہے۔ اسی طرح اگر کام کے حوالے ہی سے دیکھا جائے تو یہ دیکھا گیا ہے کہ مرد عموماً شے یعنی مشینوں کے ساتھ کام کرنا پسند کرتے ہیں جبکہ عورتیں انسانوں کے ساتھ کام کرنا پسند کرتی ہیں۔ مرد عمومی طور پر 'تھنگس اورینٹڈ' جبکہ 'عورتیں پیوپل اورینٹڈ' ہوتی ہیں۔ ایک اور دلچسپ بات مرد کو عورت کی 'فزیکل یا جنسی بے وفائی' زیادہ تکلیف پہنچاتی ہے اور عورت کے لیے اُس کے مرد کی

'جذباتی بے وفائی' جینا دوبھر کردیتی ہے یعنی اگر مرد کسی اور عورت سے محبت کرنے لگے تو عورت زیادہ دکھی ہوجاتی ہے۔ بالکل اسی طرح میں نے کہیں پڑھا تھا کہ ایک اسٹڈی یونیورسٹی آف وسکانسن میں ہوئی تھی جس میں انہوں نے لگ بھگ ۲۵ سائیکلوجیکل، کاگنیٹو اور کمیونیکشن ویری ایبلز یعنی نفسیاتی، ذہنی اور بات چیت کے اسکیلز ڈویلپ کیے اور پھر انہیں مختلف سوشل ڈائنمکس پر اپلائی کیا مگر ان کے نتائج مرد اور عورت کے درمیان کچھ زیادہ مختلف نہیں ملے۔ اُن کے خیال میں اگر عورتوں کو بھی مردوں کی طرح برابر مواقع میسر ہوجائیں تو عورتیں مردوں کی طرح ہی پرفارم کرتی ہیں بس فرق صرف ترجیحات کا ہے کہ عورتیں انسانوں کے ساتھ اور مرد اشیا اور مشینوں کے ساتھ کام کرنا پسند کرتے ہیں۔ عورتیں عمومی طور پر تعلیمی اداروں، نرسنگ انسٹیچیوشن، اولڈ سیٹیزن ہاوسز اور ہیلتھ انڈسٹریزی یعنی ہسپتالوں وغیرہ میں زیادہ کام کرنا چاہتی ہیں یعنی ایسی جگہیں جہاں سوشل انٹرایکشن کے چانسز زیادہ ہو جبکہ مرد مشینی ماحول میں کام کرتے ہیں۔ مختصراً ہم یہ کہہ سکتے ہیں کہ مرد اور عورت کی (Intelligence) ذہانت برابر ہے اور پدرسری نظام محض ایک مصنوعی سا نظام ہے۔

ڈاکٹر شہزاد:

تو ڈاکٹر صاحب پھر اس پدرسری نظام کے لیے کون قصوروار ہے؟ کیا یہ مردوں کی وجہ سے ہی ممکن ہوا یا اس کے قیام یا استوار ہونے میں عورتیں بھی برابر کی قصوروار ہیں؟

ڈاکٹر بلند اقبال:

شہزاد یہ پھر ایک اور دلچسپ سوال ہے کہ پدرسری نظام کا ذمہ دار مرد ہے یا اس کے پیچھے عورتوں کا بھی ہاتھ ہے؟ شہزاد میرا تو یہی خیال ہے کہ تالی کبھی بھی ایک ہاتھ سے نہیں بجتی ہے بالکل اسی طرح سے یہ معاملہ بھی یک طرفہ نہیں ہے۔ دراصل صدیوں کے اس سارے پراسیس میں پدرسری نظام، عورتوں کی نفسیات کا حصہ بن گیا ہے اور وہ ارادی یا غیرارادی طور پر اس میں شامل ہونے اور سپورٹ کرنے میں بھی شامل ہوتی چلی گئیں ہیں۔ پچھلے دو تین سو برس میں یہ مغرب ہی تھا جہاں پدرانہ نظام کے خلاف سنجیدہ قسم کی جدوجہد ہوئی تھیں، کئی ایک بڑے نام ہمیں ملتے ہیں، مثلاً الزبتھ اسٹینٹن

تھی جنھوں نے وومین بائبل لکھی تھی، اسی طرح بیٹی فریڈن تھی جنھوں نے 'فیمین ڈسٹنکٹ' لکھی یا سیمون ڈی بوا کی ایک طویل فیمینن جدوجہد ملتی ہے، اُن کی مشہور بیسٹ سیل بک 'دی سیکنڈ سیکس' کے چرچے ملتے ہیں بالکل اسی طرح کا نام ملتا ہے جنھوں نے انارک ازم کے لیے ایک طویل جدوجہد کی۔ مغربی ممالک کی طرح پاکستان میں بھی اس عنوان پر خاصا کام ہوا۔ یہاں ہمیں فہمیدہ ریاض، کشور ناہید جیسی فیمنسٹ رائٹرز ملتی ہیں بالکل اسی طرح سوشل ایکٹویسٹ عاصمہ جہانگیر اور ملالہ یوسف زئی بھی نظر آتی ہیں جنھوں نے مختلف شعبہ جات میں عورتوں کے حقوق پر کام کیا اور مردوں کی بالادستی کے خلاف کھل کر بات کی مگر مسئلہ یہ ہے کہ پاکستان اور کئی ایک اسلامی ممالک میں پدرانہ نظام کی سرپرستی حکومتی سطح پر کی جاتی ہے یعنی ریاست خاص طور پر اس سارے نظام کو قائم و دائم رکھنا چاہتی ہے۔ جہاں تک خواتین کا تعلق ہے تو یہ بھی کسی حد تک درست ہے کہ مردوں کے شانہ بشانہ عورتوں نے بھی اس پدرانہ سماج کو قائم رکھنے کی کوشش کی۔ پاکستان کی نوے فیصد عورتیں پدرسری نفسیات کا شکار ہو چکی ہیں، ان کا مزاج مکمل طور پر مذہبی ہے اور وہ مردوں کی خود پر حاکمیت کو احکامِ الٰہی ہی سمجھتی ہیں۔ اس نفسیات کے اس قدر گہرے اثرات ہیں کہ وہ خود کے اس انحصار کو 'انجوائے' کرتی ہیں، وہ اس کی عادی ہوتی ہیں اور اس کا فائدہ بھی اٹھاتی ہیں۔ اچھا یہ جو عورتیں مذہبی نہیں ہوتی ہیں وہ بھی پدرانہ نظام سے کچھ اور طریقے سے بھی متاثر نظر آتی ہیں مثلاً اگر آپ اس سلسلے میں دنیا کے کسی بھی حصے میں عورتوں سے بات چیت کریں تو ایک اور ہی مائنڈ سیٹ کو پائیں گے۔ اس سلسلے میں مغرب میں بھی ہمیں عورتوں کی طرف سے کچھ دلچسپ ہی جوابات ملتے ہیں مثلاً یہ کہ چھا جانے والا (Dominating Man) آکسیجن کی طرح ہوتے ہے یا ڈومینیٹنگ مین کے بچے بہت ہی کامیاب رہتے ہیں یا یہ کہ ڈومینیٹنگ مین بہت ہی 'فورس فل' ہوتا ہے یا یہ کہ ہمیں ڈومینیٹنگ مین کے پیچھے چلنا اچھا لگتا ہے یا ڈومینیٹنگ مین کی بانہوں میں ایک سیکیورٹی کا احساس ہوتا ہے اور دیکھیں ذرا ان ڈومینیٹنگ مردوں کا باڈی پاسچر، ان کی کرشماتی شخصیت ان کے چلنے، بات چیت کرنے کے انداز، ان کا اعتماد اور تو اور بعض عورتیں تو اس قدر حد تک آگے نظر آتی ہیں کہ وہ یہ تک کہنے میں بھی نہیں ہچکچاتی ہیں کہ ڈومینیٹنگ مرد انہیں جنسی طور پر بیدار کرتا ہے۔ اب اگر اس طرح کے مائنڈ سیٹ یا نفسیات اگر سوسائٹیز میں مستحکم ہو جائے گی تو ظاہر ہے کہ پدرانہ سوسائٹی کی جڑیں مرد اور عورت دونوں اطراف میں پھیل کر تناور درخت بن چکی ہیں اور ان کا علاج یا اصلاح تو کم و بیش ناممکن ہی ہے۔

ڈاکٹر محمد شہزاد:

ڈاکٹر بلند اقبال صاحب تو کیا ہم کہہ سکتے ہیں کہ پدرانہ نظام میں مذہب نے ریڑھ کی ہڈی کا کردار ادا کیا ہے؟

ڈاکٹر بلند اقبال:

جی بالکل، اس میں کوئی دو رائے نہیں ہے کہ پدرانہ نظام کے جسم میں مذہب کا کردار کسی ریڑھ کی ہڈی کا ہے۔ ہمیں پدرانہ نظام بھی خصوصاً انہیں معاشروں میں زیادہ ملتا ہے جہاں ابھی تک قبائلی دور کے نظریات، رسوم و رواج اور قوانین پریکٹس ہو رہے ہیں۔ خصوصاً وہ سماج جو مذہبی نظریات پر قائم ہوئے وہاں خصوصاً پدرشاہی نظام ہی ملتا ہے۔ دیکھیں اگر توحید پرست (Monotheistic) مذاہب کی بات کریں تو خدا کا صیغہ 'ہی' یعنی مردانہ استعمال ہوا ہے حالانکہ دوسری طرف وہی خدا ہمیں یہ کہتا ہوا بھی ملتا ہے کہ مجھے مرد یا عورت کی شکل میں مت دیکھو۔ بالکل اسی طرح خدا کے جتنے بھی پیغمبر آئے، وہ سب کے سب مرد حضرات تھے، کبھی بھی ہمیں کوئی عورت پیغمبر یا خدا کی بیٹی کا کوئی حوالہ نہیں ملتا ہے۔ چلیں خیر یہ تو ہے ہی مگر عبادتوں کی پریکٹس میں بھی ہمیں عورتیں امامت کے روپ میں نہیں ملتی ہیں۔ آدم و حوا کی کہانی بھی دیکھیں، آدم کو تو خدا اپنے ہاتھوں سے پیدا کرتے ہیں مگر جب حوا کی تخلیق کا وقت آتا ہے تو اُسے آدم کی پسلیوں سے پیدا کر دیتے ہیں۔ ظاہر ہے سوال تو پیدا ہوتا ہے کہ کیا ہی اچھا ہوتا کہ وہ حوا کی بھی آدم کی طرح اپنے ہاتھوں سے تخلیق فرما دیتے؟ مگر ایسا نہ ہوا۔ کیوں؟ کیا خداوند کا انہیں دوسرا درجہ ہی دینا مقصود تھا؟ بالکل اسی طرح جب آدم کو بھی جنت سے نکالا گیا تو الزام پھر حوا کے بہکانے پر ہی آیا۔ اچھا اسی طرح عیسائیت میں بھی مریم کو کنواری مریم کیوں کہہ کر پکارا گیا؟ آخر عیسیٰ کی پیدائش میں مریم کی ورجنیٹی یعنی کنوار پن کیوں ضروری تھا؟ کیا دنیا میں جتنی بھی عورتیں جو انسانوں کو پیدا کرتی ہیں وہ پاک دامن نہیں ہیں؟ کیا بچہ پیدا کرنے کا عمل کوئی 'ناپاک سا عمل' ہے؟ اچھا بات یہاں بھی نہیں رکی بلکہ مذہب پوری پوری اجازت بھی دیتا ہے کہ مرد اپنی منکوحہ پر ہاتھ اٹھا سکتا ہے یعنی مار سکتا ہے مگر دوسری طرف جواب میں عورت یہ 'بے ادبی' نہیں کر سکتی چاہے اُس کا مرد کتنا ہی گناہ گار یا سنگ دل ہو، اور تو اور خدا کے بعد شوہر کا ہی سب سے بڑا مقام ہے۔ پھر

عورت کو حکم ہے کہ وہ خود کو ایک سیکچوئل ابجیکٹ کی طرح چھپائے کیونکہ اُس کے لباس کی بے ترتیبی سے مرد کی طبیعت کے 'بے ترتیب' ہونے کا اندیشہ ہے۔ ارے بھائی آخر یہ مرد کی طبیعت میں اس قدر آسانی سے ہیجان برپا ہی کیوں ہو جاتا ہے؟ اچھا عورتوں کی عبادت کے بارے میں بھی یہی حکم ہے کہ وہ گھر میں عبادت کرے گی تو زیادہ ثواب ملے گا، اور تو اور اگر جنگ کی صورت ہے تو یہی بہتر ہے کہ عورت مردوں کی خدمت کرے یا گھر پر ہی عبادت کرے۔ اچھا جنت میں بھی مردوں کو بہترین حوریں نوازی جائیں گی مگر نیک عورتوں سے کوئی اچھے مرد دینے کا وعدہ نہیں ہے۔ بس یہی ہے کہ اگر عورت زندگی میں نیک ہوئی تو اُسے وہی پرانا والا دنیا کا میاں دوبارہ جنت میں نصیب ہو جائے گا اور پھر مرد چاہے تو چار شادیاں کر سکتا ہے مگر عورت کو یہ سہولت بھی نصیب نہیں۔ اچھا یہی معاملات دوسرے مذاہب میں بھی ہیں مثلاً ہندو مذہب میں شوہر کے مرنے پر بیوی کے لیے زندہ جل کر مرنے یعنی ستی ہونے کا حکم ہے مگر بیوی کے مرنے پر مرد کو انگاروں کے قریب جانے کا بھی کوئی 'بھگوانی حکم' نہیں؟ بدھا دور میں اگر آپ ڈھونڈنے بھی نکلیں گے تو ہمالیہ کی پہاڑیوں سے دور دراز کے گاؤں تک مجال ہے جو کوئی عورت بھکشو آپ کو مل جائے اور تو اور بدھا مذہب کی ایک برانچ میں تو یہ بھی حکم ہے کہ عورت کچھ ہی کر لے یعنی کتنی بھی نیکی کر لے وہ نروان کے مقام تک نہیں پہنچ سکتی، اُس کے لیے ضروری ہے کہ وہ پہلے گناہوں سے پاک ہو اور پھر وہ وقت آئے کہ وہ مرد بن کر پیدا ہو، پھر اس کے بعد ہی وہ نروان تک پہنچے گی۔ اچھا چلیں خیر ہے ان سب باتوں سے بھی کوئی پرابلم نہیں ہے مگر مضحکہ خیز بات تو یہ ہے کہ ہمیں ان مذہبی معاشروں میں خود عورت ہی اپنے آپ کو دوسرے درجے میں رکھ کر ایک 'احساس فخر' میں مبتلا ملتی ہے یا بہت ہی پراوڈ محسوس کرتی ہے۔ جب حالات اس قدر برے ہوں تو ہمیں تو ارسطو کے کہنے پر ہی ایمان آجاتا ہے کہ ہو نہ ہو واقعی عورت جنس کے ساتھ کچھ دانش (Intellect) کے ہی مسائل ہیں۔

ڈاکٹر محمد شہزاد:

ڈاکٹر بلند اقبال، کیا مغربی سماج نے پدرانہ سماج یا اس بیمار سی فکر کا کوئی حل بھی نکالا ہے؟ کیونکہ ہمارے ہاں تو یہی ایک عام سا تصور ہے کہ مغرب میں پدرانہ نظام نہیں پایا جاتا ہے مگر وہاں کی عورت تو بالکل ہی بے توقیر اور بے عزت ہو چکی ہے۔ اس بارے میں آپ کا کیا خیال ہے؟

ڈاکٹر بلند اقبال:

دیکھیں شہزاد میں تو پچھلے بیس بائیس برسوں سے مغربی ممالک میں ہی رہ رہا ہوں، میرے تجربات تو قطعی مختلف ہیں۔ اچھا چلیں ایک سادہ اسی بات کہتا ہوں، آپ کو پتہ ہے ہر سال ہزاروں خاندان یہاں مڈل ایسٹ سے امریکہ کینیڈا اشفٹ ہو رہے ہیں۔ آپ ایک خاندان بھی ڈھونڈ کر لے آئیں جن کے یہاں کی 'عورتیں' واپس مڈل ایسٹ جا کر رہنا چاہتی ہوں؟ مردوں کے تو خیر سے اور بھی مسائل ہوتے ہیں خصوصاً نوکری وغیرہ کے لیکن عورتیں تو اس سوسائٹی کو خوب ہی انجوائے کرتی ہیں۔ یہاں انہیں ایک ایسا معاشرہ ملتا ہے جو بے حد مادرانہ ہے۔ انہیں جلد ہی اندازہ ہو جاتا ہے کہ یہ سوسائٹی تو بہت ہی زیادہ عورتوں کے حق میں ہے اور سچ بھی یہی ہے کہ یہاں پر عورتوں کے حقوق واقعتاً میں مردوں سے کہیں زیادہ ہیں چاہے وہ تولیدی حقوق ہوں یا فیملی لاز، یا نوکری (Job) کے معاملات ہوں یا گھریلو لڑائیاں (Domestic Violence) ہوں، اس طرح کی چھوٹی اور بڑی باتیں ہیں مثلاً یہ کہ ان ممالک میں اگر کسی راہ چلتی عورت کو آپ گلی کوچوں یا بازاروں میں گھور کر دیکھیں گے تو ہراسمنٹ کا کیس ہو جائے گا جب کہ اس قسم کے واقعات سے ہماری سوسائٹی بھری پڑی ہے اور کوئی پوچھنے والا نہیں ہے۔ آپ دیکھیں ہماری سوسائٹی میں کیا کیا نہیں ہوتا ہے۔ دفتروں، بازاروں، گلی کوچوں، اسکول کالجز اور تعلیمی اداروں میں جو حالات ہیں وہ ہم سب کے سامنے ہیں۔ آئے دن ہمیں وڈیوز تک میں اس قسم کے کیسز ملتے رہتے ہیں، پھر ہمارے یہاں ایسی باتوں کو بدنامیوں کے ڈر سے چھپایا اور دبایا جاتا ہے۔ ایک اور بہانہ یہ بھی بنایا جاتا ہے کہ گویا اس کی رپورٹنگ سے ہمارے ملک یا ہمارے مذہب کی بدنامی ہوگی مگر مغرب میں اس قسم کی کوئی فضول بدنامی کا تصور ہی نہیں ہے، قانون کے لحاظ سے بُرا کام ہوا ہے تو بُرا ہی ہے جس کی سزا ملے گی، مغرب میں قوانین بے انتہا سخت ہیں اور بہت حد تک شفاف ہیں۔ یہی وجہ ہے کہ یہاں راہ چلتی ہوئی لڑکیوں پر آوازیں نہیں کسی جاتی ہیں، اُن کے پرس اور کانوں سے بالیاں نہیں نوچی جاتیں، عورت چاہے کسی لباس میں ہو عموماً لوگ مڑ کر بھی نہیں دیکھتے ہیں۔ جہاں تک کرائم کی بات کریں تو وہ تو خیر سے کہیں بھی ہو سکتا ہے لیکن مغرب میں اس حوالے سے بہت سخت قانونی کام ہوا ہے۔ یہاں پر عورتوں کے حقوق کے حوالے سے خاصا سنجیدہ کام ہوا ہے مثلاً عورتوں کے لیے ووٹنگ کے حوالے سے اور پھر عورتوں کو لیبر ورک کے حقوق

ملے ہیں، یہاں عورتوں اور مردوں کی تنخواہیں برابر ہیں۔ اس طرح تعلیم میں عورتوں اور مردوں کے درمیان تفریق کو بھی ختم کردیا گیا ہے، مجھے یاد ہے کہ جب میں ڈاؤ میڈیکل کالج کراچی گیا تھا تو وہاں لڑکیوں کا داخلہ مردوں کے مقابلے میں کم تھا کیوں کہ اس کا جواز یہ تھا کہ کہ عورتیں عموماً تعلیم کے دوران اپنی پڑھائی چھوڑ دیتی ہیں کیونکہ دوران تعلیم ہی ان کی شادیاں وغیرہ ہوجاتی ہیں، وہ پوری ڈگری بھی نہیں لیتی ہیں وغیرہ وغیرہ مگر حقیقت میں ایسا نہیں ہے مثلاً میڈیکل ریسرچ ٹیکنیکل جاب، کمپیوٹر اور ہیلتھ کے اداروں میں عورتیں ہر جگہ کام کرتی ہوئی ملتی ہیں۔ وہ زندگی کے ہر ایک دور میں ان اداروں کو جوائن کرتی ہوئی ملتی ہیں، کوئی کچھ بھی غلط فہمیاں پھیلائے مگر سچ یہی ہے کہ یہ مساوات کا معاشرہ ہے گو کہ انسانی معاشرے میں مرد اور عورتوں کی ذمہ داریاں مختلف ہوسکتی ہیں۔ مغرب میں آپ نہیں دیکھیں گے کہ کام کے لحاظ سے اگر آپ عورت ہیں تو آپ کو ہمیشہ مردوں کے نیچے ہی کام کرنا پڑے گا۔ مغرب میں عموماً عورتیں بڑی بڑی کمپنیوں کی سی ای او یا سربراہ ملیں گی اور ایک بڑی تعداد میں مرد اُن کے نیچے کام کرتے ہوئے ملتے ہیں، خیر سے عورتیں تو اب پارلیمنٹ میں بھی آچکی ہیں، وزرا بن چکی ہیں ہیں، خیر سے ہمارے یہاں بھی عورتیں وزیر اعظم تک بن چکی ہیں مگر اس ساری تبدیلی کا سہرا سراسر مغرب کے سر پر ہی بندھتا ہے۔ یہ تمام تبدیلی عورتوں کی سنجیدہ محنت اور کوششوں کی وجہ سے ہی ممکن ہو پائی ہے جس کا فائدہ ساری دنیا کی عورتوں کو ملا ہے۔ مغرب میں یہ ساری تبدیلی اس پدرسری نظام کے ٹوٹنے کی وجہ سے ہی ممکن ہوئی اور اس میں بڑی وجہ یہاں کے کیتھولک سسٹم کی ٹوٹ پھوٹ ہے اور پدرانہ نظام کے بجائے مردوں اور عورتوں کی برابری کے حقوق کا ایک معاشرہ بنا کر ہی ممکن ہوا ہے۔
دلچسپ بات یہی ہے کہ ہمارے یہاں اس مثبت تبدیلی کو روکنے کے لیے کئی ایک 'وارداتی طریقے' اختیار کیے گیے یعنی مغرب کے سماجی سسٹم کے بارے میں بہت سی منفی باتیں پھیلائی گئیں۔ مثلاً دیکھو دیکھو وہاں تو خاندانی نظام ہی ٹوٹ گیا، وہاں مذہب ختم ہوگیا، بے حیائی پھیل گئی، بچے دربدر ہوگئے، بوڑھوں کی خدمت کے مسائل آگئے، وہ بے چارے اولڈ ہاوسز کی زینت بن گئے مگر کبھی ذرا غیر جانبداری سے پاکستان اور ہندوستان یا کسی اور ترقی پذیر مشرقی معاشرے کا تجزیہ تو کریں۔ یہ مسائل کہاں زیادہ ہیں؟ کیا یہ حال دنیا کے اور ممالک میں بری طرح سے پہلے سے ہی نہیں ہے؟ دیکھیں تو ذرا خاندانی نظام کا پاکستان میں کیا برا حال ہے؟ پاکستان ہندوستان میں

لوگ دنیا کو دکھانے کے لیے سماجی شادیاں کرتے ہیں، عورتیں گھروں میں شوہروں اور ساسوں نندوں سے پٹتی پٹاتی ہیں، قتل تک ہوتی ہیں، جلائی جاتی ہیں، اکثر کچن میں گیس سلنڈریوں ہی نہیں پھٹ جاتے ہیں۔ ہمارے یہاں کی بغیر محبت کی مجبوری والی شادیوں میں عورتوں کا سسرال میں دباؤ کا اندازہ کریں، اُن پر اداسی مایوسی اور شدید بے چینی کی سطح آسمانوں پر ہے، بدقسمتی سے ایک ہی خاندان کے لوگ دو چار پیسوں کے لیے ایک دوسرے کا خون بہا رہے ہیں، وہ آپس میں ماں باپ کی خدمت کرنے کے لیے بہانے ڈھونڈتے ہیں، ایک دوسرے پر ذمہ داریوں کا بوجھ ڈالا جاتا ہے، الزامات لگائے جاتے ہیں، بوڑھے، ماں باپ، جوان بچوں کی بے ہودہ باتیں، سختیاں اور بدتمیزی تک سہتے ہیں، عورتیں گھروں میں شوہر کے خاندان کی برائیاں کرتی ہوئی نہیں تھکتی ہیں، مرد بیویوں کے خاندان کا مذاق اڑانے سے باز نہیں آتے ہیں۔ کیا یہ ہی ایک تہذیبی سوسائٹی کی علامتیں ہیں؟ نہیں یہ ایک دوہرے معیار کی مصنوعی سوسائٹی کی شکل اور علامتیں ہے جہاں لوگ سچ نہیں بولتے ہیں، جہاں لوگ مستقل جھوٹی روایتوں کے ساتھ رہتے ہیں اور نفسیاتی مسائل کا شکار رہتے ہیں اور مذہب کی باتیں کرتے ہیں، نمازیں پڑھتے اور حج وغیرہ کرتے ہیں، مسجدوں کو بھرتے ہیں، خودغرضی سے جنت کے لیے کوششوں میں لگے رہتے ہیں مگر انسانوں کی تو خیر ہے اپنے خاندان اور بزرگوں کے لیے بھی کوئی درد کوئی احساس نہیں رکھتے ہیں، وہ مذہب کا کمبل اوڑھ کر مرنے کے بعد کی زندگی کو اصل زندگی سمجھ کر خود کو ایک مستقل سی خوش فہمی یا غلط فہمی میں رکھ کر گزارتے ہیں کیونکہ اس عارضی سکون میں وہ ایک کمفرٹ زون میں رہتے ہیں جس میں سوچنے سمجھنے اور کچھ کرنے کی ضرورت نہیں رہتی اور روزانہ کی بنیادوں پر اپنا دن نکالتے ہیں اور یوں پوری زندگی گزار دیتے ہیں۔ اس کا نتیجہ یہ نکلتا ہے کہ اصل مسائل پر کبھی بھی سنجیدہ گفتگو ہی نہیں ہوتی ہے اور نہ ہی یہ کوشش کی جاتی ہے کہ آئندہ آنے والی نسل حتیٰ کہ خود کے بڑھاپے کے لیے بھی کوئی لائحہ عمل قائم کرتے ہیں، اس طرح ہر آئندہ آنے والی نسل پچھلی نسل کی طرح ان ہی مسائل کو جھیلتی رہتی ہے اور اپنے بزرگوں کی طرح خود کو دھوکہ دیتے ہوئے زندگی تکلیف اور عذاب میں سے گزارتی ہے۔ اس لحاظ سے وہ حقیقت جو مغرب نے جان لی ہے وہ اس پورے بحران کے آنے سے پہلے ہی ان کے علم میں ہوتی ہے، اس کی طرف اشارہ بہت پہلے کارل مارکس نے بھی کیا تھا کہ یہ سرمایہ دارانہ نظام خاندانی اقدار، رسوم و رواج، اور خاندان اور شادیوں کے روایتی تصور کو

تباہ و برباد کردے گا، اس لیے سرمایہ دارانہ نظام نے اس کا حل نرسنگ ہوم اور اولڈ ہاؤسز کے اداروں کی شکل میں نکالا، اب یہ ہی سب کچھ ساری دنیا میں ہورہا ہے، اس سے مسائل قدرے حل بھی ہوئے ہیں، یہاں کے بہت سے نرسنگ ہومز، ہندوستان اور پاکستان کے گھریلو بدتمیزیوں اور جھگڑوں سے آزاد بھی ہیں۔ یہ ٹھیک ہے کہ سرمایہ دارانہ معاشرے میں شادیاں محبت کی جگہ پروفیشنز کے درمیان ہونے لگی اور سماجی رتبے آپس میں شادیوں کے جوڑے بنانے لگے اور تو اور بجلی اور پانی کے بلز، اکاؤنٹس اور لین دین کے درمیان رشتے طے ہونے لگے اور پھر یہی ہوا کہ چند سالوں بعد ہی شادیاں ٹوٹنے بھی لگیں۔ گو کہ انیسویں اور اٹھارویں صدی میں اس قدر برے حالات نہیں تھے۔ اُس دور میں خاندان، مذہب، رسوم و رواج اور روایتوں وغیرہ کے درمیان ایک توازن قائم تھا، مگر جب سوسائٹیز جوں جوں میکینیکل ہوتی چلی گئیں، خاندانی نظام بھی تباہ ہوتا چلا گیا اور یہی سب کچھ مشرقی معاشروں میں بھی ہوتا چلا گیا کیونکہ سرمایہ دارانہ نظام اور بھی زیادہ بری شکل میں وہاں اپنے اثرات دے گیا۔ ایک اور بات یہ بھی ہے کہ ہمارے یہاں خاص طور پر مغرب کی بیہودہ فلموں سے ہی مغربی معاشرے کا تعارف کرایا جاتا ہے بالکل جس طرح مغرب میں ہندوستان و پاکستان یا مڈل ایسٹ کی تباہ حال بستیوں اور رسوم و رواج سے اُن کے پسماندہ ہونے کی تصویر مغربی میڈیا کو دکھائی جاتی ہے اور ظاہر ہے یہ سب سرمایہ دارانہ نظام کو مستحکم رکھنے اور اس سے سیاسی فوائد حاصل کرنے کے لیے ہی کیا جاتا ہے مگر جس طرح پاکستان کا معاشرہ ہیرا منڈی کی گلیوں کا معاشرہ نہیں ہے بالکل اسی طرح مغرب بھی کوئی نائیٹ کلبز کا ہی معاشرہ نہیں ہے۔ یہاں بھی بہت سے خاندان مشرقی خاندانوں کی طرح بہت ہی روایتی انداز میں رہتے ہیں، یہاں بھی اُن گھرانوں میں اقدار کا خیال رکھا جاتا ہے جیسے پاکستان اور ہندوستان کے عزت دار سماجی معاشرے میں آباد لوگ گھروں میں رہتے بستے ہیں۔ یہ ٹھیک ہے کہ مغرب ہو یا مشرق دونوں اطراف مسائل ہیں، کہیں زیادہ اور کہیں کم مگر ان کا حل کھلے دل و دماغ اور غیر جانبدارانہ سوچ اور سیاسی فکر سے ہی ممکن ہے کیونکہ یہی انسانی تہذیب کی بہتری کا تقاضا ہے۔

چھٹی بدنصیبی

اس عوام میں سیکولرازم کے بارے میں جھوٹ پھیلا دو

ڈاکٹر محمد شہزاد:

سر سیکولرازم کے مسلے پر بالعموم اور پاکستانی معاشرے میں بالخصوص بہت سے تحفظات ہیں جن پر بات کرنا ضروری ہے۔ میرا پہلا سوال یہ ہے کہ سیکولرازم کے تاریخی اور جغرافیائی نقطۂ نظر کے بارے میں آپ کا کیا خیال ہے؟

ڈاکٹر بلند اقبال:

جی شہزاد بالکل سیکولرازم پر آج ہم لوگ کچھ باتیں کر لیتے ہیں۔ دوست، سیکولرازم کو پاکستان کی عوام الناس میں بالکل ہی اوندھا کر کے بیان کیا جاتا ہے تاکہ مغربی فکر کے خلاف عوام کو غلط فہمی کا شکار رکھا جائے۔ پاکستان میں تو عوام الناس کو اس کا مطلب کفر یا دہریت کہہ کر سمجھا دیا گیا ہے بلکہ گھٹی میں گھول کر پلا دیا گیا ہے۔ بیچاری عوام کو تو اسے گوگل کر کے دیکھنے میں بھی جہنم کے خواب آنے لگتے ہیں۔ یہ دانشوارانہ فکری بے ایمانی مذہبی اداروں کی طرف سے ہوئی ہے حالانکہ مذہبی ادارے یا عالم ہونے کے ناتے انہیں دانشوارانہ ایمانداری کا ثبوت دینا چاہیے تھا، کم از کم اپنے ضمیر کی عدالت میں تو جواب دہ ہونا ہی چاہیے تھا کیونکہ اخلاقیات کا سارا ٹھیکہ تو اُنہوں نے ہی مذاہب کے ذریعے سے حاصل کیا ہوا ہے اور نیکی اور اچھائی کی سب سے بڑی سند کے ساتھ وہ ہی اعلیٰ ترین مقامات پر بقول شخصے تشریف فرما ہیں۔ ظاہر ہے یہ کام کرنے کی کچھ نہ

کچھ سیاسی وجوہات ہیں جو عوام الناس کی نظر سے اوجھل رکھی گئی ہیں۔ سیکولر ازم اور دہریت (Atheism) کا کیا واقعی میں کوئی رشتہ ہے؟ کہیں فلسفیانہ یا نفسیاتی دلیل ہے؟ یا مذہبی اداروں کا عدم تحفظ وجہ ہے کہ اگر یہ تصور مستحکم ہوگیا تو ان کے حکمرانی قائم کرنے کے مذموم منصوبے ختم ہوجائیں گے اور طاقت کا مرکز عام انسان یا عوام بن جائیں گے۔ آئیں پہلے تو ہم ذرا بالکل ایمانداری سے سیکولرازم کی نصابی تعریف دیکھ لیتے ہیں۔ ٹیکسٹ بک کے لحاظ سے سیکولر ریاست سے مراد یہ ہے کہ:

''کسی بھی ریاست کے سیاسی امور کو اس کے مذہبی امور سے علیحدہ رکھا جائے''۔

کسی بھی ریاست میں آباد عوام کے مذہبی معاملات کو سیاسی معاملات میں نہ الجھایا جائے، انہیں سیاسی اداروں سے کنٹرول نہ کیا جائے، انہیں اپنے عقائد کے ساتھ زندگی گزارنے کی اجازت دی جائے، ایک ریاست میں بیک وقت مختلف مذاہب کو ماننے والی عوام بستی ہے اور ریاست میں پیدا ہونے کی وجہ سے اُن کا ریاست میں سکون کے ساتھ زندگی گزارنے کا پورا حق ہے۔ انہیں آزادی حاصل ہونی چاہیے کہ وہ اپنی عبادت گاہوں، چاہے وہ مندر ہو یا چرچ، مسجد ہو یا سینا گوگ، مقبرے ہو، یا درگاہیں، اپنے اپنے لحاظ سے عبادتیں کریں اور ذہنی سکون وغیرہ حاصل کرلیں۔

اس تصور کے پس منظر کے لیے ہمیں تاریخ کے چند صفحات الٹنے ہی ہوں گے تو چلیں دیکھتے ہیں کہ کیا قبل از مسیح یعنی دو ہزار برس قبل کی یونان کی ریاستوں کا کیا حال تھا؟ کیا وہ سیکولر تھیں یا وہ ڈیموکریٹک تھیں؟ ہاں وہ محدود طور پر ڈیموکریٹک تو تھیں مگر سیکولر نہیں تھیں۔ اُس کا ثبوت اس بات سے ملتا ہے کہ وہاں ایک پدرسری سماج تھا اور معاشرہ اشرافیہ اور غلامانہ طبقات میں تقسیم کیا ہوا تھا۔ اس لحاظ سے اُس دور کی ڈیموکریسی میں سینٹ اور کونسل کا تصور تو تھا مگر عورتوں اور غلاموں کو ووٹ دینے کی اجازت نہیں تھی۔ اُن ریاستوں کے سیکولر نہ ہونے کا ثبوت ہمیں خود سقراط کی سزا میں دکھائی دیتا ہے کیونکہ انہیں ہملوک اس لیے پلا کر مارا گیا تھا کیونکہ اُن پر الزام تھا کہ وہ روایتی مذاہب کے خلاف نئی نسل سے کھل کر بحث کرتے اور انہیں گمراہ کرتے ہیں۔ یعنی اُس دور کی سوسائٹی ایک نان سیکولر اور محدود سی ڈیموکریٹک تھی اور جہاں اظہار کی آزادی بھی مکمل آزادی نہیں تھی۔

اب کچھ دیر کے لیے قرون وسطیٰ کے دور میں آ جائیں یعنی سقراط اور ارسطو کے دور کے بعد بلکہ یونانی حکومتوں کے سات برسوں کی طاقتور حکومت کی ٹوٹ پھوٹ کے بعد کے یورپ یا مغربی ریاستوں میں اگر ہم دیکھیں تو ہمیں نہ تو یونانی ادوار میں اور نہ ہی پانچ سے پندرہویں صدی کے درمیان کے قرون وسطیٰ دور کے یورپ میں ڈیموکریسی دکھائی دیتی ہے بلکہ سراسر اشرافیہ، بادشاہت اور آمریت وغیرہ دکھائی دیتی ہے۔ اسی دوران اگر ہم مشرقی ریاستوں میں جھانک کر دیکھیں جہاں مسلمانوں کی ریاستیں قائم ہوئیں جیسا کہ خلافت راشدہ، عباسید وغیرہ جسے ہم مسلمانوں کا سنہری دور بھی کہتے ہیں تو وہاں ہمیں ایک مستقل بادشاہت دکھائی دیتی ہے۔ تمام خلفائے کرام خاندانی بادشاہت فرما رہے تھے، یہ تو طے ہے کہ وہاں ڈیموکریسی کا تجربہ رومن ایمپائر کی طرز کا بھی نہیں ہوا تھا۔ سوال یہ ہے کہ کیا وہاں بھی کسی نوعیت کا سیکولرازم تھا یا رومن ایمپائر یا قرون وسطیٰ جیسا ہی حال تھا؟ جواب یہی ہے کہ کسی حد تک ہمیں عباسید کی شاہی ریاستوں میں ایسی مثالیں ضرور ملتیں ہیں۔ عباسید کے دور میں یہودی مفکر، مسلمانوں کے ساتھ مل کر علمی کاموں میں مصروف دکھائی دیتے ہیں اور اقلیتوں کے ساتھ اُن کا رویہ کیتھولک چرچ کے مقابلے میں خاصا نرم تھا۔

اب ہم پندرویں صدی کے بعد کے یورپ اور مغربی ریاستوں میں جھانکتے ہیں جہاں تبدیلی کا سلسلہ روشن خیالی کی ماڈرن فکر سے ہوا اور سب سے پہلا کام چرچ اور حکمران طبقے کی علیحدگی کی گئی۔ تیس برسوں کی مغربی ممالک میں جنگوں اور طاعون کی بیماریوں نے جس طرح سے یورپ کو تباہ و برباد کیا تھا، اُس کے بعد کیتھولک چرچ اور ریاستی اداروں میں یوں بھی وہ دم خم نہیں رہا تھا کہ وہ نت نئے سائنسی، فلسفیانہ، ادبی، سماجی اور سیاسی انقلابات کے سامنے زیادہ دیر تک قدم جما پاتے تھے کیونکہ عوام الناس میں اُن کی ساکھ زیرو سے بھی کم ہوگئی تھی۔ ایک طرف نیوٹن، کاپرنیکس اور گلیلیو جیسے اذہان کے چیلنجز تھے، دوسری طرف فرانسس بیکن، تھامس ہاپس، جان لاک، والیٹئر، ہیگل اور عمانویل کانٹ جیسے فلسفیانہ دماغ تھے۔ ایک طرف مارٹن لوتھر کنگ کی پروٹسٹنٹ انقلاب تھا تو دوسری طرف روسو کا عمران معاہدہ تھا اور پھر طاعون کی بیماریاں تھیں، 1618 اور 1648 کے دوران کی تیس سالہ جنگ کی وجہ سے پھیلنے والی اقتصادی تباہی تھی اور وبائی لہر کی وجہ سے یورپ کے گلی کوچوں میں لاکھوں لوگوں کی اموات اور قبرستان کا نقشہ تھا۔ نتائج

فرانسیسی، برطانوی، امریکی انقلابات کی صورت میں آئے، بادشاہت اور مذہبی ریاستوں کا گٹھ جوڑ برباد کردیا گیا اور اس ٹوٹ پھوٹ سے ایک نئی انسانی سوسائٹی بنائی گئی جس کی بنیادوں میں سیکولر ازم تھا یعنی ریاستی اداروں کو لوگوں کے عقائد کو مزید قابو (Manipulate) کرنے کی اجازت نہیں مل سکتی کیونکہ مغرب اور مشرق کی تباہی و بربادی کی بنیادی وجہ یہی تھی۔

اس لیے ہمیں یورپ میں پورا ایک جغرافیائی نقطہء نظر مل جاتا ہے، اگر ہم نارتھ امریکہ میں آجائیں تو ادھر بھی پوری کی پوری سیکولر فکر کی تاریخ ملتی ہے خصوصاً جب امریکہ برطانوی تسلط سے آزاد ہو جاتا ہے اور جو دوسرے اور تیسرے امریکن صدر ہمیں ملتے ہیں، میں تھامس جیفرسن اور جیمز میڈیسن کی بات کررہا ہوں کیونکہ یہ ہی وہ دو حضرات تھے جنہوں نے سیکولر ازم کو امریکن آئین میں شامل کرنے کی کوشش کی تھی۔ یہ دور 1801 سے 1817 کے درمیان کا ہے۔ یہ دور بڑا اہم ہے کیونکہ یوں تو ہم کو آج امریکہ میں سیکولر ازم ایک عام سی شے دکھائی دیتی ہے مگر اصل پریکٹس بیسویں صدی کے بعد ہی شروع ہوئی تھی۔

اس سے قبل حالات مختلف تھے۔ انیسویں صدی میں آغاز ضرور ہو گیا تھا مگر ہمیں اس کا نفاذ 1860 اور 1870 کے درمیان نظر آتا ہے۔ برطانیہ میں جس اسکالر کے سر پر ہم اس کا سہرا باندھتے ہیں وہ جارج ہولک تھے جنہوں نے 1891 میں اسے برطانیہ میں متعارف کرایا تھا۔ اچھا اس طرف دیکھیں تو ترکی میں کمال اتاترک ہیں جو اُس کے ریاستی سطح پر اعلان کرنے کا سبب بنے۔ وہ 1923 میں ترکی کو جدید (Modernize) کرتے ہیں، یوں سیکولر ازم ترکی میں پہنچتا ہے۔ ترکی کے بعد مصر کا نمبر ہے۔ ہندوستان میں سیکولر ازم گاندھی جی کے ذریعے پہنچتا ہے اور جب پاکستان کی باری آتی ہے تو پھر آپ کو پتہ ہی ہے سیاسی فلسفے کے ساتھ وہاں کیا کھلواڑ ہوا؟

ڈاکٹر محمد شہزاد:

سر پاکستانی معاشرے میں سیکولر ازم کے مسئلے کو ریاستی قوتوں نے سیاسی تنازعات کے سپرد کر دیا تو اس سے سیاسی قوتوں کو کیا فائدہ ہوا اور عوام یا ریاست کو کیا نقصان پہنچا؟

ڈاکٹر بلند اقبال:

پاکستان میں سیکولر ازم کو جان بوجھ کہ سیاسی تنازعات کے سپرد کیوں کیا گیا؟ اس سے

پاکستانی ریاستی قوتوں کو کیا فائدہ پہنچا اور اس سے یہاں کی عوام کو کیا نقصان پہنچا؟ ان سب باتوں کو غیر جانبداری سے سمجھنا ضروری ہے۔ ہمیں کچھ لمحوں کے لیے پاکستان کے لیے پیش کیے گئے بنیادی نظریے یعنی دوقومی نظریے کو یاد بھی کرنا ہوگا اور آپ کو محمد علی جناح کی 1938 کی اُس تقریر کو بھی یاد کرنا ہوگا جو پاکستان سے قبل کی تھی جس کی وجہ سے اُن پر تنقید کی گئی تھی کہ وہ مذہب کو سیاست میں شامل کرر ہے ہیں۔ انہوں نے اپنا دفاع کیا تھا اور کہا تھا یہ جو جھنڈا مسلم لیگ کا ہے یہ صرف سیاسی جھنڈا نہیں ہے بلکہ یہ اسلام کا جھنڈا بھی ہے اور انہیں فخر ہے کہ اُن کا تعلق اسلام سے ہے جو ایک محض دینی نظریہ ہی نہیں ہے بلکہ ایک فلسفہ بھی ہے، سیاست بھی اور ایک قانون بھی ہے۔ پھر آپ کے یہاں ۱۹۴۵ میں صوبہ سرحد میں طلبہ کے ایک جلسے میں کہا تھا کہ پاکستان کی تعمیر ایک محض آزادی کی تحریک نہیں ہے بلکہ ایک مسلم آئیڈیالوجی ہے۔ اسی طرح کراچی میں ۱۹۴۸ میں انہوں نے بار ایسوسی ایشن سے مخاطب ہوکر انہوں نے کہا تھا کہ پتہ نہیں کیوں لوگ کنفیوژ ہور ہے ہیں کہ پاکستانی آئین شریعت کے قوانین کو فالو نہیں کرے گا؟ انہوں نے کہا اسلامی پرنسپلز آج بھی اتنے ہی عملی طور پر کامیاب ہیں جتنا کہ چودہ سو برس پہلے تھے۔ مگر پھر گیارہ اگست کی تقریر جس کا حوالہ دیتے ہوئے لوگ عمومی طور پر حوالہ دیتے ہیں کہ نہیں صاحب، جناح صاحب سیکولرازم چاہتے تھے کیونکہ اُس دوران انہوں نے اقلیتوں سے مخاطب ہوکر صاف لفظوں میں کہا تھا کہ آپ سب، چاہیں کسی بھی مذہب سے متعلق ہوں، اپنی اپنی عبادت گاہوں مسجد، مندر اور گرجا گھر میں جانے اور عبادت کرنے کے لیے بالکل آزاد ہیں:

"You are free; you are free to go to your temples. You are free to go to your mosques or to any other places of worship in this State of Pakistan. You may belong to any religion, caste or creed—that has nothing to do with the business of the state."

Muhammad Ali Jinnah

پھر فروری ۱۹۴۸ میں جب یو ایس اے میں لوگوں سے مخاطب ہوئے تو انہوں نے صاف لفظوں میں کہا کہ پاکستان کوئی مذہبی ریاست نہیں بننے والی ہے، پاکستان کا کوئی بھی مقدس

مشن نہیں ہے۔ ہمارے ملک میں مسلمان، ہندو، مسیحی اور پارسی سب بستے ہیں اور یہ سب پاکستان میں رہنے کے حق کو برابری بنیادوں پر استعمال کریں گے اور پاکستان کے معاملات میں اور اُس کی ترقی میں سب ملکر بھر پور حصہ لیں گے۔ اس طرح اگر ان چند تقاریر کی روشنی میں دیکھیں تو ہمیں بیک وقت شریعہ لاز اور اسلامک آئیڈیالوجی بھی دکھائی دیتی ہے اور ایک سیکولر اسٹیٹ بنانے کا خیال بھی اُن کا نظر آتا ہے۔ وہ اسلام میں سیکولر تصور کی موجودگی کو قبول کر کے اُس کے لحاظ سے پاکستان کو سیکولر اسٹیٹ بنانا چاہ رہے تھے اور مخصوص مغربی فکر کے بجائے اُس کو استعمال کرنا چاہ رہے تھے۔ یہاں ہم اگر اُن کی سیاسی سفارشات کو کچھ دیر کے لیے نظر انداز کریں اور اُن کے بیانات کا دفاع کریں تو یہ بات مثبت انداز میں کچھ یوں اپنے معنی بھی پیدا کرتی ہوئی ملتی ہے۔ مگر یہاں ایک بات دوسری ریاستوں کی طرف سے آتے ہوئے دکھائی دیتی ہے کہ کیا ہندو مذہب یا مسیحیت میں کہیں بھی سیکولرازم کا کوئی مزاج نہیں ملتا ہے۔ اسی لیے یہ ریاستیں مغربی سیکولر تصور کے پیچھے جا کھڑی ہوئی ہیں؟ کیا وہ ریاستیں دوسرے مذاہب کے لوگوں کو اپنے عقائد پریکٹس نہیں کرنے دے رہی ہیں؟ مسئلہ یہ ہے کہ الوہی اور سپر ہیومن ویلیوز تو ہر ایک مذہب کی ہی لاجواب ہیں، بات تو ساری زمینی اور انسانی اقدار کی ہے۔ اصل مسئلہ تو انسانی دور کا ہے۔ اس ہیومن سوسائٹی میں جب کیتھولک چرچ کرپٹ ہوا تو ہی ایک سیکولر تصور دینا ضروری سمجھا گیا جس کا تعلق عام لوگوں کی سوسائٹی سے تھا۔ چلیں ہندوستان کی تاریخ پر نظر ڈال لیں تو نوآبادیاتی نظام سے پہلے ہندوستان پر غوری، مغل حکومت کر رہے تھے تو ہم اسلام کے بارے میں کہہ رہے تھے کہ وہ اپنی اقلیتوں کا خیال رکھتا ہے، ویسے خیر سے ہندو اُس وقت بھی اکثریت میں ہی تھے لیکن جونہی گاندھی جی کا ہندوستان بن جاتا ہے تو ہمیں اُس سے خطرہ محسوس ہوتا ہے اور ہم مسلمانوں کے حقوق کے تحفظ کے لیے ایک ریاست اسلام کے نام پر بنانا ضروری سمجھتے ہیں۔ ۱۹۴۷ سے ۱۹۵۵ تک تو دنیا بھر میں پاکستان کا تعارف بھی ایک سیکولر اسٹیٹ کی طرح ہی ہوتا ہے کیونکہ اُس وقت تک آئین نہیں بنا تھا مگر جونہی ۵۶ کے آئین کے نفاذ کا مرحلہ آتا ہے تو اُسی وقت مارشل لا بھی آجاتا ہے۔ اب پاکستان، اسلامی جمہوریہ پاکستان بن جاتا ہے اور پھر ۷۷ میں تو شریعہ لا پاکستان میں آجاتا ہے۔ یعنی اب جناح کا ری پبلک پاکستان ضیا الحق کا اسلامک شرعی ری پبلک آف پاکستان بن جاتا ہے۔ اب ہوسکتا ہے آپ کہیں گے کہ تو بھائی ہندوستان میں ایسا کیا مختلف ہو گیا؟ میں

کہوں گا آپ بالکل ٹھیک سوچ رہیں ہیں، وہاں بھی یہی تماشا ہو گیا، ہندوستان کی سیکولر ریاست بننے کے چھیاسٹھ برس کے بعد ۲۰۱۴ میں نریندر مودی صاحب آتے ہیں اور اچانک وہی گاندھی جی کا سیکولر ہندوستان وہ ونائیک دمودر سودکر کا ہندوتوا کا ہندوستان بن جاتا ہے۔ اب پاکستان اگر ۷۷ میں مسلم شیروانی، داڑھی اور برقعے اور اسکارف کے کلچر سے بدل جاتا ہے تو ہندوستان بھی ۲۰۱۴ میں ہندو دھوتی اور تلک کی فکر سے بدل جاتا ہے۔ اب سوال یہی ہے کہ مسئلہ مذہبی فلاسفی میں ہے؟ کہ وہ کبھی کبھی سیکولر ہو ہی نہیں سکتی، یہ سب صرف کہنے کی باتیں ہیں، یا یہ الوہی قسم کی صرف باتیں ہیں اور نہیں تو یہ کرپشن کا وہ ہی موڑ ہے جسے کیتھولک چرچ نے اپنایا تھا کہ مذہب کی آڑ میں حکومتی اداروں پر قبضہ جمایا جائے۔ اس لیے سیکولر آئیڈیالوجی کو علیحدہ سے سخت ترین قوانین کی صورت میں ریاست کے آئین میں شامل کرنا پڑے گا تاکہ اُس پر عمل درآمد واقعتاً ہو۔ تھیوریٹیکل باتوں کے بجائے پریکٹیکل لازضروری ہیں اور لاصرف یہی ہے کہ کوئی بھی سیاسی جماعت مذہب کا نعرہ لگ کر لوگوں کے ایمان اور جذبات سے اپنے لیے ووٹ پاور حاصل نہیں کرسکتی ہے۔ پاکستان جیسے کثیر الثقافتی، کثیر لسانی، کثیر المذہبی اور معاشی طبقات میں تقسیم قوم کو آسانی سے قابو کرنے کے لیے سیاسی جماعتوں کو بڑی 'برکتیں' حاصل ہیں، اس کے علاوہ جاگیرارانہ نظام، عوام کی لاتعلقی اور خصوصاً جذباتیت اور سیاسی معاملات سے لاعلمی اور بے شعوری کافی ہے جسے نیشنل اور انٹرنیشنل قوتیں بہت ہی آسانی سے استعمال کرتی ہیں۔ اس کی مثالیں آپ کو جابجا پاکستان کی تاریخ میں دکھائی دیتی ہیں کہ کس کس طرح پاکستانی عوام کو الّو بنا کر یہاں کی ڈامینیٹنگ پاور نے حکومتوں کے مزے لوٹے ہیں مثلاً بنیادی جمہوریت کا تجربہ تو یونان تک کی تاریخ میں کہیں کسی ریاست اور کسی دور میں دنیا میں نظر نہیں آئے گا۔ شائد ہی دنیا کا کوئی سیارہ ہوگا جہاں ہمیں سویلین مارشل لا جیسا مسخرہ پن ملے گا۔ یاد ہے نا آپ کو پاکستان میں ایک سویلین شخص ذوالفقار علی بھٹو نے مارشل لا لگا دیا تھا یا شاید ہی کسی ملک میں جنرل مشرف کا مارشل لا ملے گا جس میں وہ ریاست کے سویلین ہیڈ یعنی سی ای او بن کر حکمرانی فرماتے ہیں۔ ابھی چند دنوں پہلے عمران خان صاحب کی حکومت تھی اچھا وہ پارلیمانی لیڈر تھے اور پارلیمنٹ میں جانا اور مسائل پر مکالمہ کرنا اُن کی توہین تھی اس لیے وہ وہاں تشریف ہی نہیں لاتے تھے۔ وہ وزیراعظم ہاؤس میں بیٹھ کر پارلیمان کو چلا رہے تھے یا وہ ان ہی کی طرح کی اور سیاسی پارٹیوں مثلاً مسلم لیگ وغیرہ کی

طرح نیپ بنا لیتے ہیں اور اپنے مخالفین کو جیلوں میں گھسیٹ لیتے ہیں اور دنیا بھر میں انہیں کرپٹ کرپٹ کہہ کر خود اپنے ہی ملک کی بے عزتی کرتے پھرتے ہیں۔ نیپ کا جو سربراہ ہوتا ہے جو اخلاقیات پر مقدمے بقول شخصے چلا رہا ہوتا ہے، وہ خود جنسی ہراسانی جیسے معاملات میں پھنسا ہوا ملتا ہے اور وہی سب جعل سازی، بلیک میلنگ کی سیاست اندرون خانہ ملتی ہے۔ گیارہ اگست کی تقریر کو ہی اگر نظر میں رکھا جائے جس میں جناح صاحب نے سیکولر اسٹیٹ بنانے کی طرف اشارہ کیا تھا، تو کیا ہمیں نہیں لگتا کہ یہ سب اُن کے بعد جان بوجھ کر ایک مخصوص سمت میں ملک کو لیجانے اور طاقت پر قبضہ کرنے کی غرض سے کیا گیا تھا؟ کیا پچھلے پچھتر برسوں میں احمدی، شیعہ، مسیحی اور دوسرے فرقوں اور مذہبی اقلیت سے تعلق رکھنے والی عوام کو ظلم کا نشانہ نہیں بنایا گیا؟ کیا تاثیر صاحب کا قتل نہیں ہوا؟ کیا قادری صاحب جو ان کے قاتل تھے ان کے جنازے میں اور مقتول کے جنازے میں عوام کے مجمع کا فرق نہیں دکھائی دیا؟ کیا اس سے ظاہر نہیں ہوا کہ پاکستانی عوام کن لوگون کے لیے نرم رویہ رکھتی ہے؟ یا ان ہی کی طرح اینٹی سیکولر سوچ نہیں رکھتی ہے؟ کیا بلاسفیمی آئین میں شامل نہیں؟ کیا حدود آرڈننس کے رولز آئین میں شامل نہیں ہوئے؟ ضیا الحق کے دور میں سوسائٹی میں انتہا پسندانہ فکر کیوں پھیلی؟

دیکھیے مسئلہ یہی ہے۔ یہ جو سیاست دان، بیوروکریسی، مدرسے اور ملٹری ہیڈ کوارٹر کی مرضی سے خارجہ اور داخلہ پالیسیاں بنائی جاتی ہیں، ہندوستان دشمنی کا نعرہ بہترین ہتھیار رہے، کشمیر کا سو سالہ پرانا جھگڑا ایک بہت اچھی بزنس انوسٹمنٹ ہے، افغان بارڈر کی جھڑپیں ایک اچھی چلتی ہوئی دوکان داری ہے جسے استعمال کر کے خطے میں سیاسی مفادات قوموں سے بڑی اچھی مقدار میں ڈالرز اینٹھے کا طریقہ ہیں۔ اگر سیکولرازم پاکستان میں آ گیا تو عملی طور پر، ڈالر اینٹھنے کے بہت سے ٹولز طاقتوروں کے ہاتھوں سے نکل جائیں گے تو کون ہوگا جو اپنے پیروں پر خود ہی کلہاڑی مارے گا۔ اس لیے میڈیا اور اس طرح کے دوسری کمرشل ادارے جن کا عوام میں اثر ہے، کے ذریعے سے سیکولرازم کو گالی بنا دیں، اسے دہریت یا ماڈرن ازم وغیرہ کا نام دیں اور ایک گالی یا اسلام یا مذہب دشمن سوچ کا لیبل چپکا دیں۔ اس بیانیے کو اتنی بار دہرائیں کہ وہ جھوٹ بقول گوئبلز بار بار دہرانے سے سچ بن جائے اور لوگ نہ صرف اس آئیڈیالوجی کا کبھی غیر جانبدار ہو کر مطالعہ کریں اور جو اس کے حق میں بات کرے اُسے تو 'پکا کافر' ہی سمجھیں۔ بس وہی آپ کو یاد ہوگا بالا دستی

کی تھیوری جو اینٹو نیو گرامچی نے پیش کی تھی۔ بس اسی لیے پاکستان بننے کے بعد سے مستقل طور پر سیکولرازم کو تنازعات کے سپرد کیا گیا اور سیاست میں اس کے ذریعے عوام کا خوب اچھی طرح سے استعمال کیا گیا۔

ڈاکٹر محمد شہزاد:

سر سیکولرازم سے مذہبی بیانیے کو کیا نقصان پہنچ سکتا ہے؟ یا میں یہ بات یوں کر سکتا ہوں کہ اس پر روشنی ڈالیں کہ سیکولرازم کے پھیل جانے سے کیا ریاست کے مفادات یا ریاستی طاقت پر کیا اثرات پیش آ سکتے ہیں؟

ڈاکٹر بلند اقبال:

جی شہزاد، سیکولر خیالات کے پھیلنے سے ریاستی طاقت مذہبی قوتوں کے ہاتھوں سے نکلنے کا اندیشہ ہے جیسا کہ کیتھولک چرچ کے دور میں یورپ میں ہوا تھا۔ آپ نے دیکھا جونہی اسٹیٹ اور مذہب کے درمیان علیحدگی کا تصور پنپتا چلا گیا اور ایک لیگل سیپریشن ہوگئی، مذہبی ریاست کے ہاتھوں سے طاقت نکلتی چلی گئی۔ مگر سوال یہ ہے کہ اس طرح کے سیاسی عمل سے کیا مذہب کو کوئی نقصان پہنچتا ہے؟ اصل میں مذہبی ذہن اس سارے سیکولر تصور کو مجموعی طور پر لیتا ہے اور سمجھتا ہے کہ یہ ساری تھیوری یورپ کی پانچویں صدی میں انقلابی نشاۃ ثانیہ کی فکر سے آ رہی ہے، اسلامی ممالک میں مسلم ذہن اس کا مقابلہ یا مشاہدہ اسلامی فکر سے کرنے لگتے ہیں جبکہ خود مسیحی یا یہودی روایتی ذہن نے اس فکر کے مذہبی فکر کے اختلاط سے بچا کر اسے ایک علیحدہ سائنسی تصور حیات کے طور پر لیا تھا۔ اس کی وجہ شاید یہی تھی کہ دونوں اطراف وہ خود ہی موجود تھے مطلب یہ کہ انہیں کے مذہبی اسکالرز کے سامنے یہودی اور مسیحی فلسفی اور سائنسدان نئے فکری انقلاب کے ساتھ سامنے کھڑے تھے اس لیے کسی قسم کا کوئی فطری پیرانویا ڈویلپ ہی نہیں ہو پایا مگر مسلمانوں کے حالات مختلف تھے کیونکہ فلسفہ اور سائنس میں اُن کا اپنا حصہ نہیں تھا اس لیے انہیں ریاستی اور مذہبی قوتوں نے اسے مذہب مخالف فکر کہہ کر متعارف کروا دیا اور آسانی سے اس بات کا فائدہ اٹھالیا۔ یورپ میں نشاۃ ثانیہ یا ماڈرن ازم کے دوران گلیلیو، کوپرنیکس اور نیوٹن کے سائنسی

تجربات اور مشاہدات کے بعد کے زمینی نتائج مذہبی عقائد کے لیے مسائل کھڑے کرتے چلے گئے یا رینے ڈیکارڈ جیسے فلسفیوں نے جب ایمان کے مقابلے میں تشکیک کو علم وفکر کی بنیاد قرار دیا تو عقیدے کی پہلی شرط یعنی اندھے ایمان پر ہی ایک ضرب پڑ گئی اور پورا مذہبی تصور ہی سوال کی تیز دھار سے کٹتا چلا گیا یا کم از کم اُس میں دراڑیں تو پیدا ہوتی ہی چلی گئیں۔ اسی طرح جان لاک، جارج برکلے اور ڈیوڈ ہیوم کے نظریات کی جب ہم بات کرتے ہیں جیسا کہ شخصی فکر و اظہار کی آزادی یا ریاست کو فرد کی جان و مال، بہتر زندگی اور کمیونٹی نشوونما، امن وآشتی کی باضابطہ قانونی طور پر ذمہ داری لینی ہی پڑے گی یا فرد کے فطری حقوق جیسا کہ زندگی، جائیداد کے حقوق اور ایسے ہی دوسرے حقوق یعنی رزق اور رہائش وغیرہ کے لیے ریاست کو بندوبست کرنے کے لیے کہیں گے تو یہ سارے حقوق بھی الوہی یا خدا کی ذمہ داری یا اُس کی سلطنت یا سٹی آف گاڈ کے تصور سے ڈائرکٹ یا اِن ڈائرکٹ ٹکرائیں گے کیونکہ مولویت کے نزدیک تو یہ سارے حقوق خداوند کریم کے ہیں وہی اصل معنوں میں مالک ومختار ہیں۔ سائنس یوں بھی قدرتی قوانین کے سہارے چلتی ہے اور یہ سب بھی نیچر یا خداوند سے ہی کنٹرول میں ہیں۔ جان لاک اور روسو کی سوشل کنٹریکٹ کی تھیوری یوں دیکھا جائے تو مذہبی فکر سے براہِ راست ٹکراتی ہے۔ اچھا اس بات کا کچھ اور تاریخی پس منظر بھی ہے جسے ہمیں یاد رکھنا چاہیے مثلاً جب فرانس کے انقلاب کے بعد نپولین بونا پارٹ حملے کی نیت سے مصر پہنچے تو یہاں پرنٹنگ پریس یا نئی بننے والی مشین اور ساٹھ ستر سائنسدان وغیرہ اُن کے ساتھ تھے تا کہ ایک عمومی فارمولے کی طرح یا ہر ایک ڈومینیٹنگ پاورز کی طرح مغربی فکر کو مشرق میں متعارف کر سکیں تو یوں یہ ایک پیرانو یا بھی مذہبی ذہن میں ڈویلپ کیا گیا کہ سیکولر ازم جیسے تصورات نا صرف غیر مذہبی ہیں بلکہ یہ مغربی سیاسی قوتوں کے حربے تھے جو باضابطہ طاقت سے پھیلائے گئے تا کہ مغربی کلچر سے مشرقی تہذیب کو پراگندہ کیا جا سکے یا کم از کم اپنے جیسا بنایا جا سکے یعنی خدا کی حاکمیت سے فرد کی حاکمیت میں انسانوں کو دینے کا تجربہ یہاں بھی کیا جائے۔ اس طرح اگر سوچیں گے تو سیکولر ازم کا مذہبی فکر سے ایک ٹکراو پیدا کیا گیا ہے مگر اس تمام پیرانو یا کو خاطر میں لانے کے بجائے اگر اس بات کو یوں سمجھا جائے کہ اگر یہ مذہبی فکر کے لیے نقصان دہ ہوتی تو آج مغرب میں مسیحیت اور یہودیت کا نام لینے والا کوئی نہ ہوتا مگر ہم جانتے ہیں کہ آج بھی دنیا بھر میں سب سے زیادہ ماننے والے مسیحی مذہب کے پیروکار ہیں۔ انہوں نے کچھ سوچ کر

ہی یہ خطرہ لیا تھا کیونکہ مغربی دانشوروں کو مذہب کی ثقافتی اقدار کا اندازہ تھا اور وہ اُسے اپنی سوسائٹی سے یوں آسانی سے کیسے نکل جانے دیتے؟ مطلب یہ ہے کہ سیاسی اختلافات اپنی جگہ مگر فلسفیانہ اور سائنسی دانشمندی اور اُس کے فوائد اپنی جگہ ہیں اور اس بات کو مشرق میں آباد انسانوں کو سمجھنا چاہیے کہ اچھے اور مثبت افکار سے عام مسیحیوں کی طرح اپنی زندگیوں کو بہتر بنانے میں کوئی قباحت نہیں۔

ڈاکٹر محمد شہزاد:

ڈاکٹر صاحب یہ جو ایک عمومی سی بات ہماری عوام میں مشہور ہے کہ سیکولرازم آنے سے ہم مغرب زدہ ہو جائیں گے یا ہماری اخلاقیات میں بگاڑ آجائے گا یا ہماری نئی نسل باغی ہو جائے گی یا پاکستان لادینیت کی طرف بڑھ جائے گا۔ سر، کیا آپ سمجھتے ہیں کہ یہ ساری چیزیں جو سیکولرازم کے ساتھ جوڑ کر رکھی ہوئی ہیں، یہ سارا محض مفروضہ ہے یا حقیقت بھی یہی ہے؟

ڈاکٹر بلند اقبال:

یہ سب یونہی پراپیگنڈا ہے کیونکہ سیکولرازم سے نہ تو مذہب کو کوئی نقصان پہنچتا ہے اور نہ ہی مشرقی روایتوں کو، ہاں بالادست قوتوں کو ضرور نقصان پہنچتا ہے کیونکہ وہ مذہبی قوتوں کے ساتھ مل ملا کر عوام کو کنٹرول کرنے کی پوزیشن میں نہیں رہتے ہیں۔ اس بات کو سمجھنے کے لیے ہمیں تاریخ پر نظر ڈالنی ہوگی۔ ہم پچھلے تیس برسوں سے مغرب میں بیٹھے ہیں، ہمیں یا ہمارے بچوں کو کیا نقصان پہنچ گیا؟ ہمارا مذہبی کلچر ہمارے ساتھ ہی ہے، ہماری مشرقی روایتیں بھی وہی ہیں بلکہ اور بھی بہتر انداز میں پریکٹس ہو رہی ہیں۔ ہم تو اپنی سوسائٹی میں اس قدر سچ بھی نہیں بولتے تھے، آج ہم زیادہ کھرے اور سچے ہو گئے ہیں۔ ہم دیکھ سکتے ہیں کہ ہماری نئی نسل جو یہاں پروان چڑھ رہی ہے وہ اخلاقی اعتبار سے بہت اچھی شکل میں ہے۔ نہیں شہزاد اس کا تعلق سیکولرازم کے ساتھ ہرگز نہیں ہے، ہمارے یہاں عمومی طور پر مذہبی لوگ اس کے لیے گلی کوچے کے الفاظ مغرب زدہ وغیرہ استعمال کرتے ہیں یعنی مغرب زدہ ایک گالی ہے، یہ فحاشی وغیرہ ہے، اخلاقی قدریں تباہ شدہ ہیں، یعنی ڈرایا جاتا ہے کہ اگر سیکولرازم آگیا تو یہ سب کچھ معاشرے میں پھیل جائے گا۔ اس قسم کا

پیرانویا یعنی مخالف تصور، سیاسی وجوہات کی وجہ سے پھیلایا جاتا ہے، تاکہ عوام الناس ہمیشہ کنفیوژ رہیں اور انہیں مذہبی اداروں کے ذریعے سے کنٹرول کیا جا سکے اور ظاہر ہے اس میں مذہبی اقربا پروری اور فرقہ واریت کا سیاسی استعمال وغیرہ شامل ہوتا ہے تاکہ عوام نفرتوں کی سیاست میں الجھے رہیں اور آپس میں ایک دوسرے کا خون بہاتے رہیں اور حکمران طبقہ راج کرے۔ حالانکہ سیکولرازم خاصا ایماندارانہ سماجی تصور ہے جس کا سادہ سا مطلب یہی ہے کہ ایک معاشرے میں جس طرح مختلف معاشی طبقات کے لوگ یعنی امیر غریب اور مڈل کلاس کے لوگ بستے ہیں، اسی طرح مختلف مذہب کے بھی لوگ پائے جاتے ہیں اور ایک معاشرے میں رہنے کی وجہ سے سب لوگوں کو برابری سے رہنے کا حق حاصل ہے۔ انہیں اپنے مندر، مسجد، خانقاہ اور چرچ وغیرہ میں پوری آزادی امن وسکون سے عبادت کرنے کا حق حاصل ہے کیونکہ ایک توازن اور انصاف کے معاشرے میں رعایا برابر ہوتی ہے چاہے وہ امیر ہو یا غریب، مسلمان ہو یا ہندو، سنی ہو یا شیعہ، پڑھی لکھی ہو یا جاہل، سب کو ایک جیسی زندگی گزارنے کے مواقع ملنے چاہئیں کیونکہ خدا کی نظر میں وہ سب برابر ہیں۔ ان کے اچھے یا برے ہونے کی صورت میں سزا و جزا یا تو ملک کا قانون اُن کی زندگیوں میں طے کرے گا یا پھر مرنے کے بعد اُن کا خدا طے کرے گا، کم از کم کسی دوسرے انسان کو کوئی حق نہیں کہ وہ اُن کا جینا اس لیے تنگ کر دیں کیونکہ وہ اُن کے قبیلے یا مسلک کا نہیں ہے۔ ایسا کرنا سراسر گناہ ہے، خدا اور ملک کے قانون کے نزدیک اور اس انصاف کے نظام کو سیکولرازم کہا جاتا ہے جو ایسے حکمرانوں کو پسند نہیں ہوتا ہے جو چور دروازے سے حکومتیں کرتے ہیں اور عوام الناس کو غلط سلط تصورات سے جھوٹ بول کر بہکاتے ہیں، اور اپنے کرائے کے مولویوں سے نفرتیں پھیلاتے ہیں۔ اسی طرح وہ ماڈرن ازم کی بھی الٹی سیدھی ترجیحات پیدا کرتے ہیں اور ماڈرن لفظ کو فحاشی اور بے حیائی یا مغربیت سے جوڑ دیتے ہیں حالانکہ ماڈرن ازم ایک بہت بڑی فکری، شعوری سیاسی تحریک تھی جس میں کئی دہایوں تک مغرب میں جنگیں ہوئی اور ایک جدید سائنسی معاشرہ قائم ہوا تاکہ عام انسانوں کی زندگیاں بہتر سے بہتر ہو سکیں جو کہ اس سے قبل مذہبی معاشروں میں ناپید تھا، بالکل اسی طرح جیسا کہ اس وقت پاکستان میں ناپید ہے۔ بہت سے حکمران لوگوں کو جدید سائنسی دنیا سے دور رکھ کر اُن کے حقوق پر ڈاکہ ڈالنے کے لیے انہیں مغربی تہذیب کے بارے میں غلط فہمیوں میں مبتلا رکھتے ہیں حالانکہ مذہبی معاشرے سے جو لوگ ایک

بار مغرب آتے ہیں تو وہ انسانوں کی خوبصورت زندگی دیکھ کر یہاں سے کبھی واپس نہیں جاتے ہیں اور اُن کی سمجھ میں آجاتا ہے کہ اُن کے ساتھ اُن کے حکمران کیا ہاتھ کرتے ہیں۔ جو لوگ اس سارے تصور کو اپنی نئی نسل تک ایمانداری سے پہنچانا چاہتے ہیں انہیں باغی کہا جاتا ہے حالانکہ وہ سچائی اور ایمانداری سے ان ساری سیاسی بدمعاشیوں پر سے پردہ ہٹانے میں لگے رہتے ہیں۔ اب دیکھا جائے تو بھلا اس میں بغاوت کی کیا بات ہے؟ اور اگر یہ کوئی بغاوت ہے بھی تو یہ واقعی میں ایک بہت ہی صاف شفاف اور پاکیزہ سی بغاوت ہے جو واقعی ہونی بھی چاہیے۔

ہمیں اگر ماڈرنائزیشن کو اور نئے رخ سے بھی دیکھنا ہے تو ہمیں تاریخ میں جا کر دیکھنا پڑے گا کہ ترکی کے ساتھ کیا ہوا تھا؟ دیکھیں ترکی سولہویں سترھویں صدی تک بے انتہا طاقتور ملک تھا، لیکن بعد میں جب انہیں آسٹریلیا اور روس سے شکست ہوگئی اور جب انہیں سمجھ میں آیا کہ ان کا حل صرف اور صرف ماڈرنائزیشن میں ہے تو آپ کو یاد ہوگا کہ کس قدر مسائل سے انہیں گزرنا پڑا۔ جب فرانس کے انقلاب کے بعد نپولین بوناپارٹ کی حکومت آئی اور ترکوں نے ہندوستان تک جانے کا ارادہ کیا تھا حتی کہ ٹیپو سلطان کی مدد کے بارے میں پلان کیا تھا تو اصل وجہ یہی تھی کہ نپولین، کینال کو کنٹرول کرنا چاہتے تھے اور مقصد سلطنت پر قابض ہونا تھا مگر بعد میں سلطنت عثمانیہ ٹوٹ گئی، وجہ ظاہر ہے یہ تھی کہ جدید علوم کا ترکوں میں فقدان تھا، وہ آپس کی جنگوں اور سازشوں میں مصروف تھے اور لٹریسی ریٹ بہت ہی کم تھا، وہ صنعتی انقلاب کے سامنے کھڑے ہونے کے لائق ہی نہیں تھے۔ ہم مسلمانوں کا سب سے بڑا مسئلہ ہی علم و شعور کے لیے مصنوعی جغرافیائی حد بندیاں تھیں۔ ہم نے رومن فلسفے کو مذہب میں شامل نہ کر کے اُس کو پسماندہ کر دیا اور مغربی اسکالرز نے مسیحیت کی عمر بڑھا دی۔ یہ نقصان سراسر غزالی کی اشعری فکر سے ہوا کیونکہ ہم نے ابن سینا اور ابن الرشد کی فکر کو پنپنے نہ دیا اور یوں ہم میں سائنسی فکر پیدا نہیں ہو پائی اور ہمارا معاشرہ جدید بنیادوں پر قائم نہ ہو پایا اور ہم مغربی معاشروں سے بہت پیچھے رہ گئے، اس دوران ہمارے ملاؤں نے ہمیں مزید پیچھے دیکھنے کی خاطر زندگی بعد الموت کی طرف رکھنے میں ساری توانائیاں خرچ کر دی تا کہ ہمیں اُن کی کوتاہیوں اور فکری کمزوریوں اور یتیمی کا اندازہ ہی نہ ہو سکے۔

ڈاکٹر محمد شہزاد:

کیا پاکستان میں سیکولرازم آسکتا ہے؟ یا پاکستان میں جو لوگ سیکولرازم کے لیے محنت کر رہے ہیں ان کا یہ خواب پورا ہوسکتا ہے؟

ڈاکٹر بلند اقبال:

کیا پاکستان کبھی ایک سیکولر سٹیٹ بن سکے گا؟ کیا یہ دیوانے کا خواب پورا ہو سکے گا؟ شہزاد ایک بات میں آپ سے پوچھتا ہوں کہ کل ایک سیاسی جماعت حکومت میں آتی ہے جس کو بڑی کثیر تعداد میں لوگوں کا ووٹ ملا ہوا ہے اور اس کا منشور یہ ہے کہ سیکولرازم آئے گا، کیا واقعی ایسا ممکن ہے؟ کیا وہ پاکستان کے آئین کو تبدیل کر سکتے ہیں؟ آپ کو پتہ ہے یہ سوال ایک بار باضابط طور پر میاں ثاقب نثار سابق چیف جسٹس پاکستان سے پوچھا گیا تھا تو ان کا جواب کیا تھا؟ اُن کا جواب تھا، 'نہیں'، اُن کے مطابق ریفرنڈم کے بغیر بھی ایسا ممکن نہیں ہے۔ مگر میرا ماننا ہے کہ چیزیں ممکن ضرور ہیں لیکن ضروری نہیں کہ آپ چیزوں کو انہی کے حساب سے ہی لے کر چلیں۔ دیکھیں سیکولرازم کا یہ جو سارا معاملہ ہے اس کی بنیاد مغرب کے تجربے پہ ہے اور یہ ہر ایک سٹیٹ کا الگ ہوسکتا ہے یعنی ہر ایک ریاست کا جغرافیہ، اس کی اقتصادیات اور اس کی سیاسی ساخت مختلف ہوتی ہے یعنی ہم ایک ریاست کے تجربے کا دوسری کے ساتھ موازنہ نہیں کر سکتے، یعنی ہم سلطنت عثمانیہ کا انگلستان کے ساتھ یا مصر کا ہندوستان کے ساتھ موازنہ نہیں کر سکتے۔ ہمیں اس بات کو ذہن میں رکھنا پڑے گا کہ مسیحیت کی اخلاقی قدریں کیا ان کے سیکولر تجربے سے متاثر ہوئی ہیں؟ ٹھیک ہے صاحب پھر آپ اس طرح تو بات کر سکتے ہیں کہ اسلام ایک مکمل ضابطہء حیات ہے اور مذہب اسلام کے اندر دونوں یعنی سیکولر اور روحانی قدریں شامل ہیں جیسا کہ محمد علی جناح نے کہا تھا۔ مذہب اسلام کو انسانوں کی مادی وجوہات کی بھی پرواہ ہے اور روحانی ضرورتوں کی بھی فکر ہے تو ایسے ہی ہمیں تمام معاملات کے لیے ایک مکمل مبنی برانصاف معاشرہ درکار ہے۔ یعنی یہ تو ایک بہت ہی قابل احترام بات ہوگئی ہے اور مذہب اسلام یہ کر سکتا ہے اور پھر کیا ضروری ہے کہ ہم سیکولرازم کو سیکولرازم کا ہی ٹائٹیل کیوں دیں؟ کیوں نہ ہم اسے اسلامی بھائی چارہ کہیں کہ ہم 'اسلامی بھائی چارہ' چاہتے ہیں یعنی اسلامی سیکولرازم کے ساتھ زندگی گزارنا چاہتے ہیں تو اس طرح سے ہم

آئین میں تبدیلی کے بغیر ہی اسلامی بھائی چارے کو نافذ کر سکتے ہیں تو بھائی دیکھیے جب سعودی عرب میں تبدیلی آسکتی ہے، ترکی بدل سکتا ہے، مصر میں انقلاب آسکتا ہے، ایران ایک سو اسی ڈگری بدل سکتا ہے تو پاکستان میں حقیقی اسلامی بھائی چارگی کیوں نہیں؟ اسے بھلا ایک دیوانے کا خواب ہم کیوں کہیں؟

ساتویں بدنصیبی

اس دماغ کو اخلاقی سطحیت کی نچلی ترین سطح پر رکھنا ہوگا

ڈاکٹر محمد شہزاد:

ہمارے معاشرے میں جو بچہ جس خاندان میں پیدا ہوتا ہے اُس کے لیے لازم ہوتا ہے کہ وہ اپنے خاندان کی مذہبی روایتوں کا پابندرہے اور اگر وہ اُن روایتوں کے خلاف ہو یا وہ غیر مذہبی ہو تو دیکھا گیا ہے کہ ایسے بچے کو شرک سے خوف دلایا جاتا ہے خصوصاً دوزخ میں سخت ترین سزا کے حوالے سے بتایا جاتا ہے اور عمومی طور پر خاندان میں بھی ایسے بچوں کے بارے میں منفی تصور ہی رکھا جاتا ہے تو ڈاکٹر صاحب اس سلسلے میں میرا پہلا سوال یہی ہے کہ آپ اخلاقیات کے رشتے کی جسمانی ،نفسیاتی اور سماجی فطرت Nature کو کیسے دیکھتے ہیں؟

ڈاکٹر بلند اقبال:

شہزاد یہ بہت اہم بات ہے ہمیں اس فرق کو سمجھنا چاہیے کیونکہ عمومی طور پر جب دنیا میں لوگ مذہب کی بات کرتے ہیں تو اصل میں وہ اخلاقیات ہی کے بارے میں سوچ رہے ہوتے ہیں۔ اُن کے لیے مذہب اور اخلاقیات دومختلف تصور نہیں ہیں۔ کیونکہ بہر حال مذہب ہمیں بتاتا ہے کہ کونسی شے دنیا میں اچھی ہے اور کونسی بری ہے؟ ایک انسانی دنیا میں خدا کے حکم کے مطابق کیسے زندگی گزاری جائے؟ دیکھیں خدا کا حکم اور نیکی کا تصور دو علیحدہ تصور نہیں ہیں یہ ایک

ہی تشکیل (Constitute) ہے۔ جیسا کہ خدا کا تصور اور کوڈ آف کنڈ کٹ ایک ہی شے کے دو نام ہیں۔ اعلیٰ اخلاقی اصول وضوابط، اعلیٰ مذہبی فرائض اور عبادتیں یا پھر، مساجد، مندر، چرچ، Sense of Meaning، اور زندگی کی معنویت یہ سب کیا ہیں؟ سوچیں نا جب کسی کی زندگی میں مشکل ترین دور ہو یعنی کسی کا پیارا جب دنیا سے چلا جاتا ہے تو کیا ہوتا ہے؟ لوگ نیکی اور آخرت کا سوچنا شروع کر دیتے ہیں کہ بھئی اچھا کام کیا ہے جنت میں جائے گا وغیرہ وغیرہ، تو پھر مطلب سب باتوں کا ایک ہی ہے، ایک الہامی تصورحیات ہے، ایک اندھا عقیدہ ہے، ایک مقدس الہامی خیال ہے جو سراسر اخلاقیات سے جڑا ہوا ہے، نیکی اور اجر سے جڑا ہوا ہے۔ اچھا اگر ہم اسے اخلاقیات سے جدا کر کے سوچیں اور صرف اخلاقیات پر فلسفیانہ انداز سے سوچیں کہ آخر یہ اخلاقیات ہے کیا؟ تو ہمیں اندازہ ہوگا کہ اخلاقیات تو ایک بہت ہی فلسفیانہ موضوع ہے کہ آخر انسان خود کو ملی ہوئی زندگی کیسے گزارے؟ اُس کا تو بنیادی سوال ہی یہی ہے کہ دنیا کے مختلف معاملات یا حالات میں انسان کیسے ردعمل دے؟ ظاہر ہے منطق ہے، دلائل ہیں یعنی ایک طرف ایک اندھا عقیدہ ہے، الہامی تصور ہے اور دوسری طرف دلائل ہیں اور منطق ہے اور عقلی بحث و مباحثہ ہے، ان دو تصورات کو آپ ملانا چاہ رہے ہیں، پوری انسانی تاریخ آپ کو اس بحث سے بھری پڑی ملے گی کیونکہ ہر انسان کا دلیل، منطق، یا دلیل اُس کے لحاظ سے معروضی (Objective) ہے جبکہ سوسائٹی اور دوسرے لوگوں کے لحاظ سے موضوعی (Subjective) ہے۔ ہم جس الہامی (Revelation) یا الوہی (Divine) نظریے سے اسے جوڑ رہے ہیں یا انہیں طے کرنا چاہ رہے ہیں وہ عالمگیر اصول (Universal Principals) یا ایک عالمگیر قانون کے تحت ہیں، جو جامد بھی ہیں اور ایمانی بھی ہیں یعنی ہم دو مختلف تصورات کو آپس میں ملا رہے ہیں یعنی اگر ہم اخلاقیات کا معاشرتی فکر پر اُس کا تجزیہ کریں تو ہمیں اس کے پس منظر میں جو تصور ملتا ہے وہ حقیقت میں ایک مذہبی تصور ہے جو مذہب سے آیا ہے، جو دس احکام (Ten Commandments) کی طرف سے یہودی اور عیسائیت میں آیا ہے، جو قران کی طرف سے مسلمانوں میں آیا ہے یعنی جو سراسر دوٹوک اصولوں پر چلتا ہے مثلاً اپنے ماں باپ کا احترام کرو، اپنے بزرگوں کی عزت کرو، جھوٹ مت بولو، چوری مت کرو، کسی کا خون مت بہاو، قتل و غارت گری مت کرو، دھوکہ مت کرو، یعنی سادا دوٹوک مگر جب ہم اخلاقیات (Ethics) کو

معاشرتی انداز میں دیکھتے ہیں توہمیں افادیت پسند(Utilitarianism) ملتا ہے جس کا مطلب یہ ہے کہ جب کبھی ہم زندگی میں کوئی بھی کام کرتے ہیں تو ہم جاننا چاہتے ہیں کہ اُس کے نتائج کس قسم کے سامنے آرہے ہیں؟ اُس کا مثبت نتیجہ زیادہ آرہا ہے یا وہ منفی اثرات پیدا کررہا ہے؟ آیا کہ وہ کام درد، تکلیف اور مشکلات کو بڑھاتا ہے یا ہمیں ایک دائمی خوشی کا احساس دیتا ہے؟ افادیت پسند یا تو مثبت (Positive) ہے یا پھر منفی (Negative) ہے۔ ظاہر ہے یہ ایک عملی دنیا کا تصورِاخلاق ہے جو عالمی مذہبی بلیک اینڈ وائیٹ قوانین اخلاقیات سے قطعی مختلف ہے اور کئی جگہ ایک دوسرے سے ٹکراتا ہے۔ یہی وہ مسائل ہیں جو ہمیں انسانی تاریخ میں جگہ جگہ نظر آتے ہیں اور اُن پر بحث ومباحثہ بھی ملتا ہے کہ آخران دونوں میں کونسا راستہ انسانیت کے لیے زیادہ بہتر ہے؟ افادیت پسندی کی یہ تھیوری توخیر ابھی حال ہی کی ہے جو جان اسٹاٹ مل نے انیسویں صدی میں دی تھی جس پر انہوں نے تفصیل سے کام کیا تھا کہ کس طرح مثبت افادیت پسندی (PositiveUtilitarianism) ایک بہتر اور خوش آئند زندگی کے تصور سے جڑا ہوا ہے۔ مطلب یہی ہے کہ عقیدہ چونکہ جامد ہوتا ہے، ہر دور میں ایک جیسے اصول دیتا ہے اور اس پر بحث یا تنقید کی کوئی گنجائش نہیں ہے یا اسے چیلنج نہیں کیا جاسکتا۔ اُس کے عالمی قوانین بدلتی دنیا کی انسانی زندگی کے پیمانوں پر پورے نہیں اترتے ہیں جونئی دنیا کے لحاظ سے، نئی تبدیلیوں کے لحاظ سے، نئے مسائل کے لحاظ سے، نئے دور کے لحاظ سے نہ صرف بدل رہے ہے بلکہ اُس سے منسلک اخلاقیات بھی اپنی شکل بدل رہی ہیں۔ اس لیے ایک مستقل بدلنے والی یا ارتقا پانے والی اخلاقیات کیا ایک مستقل جامد یا ٹھہرے ہوئے اخلاقی اصولوں (Ethical Principles) سے طے ہوسکتے ہیں؟ اس لیے میں نے شروع میں کہا تھا کہ ہمیں اس فرق کو سمجھنا ہوگا کہ مذہب کیسے ہماری بدلتی ہوئی اخلاقیات کو سدھارنے کا ذمہ لے سکتا ہے؟

ڈاکٹرمحمد شہزاد:

ڈاکٹر صاحب کیا وجہ ہے کہ ایک مذہبی انسان ساری زندگی مذہب پر عمل کرنے کے باوجود بھی ایک مثالی یا کم ازکم اچھا انسان نہیں بن پایا ہے؟ ہم مسلمان پچھلے چودہ پندرہ سو برسوں سے اسلام کو پریکٹس کررہے ہیں، اس لحاظ سے تو ہمارا معاشرہ اب تک ایک مثالی معاشرہ بن جانا

چاہیے تھا۔ مذہب کی دی گئی اخلاقیات اور انسانوں کی موضوعی یا معروضی اخلاقیات کے درمیان جس فرق کا پس منظر آپ نے دیا، اُس پر تو فکر کی جا سکتی تھی۔ آخر کیا وجہ ہے کہ نہ تو فرد کی سطح پر اور نہ ہی معاشرے کی صورت میں ہم بہتر اخلاقی انسان یا معاشرہ نہیں بن سکے؟

ڈاکٹر بلند اقبال:

جی شہزاد، یہ بہت ہی اہم سوال ہے کیونکہ ہزار ڈیڑھ ہزار برس بہت ہوتے ہیں اس لیے یہ کہنا یا بہانے بنانا کہ 'اوہ نہیں بھئی کیونکہ مذہب کو ٹھیک طور سے پریکٹس نہیں کیا گیا اس لیے فرد یا معاشرہ سدھر نہ سکا یا بہتر نہیں ہو سکا ورنہ ہماری مذہبی آئیڈیالوجی کی تو خیر کیا ہی بات ہے' دیکھیں صاحب، یہ گول مول بات نہیں ہونی چاہیے، بات بالکل ایماندارانہ دانش مندی سے کرنی چاہیے، جو شخص اس قسم کی باتیں کرے وہ یا تو احمقوں کی جنت میں رہتا ہے یا پھر وہ جان بوجھ کر اپنے اندھے ایمان یا عقیدے کی وجہ سے سچ کہنے سے کترا رہا ہے۔ حقیقت یہ ہے کہ کہیں نہ کہیں خامیاں تو ہیں، یہ جاننے کے لیے کہ گڑ بڑ کہاں ہے؟ مذہبی اخلاقیات کا نفسیاتی اور فلسفیانہ تجزیہ بہت ضروری ہے۔ دیکھیے شہزاد یہ وہی بات ہے جو افلاطون نے یوتھافیرو (Euthyphro) میں سقراط کے مکالمے (Socratic Dialogue) میں لکھی ہے۔ سقراط ایک جگہ سوال کرتا ہے کہ کیا اچھائی اس لیے اچھی ہوتی ہے کیونکہ اُس کی کمپوزیشن یا ساخت ہی اچھی ہوتی ہے یا وہ اس لیے اچھی ہوتی ہے کیونکہ خدا اسے پسند کرتا ہے؟ سقراط کہتا ہے ان دونوں باتوں میں فرق ہے کیونکہ اگر وہ اس لیے اچھی ہوتی ہے کہ خدا اسے پسند کرتا ہے تو خدا کا آپشن پرائمری ہو جاتا ہے اور اگر اچھائی اس لیے اچھی ہوتی ہے کیونکہ وہ خیر سے اچھی ہی ہوتی ہے تو خدا کا تصور یا آپشن سیکنڈری (Secondary) ہو جاتا ہے۔ یعنی وہ شے اچھی ہی رہے گی اگر خدا ایک طرف ہٹ بھی جائے گا۔ اس کا مطلب یہی ہوا کہ آپ اُس اچھی شے کو خدا کے بِنا بھی اپنا سکتے ہیں۔ اب ظاہر ہے یہاں سے اخلاقیات اپنی ایک بالکل ہی دوسری شکل لے کر سامنے آجاتی ہے۔ چلیں تھوڑا ادب کی دنیا میں دیکھ لیتے ہیں مثلاً دوستووفسکی (Dostoevsky) نے اپنے ایک ناول میں لکھا تھا کہ اگر آپ خدا کو ہٹا دیں گے تو دنیا میں انسان کو ہر کام کی اجازت مل جائے گی، پھر تو اخلاقیات بالکل یتیم ہو جائے گی، اچھا نفسیات میں اگر فرائڈ (Freud) کی بات کریں تو وہ کچھ

اور کہتے ہیں، اُن کا کہنا ہے خدا کی طرف سے آنے والی اخلاقیات تنہا اکیلی نہیں آتی ہیں بلکہ وہ منصف یا فیصلے (Judgment) کے ساتھ آتی ہیں اور اُس میں جس شے کو مرکزی حیثیت حاصل ہے وہ شرم (shame) یعنی شرمندگی کا شدید ترین احساس اور احساس ندامت (Guilt) ہے اور یہ دونوں احساسات جو سزا جزا اور جنت دوزخ سے جڑے ہوئے ہیں۔ یہ جو پچھتاوا اور شرمندگی کا انتہائی احساس ہے، یہ بہت ہی منفی اور کمزور کر دینے والا اور نفسیاتی طور پر سخت ترین نقصان پہنچانے والا ہوتا ہے۔ یہ نفسیاتی صدمہ ٹراما (Psychological Trauma) پیدا کر دیتا ہے جس کی کا مندمل (Healing) ہونا ممکن نہیں ہوتا، اس سے 'انا' (Ego) بہت ہی بری طرح متاثر ہو جاتی ہے اس لیے مذہبی انسان جب کبھی خدا کے تصور سے تھوڑا بھی دور ہوتا ہے یا بقول شخصے بھٹکتا ہے یا اُسے 'چانس' ملتا ہے، وہ اپنی حیوانی جبلت (Instinct) کی وجہ سے اپنی خواہش پوری کر لیتا ہے یا دوسرے الفاظ میں ایسا کام کر لیتا ہے جس میں اسے مزا آ رہا ہوتا ہے یا مادی (Materialistic) فائدہ مل رہا ہوتا ہے۔ کیونکہ یہ جو ججمنٹ والا معاملہ ہے یہ بہت ہی کمزور ہے کیونکہ وہ جو احساس شرمندگی اور ندامت پیدا کرتے ہیں، وہ سراسر ناپسندیدہ سے جذبات ہیں جنہیں انسان عمومی طور پر پسند نہیں کرتے ہیں یا خاطر میں نہیں لانا چاہتے ہیں۔ آپ کو پتہ ہے نا، بہت سے لوگ محض اس لیے خدا کو بھی نہیں مانتے ہیں کیونکہ وہ اس قسم کے احساسات کے ساتھ زندگی نہیں گزارنا چاہتے۔ اب اگر آپ جدید فلسفیانہ تصور کی بات کریں مثلاً نطشے (Friedrich Nietzsche) کی طرف دیکھیں تو وہ ایسی اخلاقیات کو غلامانہ (Slave Morality) کہتے ہیں جس کا تاریخی معاملہ قدیم یونانی معاشرے سے جا کر ملتا ہے جب سوسائٹی نارمل انداز میں دو طرح کے سوشل اسٹیٹس میں تقسیم تھی یعنی آقا (Masters) اور غلام (Slaves) جنہیں ہم مالک اور غلام سے جوڑتے ہیں کیونکہ اپنی بقا کی خاطر اُس دور کے غلام ہاتھ جوڑ کر، نیک بن کر، پیروکار رہ کر اپنے مالک کے ساتھ رہتے تھے جو بہادری، شجاعت اور اعتماد کے ساتھ اُن پر راج کرتے تھے۔ ان غلاموں کی اخلاقیات اُن کی بقا کے لیے ضروری ہوتی تھی اور پھر یہی غلامانہ اخلاقیات بعد میں مسیحیت میں شامل ہو گئی کیونکہ مسیحیت، غریبوں، مفلسوں، یتیموں اور یسیروں کا مذہب تھا اور حضرت عیسیٰ اُن کے الہامی رہنما تھے، اس لیے اُن کے لحاظ سے یہی اخلاقیات بہتر سمجھی گئی مگر سچ یہی ہے کہ یہ غلامانہ اخلاقیات ہی ہیں۔ نطشے کے مطابق اس قسم کی

غلامانہ اخلاقیات سے مغربی قومیں ترقی نہیں کرسکتی اور نہ ہی ان سے ایک مکمل، طاقتور اور پر اخلاق مضبوط انسان پیدا ہوسکتا ہے۔ اُس کے خیال میں اس قسم کی اخلاقیات سے انا بھی نہیں پیدا ہوسکتی ہے، ان سے وہ طاقت پیدا ہی نہیں ہوسکتی جو ایک 'سپر مین' یا ایک مکمل انسان بنا سکے کیونکہ یہ جو ججمنٹ ہے اور یہ جو احساس شرمندگی اور ندامت ہے وہ اسے توڑ پھوڑ کر رکھ دیتی ہے۔ اچھا رچرڈ ڈاکنز (Richard Dawkins)، نطشے سے بھی چند قدم آگے چلے جاتے ہیں کیونکہ اُن کا کہنا ہے کہ اگر آپ عیسائیت، اسلام اور یہودیت کے بعد کی تاریخی ساخت کو دیکھیں تو ہمیں ایک بہت بڑی دانشورانہ بددیانتی (Intellectual Dishonesty) ملتی ہے۔ اُن کے مطابق مذہب سے ملنے والے بہت سے قواعد اور قوانین اس قدر سخت یا جامد بھی نہیں تھے بلکہ حقیقت میں تو وہ کافی حد تک سیکولر تھے مگر پھر وقت کے ساتھ ساتھ اُن میں کافی ساری تبدیلیاں کی گئی اور پھر اُن سے نرم اور قابل تجدید (Soft and Flexible) پہلو نکال دیے گئے۔ جیسا کہ ایک مثال ایڈلف ہٹلر (Adolf Hitler) کی ہے وہ جن نازیوں کی نمائندگی فرمارہے تھے۔ یہ نازی کون تھے؟ یہ کرسچن ہی تھے اور انہوں نے ہولوکوسٹ (Holocaust) کے دوران کروڑوں لوگوں کی جان لی تھی، ان کے اس گھناؤنے عمل کے پیچھے کیا ذہنیت (Mentality) تھی یا کیا مائنڈ سیٹ تھا؟ یہی یہود دشمنی (Antisemitism) اور کیا، کیا اس کی وجہ سے انہیں کسی قسم کا پچھتاوا کسی قسم کی شرمندگی ہوئی؟ نہیں، کیونکہ وہ اسے ایک مقدس فریضہ سمجھ کر انجام دے رہے تھے۔ اس قسم کے بہت سارے 'نیک کام' آپ کو انسانوں کی مذہبی تاریخ میں مل جائیں گے۔ اس اخلاقیات کو ہی 'بیمار اخلاقیات' (Sick Ethics) کہا جاتا ہے جو بدقسمتی سے مذہب سے درآمد ہوتی ہے۔ یہ ایک بیمار ذہنیت ہے جو اخلاقیات کی 'مذہبی تعریف' (Religious Definition) پر سوالات کے نشان لگاتے ہوئے ملتی ہیں۔ دیکھیں اس ایک موضوع پر ایک بڑی اہم بحث ہو رہی ہے کہ کیا وجہ ہے کہ مذہبی انسان کا اچھا 'کردار' (Character) ہی نہیں بن پاتا ہے میرے خیال میں تو اس کی یہی کچھ نفسیاتی اور فلسفیانہ وجوہات ہیں۔

ڈاکٹر محمد شہزاد:

ڈاکٹر صاحب ہمارا تیسرا سوال ہمارے ایک دوست، فیض الرحمان نے میری

وساطت سے پوچھا ہے وہ جاننا چاہتے ہیں کہ مذہب کے بغیر اخلاقیات کے معیارات پھر کہاں سے آسکتے ہیں؟

ڈاکٹر بلند اقبال:

فیض الرحمان صاحب نے بہت ہی دلچسپ مگر اہم سوال کیا ہے کہ دیکھا جائے تو ایسا لگتا ہی ہے کہ ہمارا معاشرہ شدید مذہبی ہونے کے باوجود ایک کرپٹ ترین معاشرہ ہے جہاں زمانے بھر کی بُرائی دن رات ہو رہی ہیں اور دلچسپ بات یہ ہے کہ جہاں مساجد عبادتوں کے لیے دن رات بھری ہوئی ہیں۔ چلیں ایک کام کرتے ہیں، ہم بڑی مغربی سیاسی طاقتوں کو ایک طرف رکھ دیتے ہیں بلکہ ہم ایک ایسی مملکت کی مثال لیتے ہیں جو کسی سیاسی مسئلے میں پھنسی ہوئی نہیں ہے مثلاً ڈنمارک کی بات کرتے ہیں۔ آپ کو پتہ ہے ڈنمارک میں دنیا کے کسی بھی مذہبی ملک کے مقابلے میں سب سے کم مذہبی لوگ پائے جاتے ہیں، وہاں چرچ عموماً خالی ہی ملتے ہیں، مذہبی نظریات اُن کے لیے بہت ہی سیال (Watery) قسم کے ہیں یعنی وہاں کی عمومی عوام حضرت عیسیٰ کو پیغمبر یا خدا کا بیٹا نہیں مانتی ہے بلکہ یہی سمجھتی ہے کہ عیسیٰ ایک نیک آدمی تھے جو عوام میں کچھ نیک قسم کا بدلاؤ لانا چاہتے تھے اور یہ کہ بائبل انسانوں کی لکھی ہوئی ایک کتاب ہے، یہ کوئی الہامی کتاب وغیرہ نہیں ہے، معجزے وغیرہ بھی بس قصے کہانیاں ہیں جنہیں وہ اکثر مسکراتے ہوئے سنتے اور بیان کرتے ہیں۔ مذہبی سیاست سے وہ لوگ قطعی طور پر لاتعلق ہیں اور اگر ہونے کی کوشش بھی کریں تو سیاسی قوت نہیں بنا سکتے کیونکہ عوام الناس میں اتنے لوگ ہی میسر نہیں ہیں جو مذہبی ہوں، اور تو اور مذہب مخالف سیاسی قوت بھی نہیں بن سکتی ہے کیونکہ وہ بھی عوام الناس کے لیے اس قدر قابل بحث یا دلچسپی کا سبب نہیں ہے۔ اُن کے پاس جو اخلاقیات ہیں وہ مذہب کے علاوہ شخصی بنیادوں پر ہیں۔ اب حالات کیا ہیں سنیے، میرے ایک دوست جو وہاں عرصے سے آباد ہیں، اُن کا کہنا ہے ڈینمارک میں ہیلتھ سسٹم، سماجی خدمت (Social Welfare) پر ہے اس لیے ڈاکٹر علاج کے پیسے نہیں لیتا ہے، جیسا کہ کینیڈا میں ہوتا ہے مگر ایک حد آگے اور بھی ہے کہ چونکہ اُن کے پاس گاڑی نہیں ہے تو اسکول بس کے علاوہ، بچوں کے لیے خصوصاً اسکول جانے کے لیے ٹیکسی تک بھی فری مل جاتی ہے اور یہ کوئی ٹیکسی سسٹم کا احسان نہیں ہے بلکہ گورنمنٹ ٹیکسی والے کو اس کام

کے لیے پیسے دے رہی ہے۔ اس لیے وہ خوش خوش گھر آتا ہے اور بچے کو اسکول چھوڑ کر جاتا ہے کیونکہ انہیں نہ صرف ادائیگی بلکہ گورنمنٹ کے سارے فوائد انہیں اس کام پر ملتے ہیں۔ ہیوی ٹریفک سسٹم کی وجہ سے بائیسکل پر لوگ اسی طرح آفس جاتے ہیں جیسے گاڑیوں پر، ان میں کوئی معیارات کا فرق نہیں ہے، ٹریفک اصول کی پابندی دونوں برابر کرتے ہیں۔ سڑکوں پر بھکاری یا بے گھر (Homeless) جابجا نظر نہیں آتے ہیں، اس قسم کے لوگ امریکہ اور کینیڈا میں دکھائی دیتے ہیں۔ سوسائٹی میں جرائم کی شرح (Crime Rate) بھی بہت ہی کم ہے۔ بے روزگاری کافی کم ہے۔ آخر ایک ایسی سوسائٹی میں جہاں مذہب پریکٹس نہیں ہو رہا ہے، وہاں زندگی کا اطمینان اور انہیں خوشی کا احساس کہاں سے مل رہا ہے؟ ایسا نہیں ہے کہ اُس معاشرے میں سیاسی اور سماجی چیلنجز کا سامنا نہیں ہے، وہ تو قدرتی ہیں مگر بات صرف یہی ہے کہ اُن کا حل دلیل اور عقلیت (Rationale) سے آرہا ہے، منطق اور مباحثے (Debate) اور تبادلۂ خیالات (Discussion) اور عملی طریقوں سے آرہا ہے، محض ایمانی قوتوں اور عبادتوں، تقریروں اور تاکیدوں سے نہیں آرہا ہے۔ اچھا یہ معاملات صرف ڈینمارک تک نہیں ہیں اگر آپ سویڈن جائیں گے تو وہاں بھی حالات کچھ ایسے ہی ہیں اور مغرب ہی نہیں مشرق میں بھی، جیسا کہ جاپان جائیں گے تو وہاں بھی ایسے ہی کچھ حالات ملیں گے۔ اس کا مطلب یہی ہے کہ ایک معاشرہ سیکولر بنیادوں پر استوار ہوسکتا ہے۔ اچھا بین الاقوامی انڈیکس پر بھی ان معاشروں کی معیشت کا تجزیہ کر کے دیکھ لیجیے، وہ اپنے ملک پاکستان کی طرح برے حال میں نہیں ملیں گے۔ مطلب یہی ہے کہ جو ایک فرد کا اطمینان ہے، وہ جو ایک خوشی کا احساس ہے وہ کم از کم مذہبی نمونوں (Religious Paradigm) سے نہیں آرہا وہ اصل میں اُس تعلق اور ماحول کی عطا ہے جو انہوں نے خاندان اور کام کے درمیان ایک توازن سے پیدا کیا ہے، وہ جو ایک کام کے علاوہ کی زندگی ہے، اُن کی دلچسپیاں ہیں، اُن کے کھیل کود، مشاغل (Hobbies)، کلبس (Clubs)، ملنا جلنا، تھیٹر، آرٹ، موسیقی سے انہوں نے پیدا کیے ہیں۔ ایک گہرا احساس (Profound Sense) یا یہ سمجھیں زندگی کی اصل معنویت میں آزادی کے ساتھ خوشی کا احساس انہوں نے ڈویلپ کیا ہے جو ہر فرد کے انتہائی ذاتی احساس (Subjective Sense) کے ساتھ ہے، ایسی معاشرے موجود ہیں، اسی پلانٹ یا سیارے پر جہاں ہم رہتے ہیں، یہی موجود ہیں۔ یہ کہنا ٹھیک نہیں کہ وہاں چیلنجز

نہیں ہیں، یقیناً ہیں، کیونکہ ایک گلوبل سوسائٹی ہے، دنیا بھر کے لوگ وہاں آتے ہیں اور اپنے ساتھ اپنے عقائد، روایتیں اور سوشل نفسیات وغیرہ لاتے ہیں جن میں منفی تعصّبات اور دیگر رجحانات بھی ہوتے ہیں، اچھا پھر وہاں جمہوریت بھی ہے، برابری، سوچنے اور بولنے اور لکھنے لکھانے کی آزادی بھی ہے اور پھر جو بھی سماجی مسائل ہوں، انہیں عقلی طریقوں سے حل کیا جاتا ہے۔ وہاں بھی لوگ اپنے بوڑھے ماں باپ اور بزرگوں سے فطری طور پر محبت کرتے ہیں اور سچ پوچھیں تو ہماری سوسائٹی سے ذرا بہتر ہی خیال رکھا جاتا ہے مگر بدقسمتی سے ہمارے یہاں مذہب کے سیاسی استعمال کے خاطر اس سلسلے میں بھی افواہیں پھیلائی جاتی ہیں اور خوب پیٹ بھر کر جھوٹ بولا جاتا ہے۔

اب رہی بات فلسفیانہ تفصیل کی تو ہمیں وجودیت کے فلسفے (Existentialism) کو تھوڑا ذہن میں رکھتے ہوئے بھی اس موضوع کو زیر بحث لانا ہوگا۔ البرٹ کامو (Albert Camus) کا ناول اجنبی (Stranger) یا آوٹ سائڈر (The Outsider) کی کہانی کو تھوڑا سا یاد کرنا ہوگا جس کا تھیم یہی تھا کہ کائنات اور ایک فرد کی دنیا میں کوئی تعلق ہی نہیں ہے، کائنات اپنی دنیا میں مگن ہے اور ہم اپنی دنیا میں رہتے ہیں۔ سورج، اپنی دنیا میں ہے، چاند اپنی جگہ ہے، خلائیں کہیں پھیلی ہوئی ہیں، بادل کہیں اڑتے پھرتے ہیں، میرا اور اُن کا کوئی تعلق ہی نہیں ہے، نہ تو میرے بُرے اچھے ہونے سے اُن پر کوئی فرق پڑتا ہے، نہ تو وہ آندھی لاتے ہیں اور نہ ہی بارش مجھ پر گراتے ہیں، یہ تعلق ایک بے معنویت (Absurdism) کے سوا کیا ہے؟ اُن کے ناول کا پروٹاگونسٹ (Protagonist) یا مرکزی کردار جب سزائے موت کی وجہ سے جیل میں ہوتا ہے تو وہ دکھی ہونے کے بجائے کہتا ہے ٹھیک ہے، مجھے مار دو کیوں کہ میری پیدائش بھی تو اسی طرح ایک اتفاق سے ہی ہوئی تھی۔ اچھا پھر جب وہ 'متھ آف سسفس' لکھتے ہیں تو اُس میں ابسرڈ ازم سے نکلنے کا حل دیتے بھی ہیں وہ کہتے ہیں کہ اگر زندگی کے کوئی معنی ہی نہیں ہے تو پھر اُس کے مقصد (Purpose) جوہر کے بھی کیا معنی؟ یعنی سارتر (Jean-Paul Sartre) نے جب زندگی کے جوہر (Essence) کی بات کی تو اُس کا جواب یہی تھا کہ جوہر کس کا بھلا؟ لامعنویت (Meaningless) کا؟ اس لیے کامو کا خیال تھا کہ سسفس (Sisyphus) کو جو دیوتاؤں سے سزا ملی ہے۔ وہ ایک بڑی سی چٹان اپنے کاندھوں پر اٹھا کر چوٹی سے روزانہ پھینکتا ہے اور پھر

فوراً ہی دوبارہ سے یہ کام شروع کر دیتا ہے، دراصل یہ عمل ایک فرد کی روزانہ کی زندگی گزارنے کا استعارہ ہے۔ اب اس میں جوہر یہ نہیں کہ پتھر کو چٹان پر سے پھینک دینا معنویت ہے بلکہ خوشی خوشی اُسے لے کر چڑھنا، اُسے انجوائے کرنا ہی زندگی کا جوہر ہے، یہی وجہ ہے کہ جس لمحے سسفس چٹان کندھوں پر لے کر دیوتا کی طرف دیکھ کر مسکراتا ہے تو سزا جزا میں بدل جاتی ہے اور زندگی میں دیوتا کی سزا کا تصور ہی ختم ہو جاتا ہے یا بقول شخصے دیوتاؤں کے ارمانوں پر اوس پڑ جاتی ہے۔ اس کا مطلب یہی ہے کہ زندگی کا مقصد اُس کو گزارنے میں ہے اور اُس محنت کو انجوائے کرنے میں ہے۔ جان پال سارتر بھی یہاں یہی کہتے ہیں مگر بس اُن کا انداز دوسرا ہے، اُن کا کہنا ہے کہ انسانوں کو اپنا جوہر خود ڈویلپ کرنا ہوگا مگر اُس جوہر کی جانچ سوسائٹی کے ہاتھوں میں ہے یعنی وہ جو سوسائٹی کے 'دیگر' لوگ ہیں جن کے ساتھ وہ انسان دن رات رہ رہا ہے، بقول سارتر کے وہ دوسروں کی آنکھیں جو مستقل آپ کو دیکھ رہی ہیں وہی اصل میں جہنم ہے، جو یا تو آپ کو ستائش سے نوازیں گی یا پھر مکمل طور پر مسترد کر دیں گی۔ بس یہیں سے ہماری اخلاقیات ڈیویلپ ہوتی ہیں کہ ہم ایسے کام کریں جو سوسائٹی کے لوگوں کے کام آئیں یا کچھ ایسا کریں جو ہمارے ساتھ اوروں کے لیے بھی بھلا ہو، بس یہی اچھی اخلاقیات ہیں۔

ڈاکٹر محمد شہزاد:

میرے ایک اور دوست ڈاکٹر امان وزیر کی طرف سے ہے جو جاننا چاہتے ہیں کہ ایک مذہبی انسان اگر ایک اچھا انسان بھی ہے اور اُس کی زندگی اس طرح سے مزے سے گزر رہی ہے تو آخر ہم کیوں کر لوگوں کو اس قدر سوچنے پر مجبور کریں؟ ایسے تو ممکن ہے بیچارے کنفیوژ (Confuse) ہو سکتے ہیں۔

ڈاکٹر بلند اقبال:

جی شہزاد ڈاکٹر امان وزیر صاحب بالکل بجا فرما رہے ہیں واقعی ایک مذہبی انسان اچھا سا انسان ہے۔ اُس کی اخلاقیات اُس کے ایمان سے جڑی ہوئی ہیں، اُس کی زندگی مزے سے گزر رہی ہے، کوئی مسائل نہیں ہیں کیونکہ جو جو اُس کے الہامی اصول ہیں اُن کے لحاظ سے تو اُس

کی زندگی انتہائی پرفیکٹ ہے۔ میں ایسا کرتا ہوں کہ ڈاکٹر صاحب کی خدمت میں چند 'مثالی منظر نامے' (Exemplary Scenario) رکھ دیتا ہوں، وہ بس اُن پر غور کریں اور اگر انہیں لگے کہ اُن کے الہامی اصول (Universal Spiritual Principals) ان مسائل کا حل اُن کے ضمیر (Conscience) کے مطابق بتا رہے ہیں تو پھر تو یہ بحث ہی ختم ہو جائے گی۔ فرض کریں ڈاکٹر امان وزیر میڈیسن کے ڈاکٹر نہیں ہیں بلکہ ایک ماہر بشریات (Anthropologist) ہیں اور وہ کسی پرانے جنگل میں اپنے کام کی وجہ سے گئے ہوئے ہیں مثلاً وہ امیزون (Amazon) کے جنگلات میں ہیں جہاں ہزاروں برس پرانے قبائل آباد ہیں اور اُن کی قید میں بارہ لوگ بھی ہیں اور وہ امان وزیر صاحب سے کہہ رہے ہیں کہ آپ ہمارے مہمان ہیں، ہم آپ کی مہمان نوازی کچھ اس طرح سے کرنا چاہتے ہیں کہ آپ ان بارہ بے قصور انسانوں میں سے صرف ایک کو اپنے مبارک ہاتھوں سے قتل فرمادیں تو ہم گیارہ کو زندہ چھوڑ دیں گے ورنہ بارہ کے بارہ مارے جائیں گے، اب امان وزیر صاحب اس موقع پر اپنے ایمان کی روشنی میں کیا فیصلہ فرمائیں گے، کیونکہ ایمان کے لحاظ سے کسی بھی شخص کو مارنا یا ایک انسان کی جان لینا گناہ کبیرہ ہے اور سچ تو یہ ہے کہ مجھے یہ بھی نہیں معلوم کہ میں کس معصوم کی جان لوں؟ چلیں چھوڑیں اس منظر نامے کو، ہوسکتا ہے امان وزیر صاحب کہیں نہ بھائی یہ تو ایک حقیقی (Real) قسم کا مسلہ ہے ضروری تو نہیں کہ کسی کی بھی زندگی میں اس قسم کا کوئی ایسا منفرد سا موقع آئے۔ ٹھیک ہے ہم اُن کی بات مان لیتے ہیں مگر چلیں کچھ اور منظر نامے دیکھ لیتے ہیں جو زیادہ عام ہیں اور جن سے آئے دن ہمارا سابقہ پڑتا رہتا ہے۔ مثلاً امان وزیر صاحب ڈاکٹر بھی ہیں وہ اس بات کو جانتے بھی ہوں گے کہ بہت سے مسلمان اسقاط حمل (Antiabortion) کے خلاف ہوتے ہیں مگر دوسری طرف سزائے موت کے حق میں ہوتے ہیں یا بہت سے لوگ کہنے کو سبزی خور ہوتے ہیں مگر چمڑے کے جوتے اور جیکٹس پہنتے ہیں، ایسی صورت میں کوئی متنازعہ خیال ذہن میں آتا ہے؟ چلیں مذہبی معاملات کو ایک طرف رکھ دیتے ہیں، بہت سے لوگ سوشلسٹ ہوتے ہیں اور انسانوں کے برابر معاشرتی یا تعلیمی مقام پر دن رات بات کرتے ہیں مگر بچوں کو جب پرائیوٹ اسکول بھیجنے کا وقت آتا ہے تو بھیجتے ہیں یا آپ کو بہت آسانی سے کوئی سیاست دان مل سکتا ہے جو یوں تو اپنی تقاریر میں ہمیشہ خاندانی اقدار کی بات کرے گا مگر پھر جلد ہی پتہ چل جائے گا کہ وہ

ایکسٹرا فیملی افیئر بھی خوب ہی چلاتا رہا ہے چلیں یہ بھی بہت انفرادی قسم کا مسئلہ ہے مگر آپ کو کوئی ماحول کو صاف رکھنے کی تلقین کرنے والا اور زمین کو درپیش درجہ حرارت سے ہونے والے کے پاس ایس یو وی کار بھی دکھائی دے گی جو بنا خیال کیے روزانہ سڑکوں پر دھواں پھیلانے کا سبب بھی بن رہی ہے۔ ایسے موقع پر نہ تو اخلاقیات کا خیال آتا ہے اور نہ ہی وہ اس بارے میں سوچنا چاہتا ہے یا ایک آدمی ہے یوں تو شہر میں چاروں جانب پھیلی ہوئی چوری ڈکیتی کی وارداتوں کی وجہ سے کڑھتا رہتا ہے مگر جب موقع ملتا ہے، کمپیوٹر میں سے رائیٹس کا خیال کیے بغیر میوزک نکال کر انجوائے کرتا ہے یا کوئی بھی سوفٹ ویر (Software) کسی بھی الٹے سیدھے طریقے سے نکال کر اپنے کام نکال لیتا ہے، ایسے میں اُس کے اخلاقیات کہاں چلی جاتی ہے؟ یا پھر کوئی شخص ہے جو بے روزگاری کا مارا ہوا ہے آخر کار تنگ آ کر امیگریشن یا ویزہ کے لیے نقلی پیپرز بناتا ہے اور پھر کینیڈا امریکہ یورپ پہنچ جاتا ہے اور اگر اُن سے پوچھا جائے کہ آپ نے ایسا کیوں کیا؟ تو بہت ہی اطمینان سے اپنے غیر اخلاقی کام کو جسٹیفائی (Justify) کرتا ہے اور اپنے ضمیر کو قطعی مطمئن پاتا ہے۔ اُس کا سادا سا جواب ہوتا ہے کہ ان ہی ملکوں کی سیاسی پالیسیوں کی وجہ سے مجھے اپنے ملک میں نوکری نہیں مل پا رہی تھی۔ ایسے کئی ایک مذہبی لوگوں کو میں جانتا ہوں جو اس قسم کی باتیں دن رات کرتے رہتے ہیں تو پھر ایسے میں آپ کے الہامی قوانین اور آپ کے اخلاقیات کیسے جڑتے ہیں؟ آپ سڑکوں پر اکثر داڑھی والے مسلمانوں کو نماز کی جلدی میں لال سگنلز توڑتے ہوئے دیکھتے ہیں، کتنے ہی ٹیکسز کو چرانے والے مذہبی اور غیر مذہبی لوگوں سے دنیا بھری پڑی ہے اور آگے سوچیں آپ ٹیکس دیتے ہیں اور جانتے ہیں کہ اس ٹیکس میں سے ایک بڑی مقدار ڈیفنس کے نام پر اٹامک بم وغیرہ اور میزائل کی تیاریوں میں لگ جائے گا جو بہت سے بے گناہوں کی جان بھی لے گا، ویسے آپ بہت بڑے انسان دوست ہیں اور امن و بھائی چارہ پر دن رات بات کرتے ہیں۔ آپ انسانی جان لینے کو بڑا ترین گناہ سمجھتے ہیں مگر اچانک آپ کے سامنے ایک ایسا شخص آجاتا ہے جس نے بہت سے لوگوں کی جان لی ہے اور آپ کو خدشہ ہے کہ وہ اور بھی قتل و غارت گری پھیلائے گا تو آپ اُس کے لیے یہی سوچتے ہیں کہ اسے مرجانا چاہیے۔ اس قسم کے متنازعہ معاملات سے ہمارے زندگی روزانہ کی بنیاد پر بھری ہوئی ملتی ہے، آخر آپ کیسے اُنہیں حل کرتے ہیں؟ مجھے نہیں اندازہ کہ وزیر صاحب ایسے حالات میں کیا کرتے ہیں؟ کیا اُن کے بلیک

اینڈ وائٹ الہامی اصول فوراً جواب دے دیتے ہیں؟ اگر اُن کے یا کسی بھی مذہبی انسان کے مسئلے اس قدر آسانی سے حل ہو جاتے ہیں تو 'خیر' ہے مگر جب کبھی زندگی کے کسی مرحلے پر انہیں لگے کہ اُن کے پاس ہر اخلاقی جرم کے لیے بلیک اینڈ وائیٹ جواز موجود ہے اور وہ اخلاقیات سے بالکل عاری ہو چکے ہیں تو حیران نہ ہوں، کیونکہ اس طرح بنا سوچے الہامی قوانین سے فیصلے کرنے والے عمومی طور پر اخلاقیات سے فارغ ہوتے ہیں اور سارے جہاں کی عبادتیں کر رہے ہوتے ہیں اور دنیا بھر کے کرائم بھی بنا کسی ضمیر کی ملامت سے کر رہے ہوتے ہیں اور سادگی اور معصومیت سے ایک جملہ کہہ کر جان چھڑا لیتے ہیں کہ 'مجھے شیطان نے بہکا دیا تھا' یعنی اس میں بھی اُن کا قصور نہیں ہوتا ہے بلکہ کسی خیالی مخلوق 'شیطان' کا کیا دھرا ہوتا ہے۔

ڈاکٹر محمد شہزاد:

ڈاکٹر صاحب اس سلسلے کا آخری سوال ہمارے ایک اور دوست جعفر خان ایڈووکیٹ کی طرف سے آیا ہے۔ وہ جاننا چاہتے ہیں کہ کیا انسان بیک وقت ایمان اور عقلیت پسندی (Rationality) پر نہیں رہ سکتا؟

ڈاکٹر بلند اقبال:

شہزاد پلیز میرا شکریہ ادا کیجیے گا جعفر صاحب کی خدمت میں، دیکھیے ایمان دو طرح کے ہوتے ہیں، ایک مذہبی اور دوسرا غیر مذہبی، جہاں تک مذہبی ایمان (Religious Faith) کا تعلق ہے وہ ذرا زیادہ اہم ہے کیونکہ جب بھی ایمان کی بات آتی ہے تو ہم خود بخود مذہبی ایمان کا ہی سوچنے لگتے ہیں تو پہلے اس پر تھوڑی سی بات کر لیتے ہیں۔ دیکھیے پوری انسانی تہذیبی تاریخ بھری پڑی ہے، قدیم روم عہد سے، پلیٹو، سقراط اور ارسطو تک اور پھر مڈل دور میں سینٹ ایکونا، سینٹ اگسٹائین (Thomas Aquinas and St Augustine) حتیٰ کہ پندرہویں صدی بلکہ بعد میں بھی خدا کی موجودگی کو یا اُس کے الہامی خیال یا ایمان کو عقلیت پسند (Rationality) کے ذریعے سے ثابت کرنے کی کوشش کی گئی تھی۔ آپ کو سینٹ ایکونا کے وہ پانچ ثبوت یاد ہوں گے جن کے ذریعے سے انہوں نے ثابت کیا کہ خدا کی موجودگی دلائل سے

ثابت کی جا سکتی ہے۔ یہ سلسلہ ڈارون ازم اور ایگزسٹنشل زم (Darwinism to Existentialism) تک چلتا رہا ہے۔ اس دوران جرمن اور برٹش فلاسفی لمبے عرصے تک دلائل میں الجھی رہی ہے حتیٰ کہ بیسویں صدی میں معاملات امریکی عملیت پسندی (American Pragmatism) تک آ پہنچے مگر یہ ڈائیلاگ متوازی قطار میں ہزاروں برسوں سے دانشوروں اور فلسفیوں کے محبوب موضوع رہے ہیں۔ کیا ایک آدمی بیک وقت اپنے مذہب اور عقلیت پسندی کے ساتھ رہ سکتا ہے تو کہنے کو تو صرف ایک جملے میں بھی بات ہوسکتی ہے کہ دلیل کو ایمان سے نکال دیں تو مذہب میں سوائے توہم پرستی (Superstition) کے کچھ بھی نہیں بچتا ہے بس اس قسم کا ذہن بچ جاتا ہے کہ اگر آئینہ ٹوٹ گیا تو ممکن ہے اگلے سات برسوں تک میری لک اچھی نہ ہو، یا کالی بلی نے راستہ کاٹ دیا، ہو نہ ہو مجھ پر کوئی مصیبت آنے ہی والی ہے، آسمان پر کوّے نظر آرہے ہیں اللہ خیر کرے کوئی قہر نہ نازل ہو جائے، میں نے اگر قبل از وقت کسی کو اپنا پلان بتا دیا تو میں ناکام ہو جاوں گا، یہ توہم پرستی ہے جو دلیل کے بغیر کی وضاحتیں (Explanations) ہیں جن کا کوئی سر، کوئی پیر نہیں ہے۔ مذہبی دنیا میں ایسی بہت سی باتیں ہیں، جب جب دلیل مذہبی انسان کے پاس نہیں ہوتا ہے تو وہ سراسر مذہبی قسم کا توہم پرست رہ جاتا ہے۔ اچھا اب اگر مذہب کو نکال دیتے ہیں اور صرف عقلیت پر زندگی گزارتے ہیں تو اس کی دو ہی صورتیں بچ جاتی ہیں کہ آدمی 'نہیل ازم' (Nihilism) کی طرف مائل ہو جاتا ہے یعنی صرف خدا ہی سے انکار نہیں بلکہ زندگی کی معنویت بھی ختم ہو جاتی ہے، اس صورت میں نہیل ازم کی اگلی منزل کی طرف سوچ بچار کرنا پڑتا ہے اور زندگی کی معنویت خود پیدا کرنی پڑتی ہے جسے وجودیت (Existentialism) کہتے ہیں۔ اب ظاہر ہے یہ وجودیت کا وہ چیلنج ہے جو ہر عام وخواص برداشت نہیں کر سکتا، اس لیے ایک عام اوسط دماغ مذہبی گود میں سکون سے رہنا پسند کرتا ہے اور ایک خاص علمی دماغ بے سکونی اور سوچ بچار کا راستہ چن لیتا ہے۔ اچھا بالکل اسی طرح ایک غیر مذہبی فیتھ (Non Religious Faith) بھی ہوتا ہے جو دلیل پر ڈویلپ ہوتا ہے جس کا ہونا ایک حد تک بہت ضروری ہے مثلاً سائنس پر آپ کا ایمان ہے کہ سائنس کے مشاہدات اور تجربات سے جو حتمی نتائج سامنے آئیں گے وہ ممکنہ حد تک درست ہوں گے۔ اچھا اس کی وجہ یہی ہے کہ سائنسی فیتھ کی عمارت دلیل کے ستونوں پر قائم ہوئی تھی اور پھر اُس کی کامیابی کی صورت

میں دلیل کی عمر بڑھتی چلی گئی، وہ ملٹی پلائی ہوتا چلا گیا اور فیتھ بھی بڑھتا چلا گیا، دیکھیے آپ ہوائی جہاز میں بیٹھتے ہوئے اپنی زندگی کے بارے میں نہیں سوچتے ہیں حالانکہ ہوائی جہاز کے حادثے بھی ہوتے ہیں مگر پھر اُس کے دلائل بھی مل جاتے ہیں، یا وائرل انفیکشن سے بچنے کے لیے ایک انجان دوا اپنے خون میں شامل کرنے کے لیے راضی ہو جاتے ہیں کیونکہ ریزن اور نتائج موجود ہیں۔ اس لیے یہ کہنا کہ ریشنیلٹی اور مذہبی یا غیر مذہبی فیتھ دو مختلف فکری مسائل یا ڈومین (Domain) ہیں، ایسا نہیں ہے یہ آپس میں جگہ جگہ ملتے ہیں بس فرق یہی ہے کہ ان کے ملنے اور دور ہٹنے کے انداز، راستے اور نتائج مختلف ہیں۔

آٹھویں بدنصیبی

اس دماغ کو حقیقی ذہانت سے دور رکھنا ہوگا

ڈاکٹر محمد شہزاد:

ڈاکٹر صاحب ذہانت کسے کہتے ہیں؟

ڈاکٹر بلند اقبال:

شہزاد، یہ ایک سائنسی سوال ہے، سائنسی اس اعتبار سے کہ اس کے پس منظر میں دماغ کی ساخت اور سائیکی دونوں شامل ہیں۔ دیکھیے دماغ کا یہ جو ایک سامنے اور سائیڈ کا بڑا سا حصہ ہے جسے ہم فرنٹل اور ٹیمپورل لوبز (Frontal & Temporal Lobes) کہتے ہیں، اس میں موجود گرے میٹر (grey Matter) کا تعلق براہ راست ہماری ذہانت سے ہوتا ہے کیونکہ اس میں ہماری کم اور زیادہ دیر تک کی یاد رکھنے کی صلاحیتیں چھپی ہوتی ہیں۔ ان ہی لوبز سے ہم کسی بھی اچھے یا برے معاملے سے نمٹتے بھی ہیں، یہ ہی وہ حصے ہیں جو ہمیں دلائل یعنی لوجکس (Logics) کے ساتھ سوچنے کی صلاحیتیں بھی دیتے ہیں اور تو اور ہم کس قدر اپنے بارے میں جانتے ہیں، کس قدر ہم میں سیکھنے کا جنون ہے، کس قدر ہمارے اندر اپنے حوالے سے آگہی (Awareness) ہے؟ کیا ہم ریزننگ (Reasoning) کرنے کے لائق ہیں؟ جذباتی یا اموشنل نالج (Emotional Knowledge)، مسائل کو حل کرنے کی صلاحیت (Problem Solving Skills)، تنقیدی انداز سے تجزیہ کرنے کا ہنر (Critical

(Thinking) اور پلاننگ کرنے اور مختلف انواع کے سادا اور پیچیدہ معاملات کو آپس میں جوڑنے اور ایک منطقی انجام(Logical Conclusion) تک پہنچنے کی صلاحیتیں، یہ سب عمومی ذہانت میں شامل ہے اور نیورولیوجیکلی ان سب کے سرے بلا واسطہ یا بالواسطہ ان ہی فرنٹل اور ٹیمپورل لوبز سے جا کر ملتے ہیں۔ اس سلسلے میں بیسویں صدی کے آغاز میں کئی ایک تھیوریز ہمیں ملتی ہیں مثلاً چارلس اسپیرمین (Charles Spearman) کا ہمیں نام نظر آتا ہے انہوں نے ذہانت میں یادرکھنے اور معلومات جمع کرنے کے علاوہ یعنی علم اور دلائل کے ساتھ شخصیت کے لچکدار(Flexing Ability) ہونے کو بھی شامل کیا۔ اُن کے خیال میں سوچنے سے زیادہ یہ اہم ہے کہ ہم کس حد تک شماریاتی تجزیہ(Statistical Analysis)اور ریاضیانہ(Mathematics) کے انداز میں سوچنے کی صلاحیت رکھتے ہیں۔ اُن کے مطابق کسی بھی مسئلے کو دور تک جاننے کے لیے شماریاتی تجزیہ دور تک دیکھنے کی صلاحیت (Visual Special Processing) کا ہونا ضروری ہے جسے وہ انٹیلی جینس کا فلیوڈ(fluid Intelligence) والا حصہ کہتے ہیں اور اسے ابتدائی ذہنی صلاحیتوں(Primary Mental Abilities) میں شامل کرتے ہیں۔ اُن کے بعد ہمیں ایک اور بڑا نام لوئی تھرسین (Louis Thurstone) کا ملتا ہے جنہوں نے چارلس کی ذہانت یا انٹیلی جنس کے حوالے سے دی گئی کمپوزیشن کو اور آگے بڑھایا۔ لوئی تھرسین نے گفتگو اور تصور کرنے کی گہری صلاحیتوں کو بھی ذہانت میں شامل کیا جسے انہوں نے (Verbal Comprehension)اور(Spatial Visualization) کا نام دیا۔ اچھا لوئی تھرسین کے بعد ہمیں ایک اور اہم نام ملتا ہے وہ ہاورڈ گارڈنر (Howard Gardner) کا ہے جو ذہانت کو تہذیب اور ثقافت سے جوڑتے ہیں کیونکہ ہمارے اردگرد کی دنیا تہذیبی اقدار کا مجموعہ ہے اس سلسلے میں انہوں نے ایک نئی اصطلاح 'کنستھٹک ذہانت'(kinesthetic intelligence) کا تعارف بھی کرایا جس کا مطلب یہ تھا کہ ذہانت میں اپنی باڈی کا کنٹرول بھی شامل ہے اور اسی طرح ایک انٹرا پرسنل ذہانت (Intrapersonal Intelligence) کو بھی اس میں شامل کیا یعنی ہم 'کس قدر اپنی ذات سے واقف ہیں؟' ہم اپنی اقدار، اپنے عقائد کا کس قدر حقیقی شعور رکھتے ہیں؟ انٹرا پرسنل کے علاوہ اُن کے مطابق (Interpersonal Intelligence) بھی اہم ہے مطلب یہ کہ ہم اپنے ارد

گرد کے لوگوں سے کس قدر واقف ہیں؟ اُن سے ہمارے تعلقات، اُن کے مزاج، ہماری خواہشات اور جذبات کا کس حد تک اُن سے تعلق ہے اور اُس کے لحاظ سے ہم کس طرح برتتے ہیں؟ پھر انہوں نے فطری یا قدرتی ذہانت (Naturalistic Intelligence) کو بھی ذہانت میں شامل کیا، مطلب یہ کہ ہم کس قدر پہاڑوں، جانوروں، دریاوں، سمندروں، جنگلات اور اپنے اردگرد کی فطری دنیا سے واقف ہیں؟ اور کس حد تک اُن کی بہتری میں بھی شامل ہیں؟ اس کے بعد وہ ایک اور قدم آگے بڑھتے ہیں اور زبان اور الفاظ کی دنیا کو بھی ذہانت میں شامل کرتے ہیں مثلاً لفظوں اور ان کی معنویت، میوزک اور اُس کا ردھم (Rhythm) جنہیں وہ بالترتیب میوزیکل اور زبانوں کی ذہانت (Linguistic Intelligence) کا نام دیتے ہیں۔ گارڈنر کے علاوہ ہمیں ایک اور نام روبرٹ سٹرن برگ (Robert Sternberg) کا بھی ملتا ہے مصنوعی ذہانت کو انسانی ذہانت میں شامل کرتے ہیں کہ مصنوعی ذہانت کو 'استعمال کرنے کی صلاحیت' سراسر ذہانت سے تعبیر کی جاسکتی ہے اور یہی نہیں بلکہ پرانی معلومات کی بنیادوں پر نئے آئیڈیاز کو تخلیق کرنے کی صلاحیت بھی اور پھر اُن کی مدد سے اپنے اردگرد کی دنیا کو مثبت انداز سے بدلنے کی صلاحیتیں جنہیں وہ بالترتیب تخلیقی اور عملی ذہانت (Creative and Practical Intelligence) کا نام دیتے ہیں۔ مجموعی طور پر ہم کہہ سکتے ہیں کہ Fluid Intelligence سے مراد نئی دنیا کو نئے آئیڈیاز سے تخلیق کرنے کی صلاحیت ہے جبکہ Crystallized Intelligence پرانی آئڈیالوجیز کے تجربات اور مشاہدات کے سہارے آگے بڑھنے کا نام ہے۔ شہزاد آپ کو پتہ ہی ہے کہ ذہانت میں آئی کیو (IQ) Intelligence Quotient کا تصور الفرڈ بینٹ (Alfred Binet) نے دیا تھا۔ انہوں نے ذہنی اور حیاتیاتی پہلو کو ساتھ جوڑ کر ایک معیار پیدا کیا مگر اس سلسلے میں کئی ایک تحفظات یا تعصّبات سامنے آئے کیونکہ بہت سے لوگوں کے آئی کیو (IQs) بہت زیادہ ہوتے ہیں مگر اُن کا پریکٹیکل استعمال اپنے اور سوسائٹی کے لحاظ سے بے انتہا کم ملتا ہے تو عمومی سوال یہ بھی بنتا ہے کہ کیا محدود آئی کیو بھی ذہانت کی مقدار کا تعین کرتا ہے؟ کیونکہ آئی کیو کے حوالے سے ہمیں اکثر و بیشتر مثالیں ملتی ہیں کہ دنیا میں اوسط آئی کیو کے لوگ غیر معمولی طور پر مثبت تبدیلیاں لانے کا بھی سبب بنتے ہیں۔

ڈاکٹر محمد شہزاد:

کیا ہماری عمر اور ذہانت کا تعلق واقعی میں اتنا ہی سادہ ہوتا ہے جیسا کہ کہا جاتا ہے کہ 'میاں بڑے ہو گے تو سمجھ آئے گی'۔

ڈاکٹر بلند اقبال:

یہ سوال بہت ہی دلچسپ ہے شہزاد، ہمارے سماج میں اکثر یہ جملہ کہا جاتا ہے کہ 'میاں ابھی چھوٹے ہو جب بڑے ہو جاو گے تو سمجھ جاؤ گے' مگر حقیقی بات یہ ہے کہ جوں جوں ہم بڑے ہوتے جاتے ہیں ہمارا دماغ الٹا سکڑتا (Cerebral Atrophy) جاتا ہے یعنی جونہی ہم چالیس برس کے ہوتے ہیں تو ہمارا دماغ آہستہ آہستہ محدود (Shrink) ہونا شروع ہو جاتا ہے اور پھر یہ عمل ساٹھ اور ستر برس کی عمر میں خاصا بڑھ جاتا ہے جس کے نتیجے میں سب سے پہلے ہماری یاداشت متاثر ہوتی ہے پھر اس کے بعد سیکھنے اور سمجھنے کی صلاحیتیں کم ہوتی چلی جاتی ہے یعنی دوسرے الفاظ میں جوں جوں ہماری عمر زیادہ ہوتی جاتی ہے ہماری ذہانت میں اور بھی کمی آتی جاتی ہے مگر پھر یہاں ایک سوال دانائی کا آتا ہے جسے عمومی طور پر لوگ زندگی کے تجربات اور مشاہدات سے جوڑتے ہیں حالانکہ ذہانت اور دانائی میں بنیادی فرق کیوں اور کیسے کی گہرائی سے ہے۔
میرے خیال میں دانائی ایک مابعد الطبیعاتی تصور (Metaphysical Feature) ہے، اسکندر اعظم سے ایک قصہ منسوب ہے کہ ایک بار وہ ایک دانشور سے ملتے ہیں جو ایک باغ میں لیٹا ہوا دھوپ سینک رہا تھا۔ اسکندر اعظم باتیں کرنے کے دوران اُس دانشور اور سورج کے درمیان آجاتا ہے اور یہ جملہ بھی کہہ رہا ہوتا ہے کہ مجھے آپ سے کچھ دانائی چاہیے، یہ سُن کر وہ دانا شخص اسکندر اعظم سے کہتا ہے 'مجھ سے آپ کو وہ دانائی ضرور ملے گی مگر پہلے سورج کے سامنے سے تو ہٹ جاؤ، اُس کی گرمی اور روشنی مجھ تک آنے دو، تم وہ شے مت روکو جو تم مجھے دے نہیں سکتے'، اسی طرح ایک بار مہاتما بدھا کے پاس ایک عورت روتی ہوئی پہنچتی ہے اور کہتی ہے 'میرے ساتھ بڑا انیائے ہوا ہے میرا پیارا بچہ مر گیا ہے تم بھلا کیسے بڑے دانا ہو جو اگر تم میرے مرے ہوئے بچے کو زندہ کر کے مجھے لوٹا نہیں سکتے؟' اس پر مہاتما نے کہا، 'میں ضرور ایسا کر دوں گا مگر تجھے اس کے لیے میرے لیے کچھ کرنا ہوگا'؛ جس پر عورت نے خوش ہو کر کہا، 'کیوں نہیں میں ضرور کروں گی'۔ اس پر

بدھا نے کہا، 'ٹھیک ہے پھر ایسا کر گاؤں کے ہر ایک گھر میں جا اور اُن سب ماؤں کا بھی مجھے پتہ دے دے جن جن کے گھروں میں اموات ہوئی ہیں تاکہ میں تیری بچے کے ساتھ اُن سب عورتوں کے بچوں کو بھی زندہ کر دوں۔' وہ عورت گاؤں کے تمام گھروں میں جاتی ہے اور یوں اُسے اندازہ ہو جاتا ہے کہ وہ اکیلی نہیں ہے بلکہ اُس کے گاؤں کے کم و بیش ہر ایک گھر میں موت ہوئی ہے اور اُسے اندازہ ہو جاتا ہے کہ وہ اس دکھ میں اکیلی نہیں ہے بلکہ موت ایک اٹل حقیقت ہے جہاں زندگی ہے وہاں موت بھی ہے۔ جہاں تک ماڈرن انداز سے ذہانت کی تقسیم کی بات ہے تو اس سلسلے میں بھی کئی ایک سائنسی اسٹڈیز ہوئی ہیں جن میں ایک اسٹڈی کے دوران 318 لوگ شامل کیے گئے جن کی عمریں پندرہ سے بیس، بیس سے چالیس، چالیس سے ساٹھ کے درمیان اور کچھ ستر سے زیادہ کی تھیں۔ ان لوگوں کے درمیان فلیوڈ اور کرسٹیلائڈ ذہانت کا گراف بنایا گیا جو عرضی اور افقی جہاتی (Horizental and Vertical Graph) کے بجائے ایک مثبت (Triangle) کی ساخت کا بنا جس کی بنیاد پر وہ اس نتیجے پر پہنچے کہ نوجوانوں میں Fluid Intelligence عموماً نئے تجربات سے ملتی ہے جبکہ زندگی کے پرانے تجربات اور مشاہدات کی بنیاد پر ملنے والی Crystallized Intelligence عموماً زیادہ عمر کے لوگوں میں ملتی ہے۔ مگر سوال یہی ہے کہ دانائی کے لیے کس قدر اور کون سی ذہانت درکار ہے؟ ظاہر ہے اس کے لیے Credentials کا حصول میسر نہیں ہو سکتا تھا۔ یہ ایک بہت ہی Unique Phenomenon ہے جسے سمجھنے کے لیے ایک دلچسپ سائنسی مطالعہ شیرن رائن (Sharon Ryan) نے لکھا تھا جن کا تعلق یونیورسٹی آف ورجینیا سے تھا۔ اُن کے ایک آرٹیکل کے مطابق: سقراط نے کہا تھا کہ 'میں جانتا ہوں کہ میں نہیں جانتا'، انہوں نے کہا یہ ایک بہت ہی عاجزانہ سا انداز ہے جسے ہم Intellectual Humility کہہ سکتے ہیں کہ 'بھائی مجھے بس اتنا ہی پتہ ہے کہ مجھے نہیں پتہ ہے' مگر پھر آگے شیرن کہتی ہیں کہ اس بات کا ایک اور پہلو بھی نکلتا ہے کہ یہ کہنا انٹیلکٹوئل ہیوملٹی کے علاوہ Optimistic Accuracy بھی ہے یعنی سقراط یہ کہنا چاہ رہا ہے کہ 'ہمیں یہ پتہ ہونا ہی چاہیے کہ میری معلومات کی حقیقی حدود کیا ہیں؟' اس کے بعد وہ اگلے مرحلے پر جا کر کہتی ہیں کہ اس بات کا مطلب صرف مستند انداز میں اپنی علمیت کا اندازہ ہی نہیں ہے بلکہ یہ بھی ہے کہ ہمیں 'بہت کچھ' پتا ہونا چاہیے، ہمیں زندگی کے کم و بیش ہر ایک پہلو کے بارے میں گہرائی اور گیرائی کے

ساتھ معلومات ہونی چاہئیں بلکہ اس حد تک کہ ہم ایک یقین تک پہنچ جائیں اور دعوی کر سکیں کہ واقعی ہمیں زندگی کے کم و بیش ہر پہلو کے حوالے سے علم ہے مگر کیا اس کے بعد بھی کیا یہ دعوی کیا جاسکتا ہے کہ ہم ایک دانا شخص ہیں؟ اور ایک ایسی زندگی گزار سکتے ہیں جسے ایک 'اچھی زندگی' کہا جاسکتا ہے؟ یہاں ایک اہم سوال یہ بھی پیدا ہوتا ہے کہ یہاں 'اچھی زندگی' سے مراد کیا ہے؟ کیا اچھی زندگی سے مراد ایک اچھی اخلاقی زندگی ہے؟ مگر ہم ایسے کتنے ہی دانشوروں کو جانتے ہیں جن کی زندگی میں اخلاقیات کا فقدان ہے یا وہ اپنی زندگی میں اخلاقیات کی کچھ خاص پرواہ نہیں کرتے ہیں، ہاں اُن کے پاس بہت معلومات ہوتی ہیں بلکہ کہا جاسکتا ہے کہ اُن کے پاس زندگی کے حوالے سے 'دانائی' پائی جاتی ہے۔ اس کا مطلب یہی ہے کہ اخلاقی دانائی سے زیادہ یا پُر دلیل ہونا دانا ہونے کی نشانی ہے۔ اگر آپ دلائل سے 'جذبات' کا بھی تجزیہ کر سکتے ہیں اور تو اور زندگی کے تمام تر امکانات کا بھی تجزیہ کر سکتے ہیں تو عین ممکن ہے کہ آپ جذباتی طور پر ٹھنڈے (Emotionally Cold) ہونے کے باوجود ایک دانا شخص ہیں۔ ایک زمانہ تھا کہ جب ہم کسی بھی دانا شخص کی بات کیا کرتے تھے تو ہم اُس کی انسانی نفسیات، فلسفہ، لٹریچر اور دوسرے سماجی علوم تک کے تجزیہ کرنے کی صلاحیت پر اُس کے دانا ہونے کی بات کیا کرتے تھے مگر پھر جدید دور تک آتے آتے ہمارے معیارات بھی بدل گئے اور اب ہم نفسیاتی اور سائنسی پیمانے (Psychologically and Scientifically Parameters) پر جج کر کے ہی تجزیہ کرتے ہیں مثلاً ایک دانا شخص کی تعریف پر ایک جرمن نفسیات دان پال بیلٹس (Paul Baltes) نے ایک سائنٹفک اسٹڈی کی تھی۔ اُن کا کہنا تھا کہ دانائی کے لیے چند ایک بنیادی عناصر کا ہونا ضروری ہے مثلاً ایک ایسے شخص کے پاس زندگی کے حوالے سے تجرباتی طور پر (Procedural Rich Knowledge) کا ہونا بہت ضروری ہے۔ دوسری بات اُس کے علم میں حقیقی طور بالغ نظری کا ہونا ضروری ہے۔ تیسری بات سمجھنے کے حوالے سے سمجھنے کا بہترین علم (Understanding Rich Knowledge) کا ہونا ضروری ہے۔ چوتھی بات اقدار کے حوالے سے اُسے جان کاری کا بہترین علم (Awareness Rich Knowledge) ہونا چاہیے اور پانچویں بات غیر یقینی صورت حال کو پہچاننے اور نمٹنے کی صلاحیتیں ہونی چاہئیں۔ پال بیلٹس کا کہنا ہے کہ ان پانچ باتوں کا ہونا ایک انسان کو کسی حد تک دانا ضرور بنا دیتا ہے۔ اُن کا کہنا

ہے یہ پانچ چیزیں عمومی طور پر تیرہ سے پچیس برس کی عمر تک نصیب ہوجاتی ہیں۔اُن کا کہنا ہے پچیس برس سے پچھتر برس تک یہ گراف ایک اسٹڈی فارم میں رہتا ہے، یہ ساکت درجے (Stationary State) میں ملتا ہے یا یہ کہہ سکتے ہیں کہ اس عمر کے دوران اُس میں بہت زیادہ فطری فرق نہیں پڑتا ہے مگر پھر پچھتر سال کی عمر کے بعد اُس میں ایک گراوٹ (Decline) آجاتی ہے۔اسی طرح ایک اور سہ جہتی اسٹڈی (Three Dimensional Study) فلوریڈا یونیورسٹی میں مونیکا رڈلرٹ (Monika Ardelt) نے کی تھی۔وہ کہتی ہیں تین بنیادی چیزیں دانائی کے لیے ضروری ہیں۔انہوں نے دانائی کو 'پرسنیلٹی ٹریٹ' (Personality Trait) سے ملایا تھا۔اُن کا کہنا تھا کہ اگر پرسنیلٹی ٹریٹ کو دانائی سے علیحدہ کردیں گے تو دانائی صرف اور صرف دانشورانہ اور علم (Intellectual and Theoretical Knowledge) کی شکل میں ہی بچ جائے گی۔ایک فرد کی شخصیت اور دانشورانہ علم مل کر ہی دانائی نوازتی ہے۔وہ کہتی ہیں تین اشیا ہیں، ایک کوگنیٹو ایورنس (Cognitive Awareness)، دوسری جاننے کی خواہش (Extensive Desire) اور تیسری رفلیکشن (Reflection) یعنی آپ اُس کا ردعمل جو نہ صرف انتہائی جینوئن ہو بلکہ سیلف سینٹرر ازم (Self-centralism)، سلیف پروجیکشن (Self-projection) اور Self-Bias یعنی علمی و شخصی جانبداریوں سے آزاد ہوکر پوری سچائی سے سے اظہار کرنے کی صلاحیت بھی ہو۔یعنی دانائی کی صورت میں کوئی بھی شخص علمی طور پر ذاتی ذوق اور تعصّبات (Subjectivity and Prejudice) سے قطعی آزاد ہوکر موضوعات کو علمی انداز سے بحث کرنے کے لائق ہوجاتا ہے اس کے علاوہ ایک دانا شخص میں عاجزی اور سوسائٹی کے دیگر اشخاص کے لیے انتہائی مثبت سا احساس بھی پیدا ہوجاتا ہے۔اس سلسلے میں ایک اور نظریہ ساز اسٹرن برگ (Sternberg) کا کہنا تھا کہ دانائی کے لیے انٹر پرسنل، انٹرا پرسنل اور ایکسٹرا پرسنل (Intra and Extra Personal,Inter Relation) تعلقات کا آپس میں ایک توازن میں ہونا ضروری ہے، اُس کے بعد ہی کوئی شخص اپنے ارد گرد موجود سماجی ماحول میں ایڈجسٹ ہوسکتا ہے اور اُس کو سمجھتے ہوئے اپنا (Adopt) سکتا ہے یا اُس کو منتخب کرکے ایک نئی طرز سے بہتر انداز کی اپنی زندگی یا فکر تشکیل دے سکتا ہے۔اس لحاظ سے دیکھا جائے تو دانائی کی تعریف اور تفصیل بہت سارے زاویوں سے

بیان کی جا سکتی ہے مگر ان تمام باتوں سے جو ایک اہم بات ہم سیکھتے ہیں وہ شاید اس سوال کا جواب بھی بن سکتا ہے کہ دانائی کا تعلق انسانی عمر سے ضرور ہے مگر اس میں اہم یہ بات نہیں ہے کہ کسی شخص کی عمر کیا ہے؟ بلکہ یہ اہم ہے کہ عمر کیسے گزاری گئی ہے؟ اگر اوپر بیان کیے گئے فنامنز سے کوئی شخص واقعی میں دو چار ہوا ہے تو وہ ضرور کسی حد تک دانا ہے ورنہ آپ کو تو یاد ہی ہوگا کہ ایک بار بچپن میں مرزا غالب نے راہ چلتے ایک بڑی عمر کے شخص کو بزرگ کہنے کے بجائے بڑے میاں کہہ کر چھیڑ دیا تھا جس پر اُس شخص نے مرزا غالب کی اُن کے چچا سے شکایت کی اور جب اُن کے چچا نے باز پرست کی تو مرزا نے جواب دیا کہ میں نے تو صرف شیخ سعدی کا قول انہیں یاد دلایا تھا کہ 'پیری بعقل است نہ باسال' یعنی بزرگی کا تعلق عمر سے نہیں بلکہ عقل سے ہے۔

ڈاکٹر محمد شہزاد:

ڈاکٹر صاحب، تعلیمی اداروں، ڈگریاں جمع کرنے اور ذہانت کے درمیان کیا تعلق ہے؟ کیونکہ ہم نے دیکھا ہے کہ بہت سے لوگ ایسے ہوتے ہیں جو زندگی بھر کسی تعلیمی ادارے سے وابستہ نہیں ہوتے ہیں مگر بے حد ذہین اور تخلیق کار ہوتے ہیں۔ اس پر بھی روشنی ڈالیں کہ کیا تخلیق کار ہونے کا ذہانت سے تعلق ہے؟

ڈاکٹر بلند اقبال:

ہاں شہزاد یہ بھی بہت دلچسپ سوالات ہیں کہ تعلیم اور ذہانت یا تخلیق اور ذہانت کا آپس میں کیا ربط ہے؟ میرا ماننا ہے کہ تعلیم اور ذہانت کا ربط بائی لیٹرل (Bilateral) ہے مثلاً اگر کوئی بچہ ہے جس کا آئی کیو زیادہ ہے تو ظاہر ہے ایسے بچے میں ایجوکیشن اور ڈگریاں حاصل کرنے کے چانسز زیادہ ہوں گے مگر سچ پوچھیں تو اس میں صرف ایجوکیشن اور آئی کیو کا ہی کردار نہیں ہے بلکہ اس میں پرسنیلیٹی ٹائپ آرگنائزیشن عزم، مستقل مزاجی، مستقل محنت، حوصلہ افزائی اور پھر سب سے بڑھ کر سماجی اور گھر کا ماحول وغیرہ کا کردار بھی ہے یعنی ایسے بہت سارے عناصر ہیں جن کی موجودگی سے اعلیٰ تعلیمی ڈگری حاصل ہونے کے چانسز بڑھ جاتے ہیں۔ اس بات کا ایک اور پہلو یہ بھی ہے کہ 'کیا تعلیم سے آئی کیو بڑھتا ہے؟' اس کو سمجھنے کے لیے ایک مثال

لے لیتے ہیں کہ فرض کریں چھ سال کے دو بچے ہیں، ایک جنوری میں پیدا ہوا اور دوسرا دسمبر میں اور چونکہ دونوں ہی چھ سال کے ہیں اس لیے دونوں گریڈ ون کے طالبعلم ہیں مگر چونکہ جنوری اور دسمبر میں پیدائش کے فرق کی وجہ سے دونوں میں گیارہ مہینے کا فرق بھی ہے اس لیے جب گریڈ ۲ میں دونوں بچے آتے ہیں تو ہم دیکھتے ہیں کہ وہ بچہ جو عمر میں چھوٹا ہے اُس کا آئی کیو ٹھیک اتنا ہی ہے بلکہ اُس کا بڑے بچے سے کچھ زیادہ ہی ہے۔ اسی طرح بالغ لوگوں کے ایک سائنسی جائزے میں دیکھا گیا کہ پائلٹ کی ٹریننگ میں وہ بالغ لوگ جن کا آئی کیو زیادہ تھا انہوں نے ٹریننگ ایک مہینے میں ہی مکمل کر لی جبکہ جن کا آئی کیو کم تھا انہوں نے ۲۰ فیصد سے بھی کم کامیابی حاصل کی۔ مطلب یہ کہ اس بات سے ایک بات تو ثابت ہو ہی گئی کہ آئی کیو کے کم ہونے کی وجہ سے ٹریننگ کے مکمل ہونے کے چانسز کم رہے اور دوسری بات جو بعد میں سامنے آئی وہ یہ ہی تھی کہ کسی بھی شخص کا آئی کیو عموماً بچپن میں ہی اپنی آخری حد تک بڑھ جاتا ہے اور اس کے بعد اگر زیادہ سے زیادہ بڑھ بھی جائے تو ۳۰ سال تک ہی آئی کیو کے بڑھنے کے امکانات ہیں اس کے بعد عموماً آئی کیو نہیں بڑھ پاتا ہے اور اگر بڑھنے کے ۵ فیصد چانسز اگر ممکن ہو بھی جائیں تو اُس میں مستقل سیکھنے کا ایک اہم کردار ہوتا ہے، اس کی وجہ کیا ہے؟ دیکھیے ہمارے اسکول، کالجز اور یونیورسٹیز میں بھی جو ہمارا سیکھنے کا عمل ہے اُس کا بنیادی مرکز ٹیسٹ کی پرفارمنس ہی ہوتی ہے یعنی رٹا لگانے سے بہتر نتائج سامنے آجائیں۔ اچھا یہاں ایک بات اور بھی ہے کہ اچھے ٹیسٹ رزلٹس حاصل کرنے کے بھی کچھ طریقے ہوتے ہیں، اُس کے لیے بھی بہتر رٹا اور آئی کیو سے زیادہ کچھ اور ہی چیزیں کردار ادا کرتی ہیں جن میں پُراعتماد شخصیت اور ٹیسٹ کے لحاظ سے فوکس ٹاپکس وغیرہ کی لرننگ شامل ہے۔ اسی طرح آئی کیو کو بڑھانے کی بھی کچھ ٹرکس (Tricks) ہوتی ہیں مثلاً ایک طرح کے پزلز (Puzzles) یا مضامین کی زیادہ سے زیادہ پریکٹس بھی اس میں کردار ادا کرتی ہے تو مطلب یہ ہی ہے کہ آئی کیو اور تعلیمی اداروں کا لنک براہ راست اور بالواسطہ طور پر جڑا ہوتا ہے مگر یہ طے ہے کہ تعلیمی ادارے اگر بھرپور انداز میں بھی ذہنی تعلیم و تربیت کا سبب بنیں تو یہ فرق صرف ۵ فیصد تک ہی ہو پاتا ہے اور یہ بات بہت سارے سائنسی مطالعہ جات (Scientific Studies) سے ثابت بھی ہوئی ہے۔ اچھا اب اسی طرح ذرا تخلیق کرنے اور ذہانت کے لنک کو دیکھ لیتے ہیں، یہاں ہمیں اسٹرن برگ کی تخلیقی اور ذہانت کے حوالے سے دی گئی تھیوریز کو دہرانا

پڑے گا۔ وہ کہتے ہیں کہ تعلیمی اداروں میں جو تعلیم دی جاتی ہے اُس کا بنیادی مقصد یہی ہوتا ہے کہ جو بھی نئی معلومات دی جائیں یا جس کی میمورائزیشن ہو، وہ اسی لیے تاکہ تجزیاتی (Analytical) بنیادوں پر تدریسی مسائل (Academical Problems) کو حل کرنے کی صلاحیت میں مدد مل سکے، یہ عمل محض ۵ فیصد تک بنیادی آئی کیو کو بڑھاتا ہے مگر اُس کے بعد ایک تخلیقی ذہانت کا مرحلہ آتا ہے جس دوران ایک تخیلاتی اور اختراعی (Innovative) مشکل حل کرنے کی اہلیت پیدا ہوجاتی ہے یعنی پھر ہم نت نئے تصورات کو پیدا کرنے کے لائق ہوجاتے ہیں اور اُن کی بنیادوں پر ایک نئی دنیا تشکیل دے سکتے ہیں۔ اس لحاظ سے دیکھا جائے تو ہمیں اس دوران تین طرح کی ذہانتوں سے سابقہ پڑتا ہے پہلی تجزیاتی (Analytical)، دوسری تخلیقی (Creational) اور تیسری Practical Intelligence، اچھا بعض لوگوں میں کچھ خداداد صلاحیتیں عام لوگوں سے زیادہ بھی ہوسکتی ہے مثلاً عملی ذہانت اسی کو ہم Street Smartness کہا کرتے ہیں، یہ تینوں مل کر ایک سرکل (Circle) بھی بناتے ہیں جو ذہانت کے عمل کو بڑھاتا رہتا ہے۔ اچھا یہاں دلچسپ بات یہ ہے کہ ایسی صورتوں میں ایک مختلف قسم کا آئی کیو بھی مل سکتا ہے مثلاً ہوشیاری چالاکی یا عملی ذہانت میں ممکن ہے کہ ہمیں جنرل آئی کیو ذرا کم ہی ملے جبکہ تدریسی بنیادوں پر بننے والا اپنا تجزیاتی اور تخلیقی ذہانت میں کچھ زیادہ ہی آئی کیو مل جائے۔ یہاں میرا خیال ہے کہ تجزیاتی اور تخلیقی ذہانت کے درمیان کا فرق متضاد (Convergent) اور مختلف سوچ (Divergent Thinking) پر بھی ہے یعنی تخلیقی ذہانت کے لوگ عموماً مختلف سوچتے ہیں یعنی وہ عموماً عمدائروں کے باہر (Out Of Box) رہ کر سوچتے ہیں جبکہ کتابی و تدریسی دانش (Academic Based Intelligence) والے لوگ زیادہ تر متفاد (Convergent Thinking) متضاد رکھتے ہیں۔ وہ عموماً ایک خاص فیلڈ میں تعلیمی اداروں سے علم لیتے رہتے ہیں اور پھر اُسی باکس یا دائرے میں رہتے ہوئے اپنی ذہانت کو بڑھاتے ہیں یعنی اسٹیبلشڈ سوالوں کے جوابات اُسی فیلڈ میں رہتے ہوئے ڈھونڈتے ہیں اور حل بھی تلاش کرتے ہیں۔ یہی وجہ ہے کہ عموماً تعلیمی اداروں کے پڑھے لکھے اور ڈگری یافتہ لوگ زندگی کے کسی بھی معاملے کے بارے میں دائروں کے اندر سوچنے کے عادی ہوجاتے ہیں گو کہ اُن کا آئی کیو خاصا اچھا ہوتا ہے بلکہ کبھی کبھار تو تخلیقی دانش والے لوگوں سے کہیں بہتر آئی کیو بھی ہوتا ہے۔

ڈاکٹر محمد شہزاد:

اچھا ڈاکٹر صاحب جذباتی ذہانت (Emotional Intelligence) کے بارے میں آپ کا کیا خیال ہے؟ کیا یہ قدرت کا انعام ہے یا ایک عذاب ہے؟ یعنی جذباتی ذہانت کے مثبت اور منفی معاملات کیا ہیں؟

ڈاکٹر بلند اقبال:

شہزاد، جذباتی ذہانت آج کل کی ماڈرن دنیا میں خاصا مقبول ہو رہا ہے خاص طور پر آج کل کی اس تناؤ سے بھری دنیا میں ہمیں اپنے جذبات کے بارے میں جتنی بھی آگاہی ہو، کم ہی ہے، یعنی یہ جاننا ضروری ہے کہ کس طرح سے جذبات ہمارے جذباتی دباؤ (Emotional Stress) سے جڑے ہوئے ہیں؟ کس طرح سے جامع انداز کی گفتگو سے جذباتی دباؤ کنٹرول کیا جاسکتا ہے؟ یا کس طرح دوسروں کے جذبات اور احساسات کے لحاظ سے جذبات ظاہر ہوتے ہیں۔ جذبات کا کردار نہ صرف خاندانی تعلقات (Family Relation) میں اہم ہے بلکہ کمیونٹی، اسکول، کالج، دفتر، سماجی اور باہمی تعلقات میں بھی کئی حوالوں سے بہت اہم ہیں۔ اس میں سب سے بنیادی شے 'خود آگاہی' (Self-Awareness) ہے، خود آگاہی سے مراد یہی ہے کہ کوئی بھی شخص کس قدر خود کے جذبات سے واقف ہے؟ اور یہ بھی کہ کسی بھی شخص کے جذبات کس قسم کا برتاؤ، کس قسم کا ریکشن پیدا کرتے ہیں؟ کیونکہ اس طرح سے اُس شخص کو اپنی طاقت اور کمزوریوں کا اندازہ ہو جاتا ہے۔ یہ تو بہت ہی بنیادی شے ہے مگر اس کے بعد باری آتی ہے خود انتظامی (Self-Management) کہ کس طرح سے کوئی شخص اپنے جذبات کو کنٹرول رکھتے ہوئے اظہار کرتا ہے؟ مثلاً آج کل سوشل میڈیا کے دور میں دیکھا گیا ہے کہ لوگ باگ بہت تیزی سے یا یہ کہیے کہ محض Reflexes پر ہی تیزی یعنی جرک سے ریکٹ (React) کرتے ہیں۔ اگر کبھی اُن کی آئیڈیالوجی یا کسی گرویدہ شخصیت کے خلاف کچھ تجزیہ یا بات چیت ہو جائے تو وہ اپنے جذبات پر کنٹرول ہی نہیں کر پاتے ہیں اور فوراً ہی گالی گلوچ پر اتر آتے ہیں۔ ظاہر ہے ایسی صورت حال میں گفتگو کا ہونا کم و بیش ناممکن ہو جاتا ہے اور کسی بھی قسم کی تہذیب یافتہ فضا کا بننا ناممکن ہو جاتا ہے ایسے میں سوائے نفی کے کچھ نہیں بچتا ہے۔ یعنی پہلی شے اپنے جذبات کے

بارے میں آگاہی، دوسری بات اُن جذبات کی کمزوریوں اور طاقت کے لحاظ سے انہیں کنٹرول کرنا، اس کے بعد تیسری شے سماجی آگاہی (Social-Awareness) یعنی سوسائٹی میں آباد دوسرے لوگوں کے بارے میں ایک ہمدردانہ رویہ، اُن کے جذبات اور احساسات کا پتہ ہونا اور اُس کے لحاظ سے تعلق پیدا کرنا یا دوسرے الفاظ میں ایک آرام دہ ماحول اپنے اور دیگر لوگوں کے لیے پیدا کرنا ہے مثلاً اگر کوئی آرگنائزیشن یا گروپ جس سے آپ متعلق ہیں تو اُس کے تمام ممبرز سے آپ کچھ اس طرح سے رابطہ (Coordinate) کر رہے ہو کہ سب لوگ ایک پُرسکون دنیا میں خود کو پائیں نہ کہ ایک ہیجانی سی کیفیت میں مبتلا ہو جائیں۔ جذباتی ذہین لوگ اپنے تعلقات کو سنبھالنے (Manage) کا ہنر جانتے ہیں، انہیں پتہ ہوتا ہے کہ مشکل سے مشکل صورت حال کو بھی بہت ہی تدبیر (Tactfully) یا ہنرمندی (Skillfully) سے حل کیا جا سکتا ہے اور اس دوران اُن کے یا اُن کے اردگرد کے لوگوں کے جذبات بھی مجروح (Hurt) نہ ہوں۔ اس لحاظ سے دیکھا جائے تو جذباتی ذہانت چار ستونوں (Pillars) پر قائم ہے نمبر ایک خود آگاہی (Self-Awareness) یا اپنے جذبات کے بارے میں زیادہ سے زیادہ آگاہی (Emotional-awareness)، نمبر دو خود انتظامی (Self-Management) نمبر تین سماجی جان کاری (Social-Awareness) اور نمبر چار تعلقات عامہ کا انتظام (Relationship Management)۔ اب سوال یہ پیدا ہوتا ہے کہ کیا جذبات ذہانت کیا واقعی ہی کوئی ضروری سی شے ہے؟ بھئی دیکھیے بنیادی ذہانت یا ایک مخصوص آئی کیو اگر ضروری ہوتا ہے تاکہ اکیڈمک تعلیم حاصل کی جا سکے تو اکثر جذباتی ذہانت درکار ہوتی ہے تاکہ امتحان پاس کیا جا سکے کیونکہ دباؤ کے ماحول میں جذبات کو کنٹرول کرنا بہت ضروری ہوتا ہے۔ اکثر بہت زیادہ ذہین طالب علم جن کا آئی کیو بہت اعلیٰ ہوتا ہے وہ ٹھیک امتحان کے وقت اپنے جذبات پر کنٹرول نہیں کر پاتے ہیں اور تمام تر علم اور ذہانت کے باوجود اپنے فائنل امتحان میں متاثر کن پرفارمنس نہیں دے پاتے ہیں بلکہ کبھی کبھار تو فیل ہو جاتے ہیں۔ یعنی دیکھا یہ ہی گیا ہے کہ آئی کیو کے ساتھ ای کیو (ایموشنل انٹیلیجنس) کا ہونا بھی بے انتہا ضروری ہے۔ یہ صرف بنیادی امتحانوں یا پرفارمنس ٹیسٹ ہی کے لیے نہیں بلکہ کام کے ماحول میں بھی بے انتہا ضروری ہے، بلکہ سچ تو یہ ہے کہ کئی طرح کی نوکریوں کے انٹرویوز میں آئی کیو سے زیادہ ای کیو کو ہی چیک کیا جاتا ہے کہ

امیدوار کس قدر جلدی نئے ماحول میں ایڈجسٹ ہوسکتا ہے؟ کس قدر اس میں صلاحیتیں ہیں کہ وہ اپنے اردگرد ایک مثبت سوشل سرکل تیار کرسکتا ہے، کس طرح بزنس میں اچھی طرح مل کر ادارے کی ترقی کا سبب بن سکتا ہے؟ اچھا یہ تو خیر سے تعلقات کے حوالے سے بات ہے مگر اس کے علاوہ بھی جن لوگوں کے جذبات کنٹرول میں نہیں ہوتے ہیں۔ اُن میں مختلف قسم کی بیماریاں زیادہ ملتی ہیں یعنی دیکھا گیا ہے کہ ایسے لوگوں میں ہارٹ اٹیک، برین اسٹوکس، بلند فشار خون بانجھ پن (Infertility) اور عمر کے بڑھنے کے اثرات جذباتی طور پر کم ذہین لوگوں میں ملتے ہیں۔
اسی طرح دماغی امراض بھی جذباتی طور پر کم ذہین لوگوں میں زیادہ ملتے ہیں مثلاً ڈپریشن (Depression)، بے چینی کی کیفیت (Anxiety) اور تناؤ (Stress) کے مسائل زیادہ ملتے ہیں۔ اچھا ایک اور بات بھی اہم ہے کہ ایک بہت ہی اعلیٰ آئی کیو کا ذہین شخص جو زندگی میں اپنے پروفیشن میں بہت کامیاب ہو بلکہ ایک اسکالر یا ایک فلاسفر بھی ضروری نہیں کہ بیک وقت جذباتی طور پر ذہین بھی ہو، اکثر ایسا ہو جاتا ہے کہ بہت ہی ہائی آئی کیو کا آدمی فیملی یا سوشل ریلیشن شپ میں ناکام ثابت ہوتا ہے کیونکہ وہ اپنے جذبات پر قابو پانے کے لائق نہیں ہوتا ہے کیونکہ وہ انسانی جذبات سے واقف نہیں ہوتے ہیں۔ کہنے کا مطلب یہ ہے کہ آئی کیو اور ای کیو (IQ EQ) کے درمیان ایک توازن کا ہونا بہت ضروری ہے۔ اچھا یہ تو سب اچھی باتیں ہوگئیں شہزاد مگر ایموشنل انٹیلیجنس کی کچھ منفی باتیں بھی ہیں جن سے واقفیت ضروری ہے۔ ایک نوبل انعام یافتہ معیشت دان تھے ملٹن فریڈ مین (Milton Friedman)، اُن کا کہنا تھا کہ ایک اچھا کام کرنے کی طاقت، اپنے اندر بیک وقت بُرا کام کرنے کی طاقت بھی رکھتی ہے یعنی ہر شے کی جہاں ایک لائیٹ سائیڈ (light Side) ہوتی ہے وہیں اُس کی ایک ڈارک سائیڈ بھی ہوتی ہے۔ مثلاً ایک شاطر سیاست دان کو عوام الناس کی بنیادی ذہانت، جذباتی سطح اور کمزوریوں کا پتہ ہوتا ہے اور وہ انھیں کو استعمال (Manipulate) یا اُس میں ہیرا پھیری کر کے اپنا کام نکالنے کا ہنر جانتا ہے۔ وہ عوام سے ہمدردی اور جذبات کا ووٹ حاصل کر کے پاور پالیٹکس (Power Politics) میں آجاتا ہے۔ پاکستان ہندوستان کی سیاسی تاریخ اس قسم کے سیاسی لیڈروں اور واقعات سے بھری پڑی ہے جس میں نسلی تعصبی، مذہبی اور قومی فرقہ وارانہ جذبات کو ہوا دے کر سیاسی تنظیمیں بنائی گئی ہیں اور غریب اور سادا عوام الناس کے جان و مال سے خوب ہی فائدے

اٹھائے گئے ہیں اور یہی نہیں دھوکہ دینے والے لیڈروں کی عظمتوں کے مصنوعی بت بھی تعمیر کیے گئے۔اسی طرح دلکش جو شخصیات یا نرگسیت (Narcistic) کے مارے ہوئے یا دوسرے الفاظ میں خود ستائشی، خود پسندیدگی (Self-Praising) کے مارے ہوئے اپنے ہی ارد گرد گھومنے والے سیاست دان پائے جاتے ہیں جو بہت ہی آسانی سے لوگوں کے جذبات سے کھیل کر بڑے سے بڑا سیاسی اور سماجی مقام حاصل کر لیتے ہیں مگر پھر بڑے سے بڑے نقصان کا بھی سبب بنتے ہیں۔اس سلسلے میں ایک آسٹریلوی نفسیات دان جیمز براؤن (James Brown) کے ایک سائنسی مطالعہ (Scientific Study) کے مطابق دیکھا یہ گیا ہے کہ جو لوگ نرگسیت زدہ اور دلکش (Charming) ہوتے ہیں وہ بیک وقت ورغلانے اور فریب دینے والے بھی ہوتے ہیں اور وہ جذباتی ذہن بھی ہوتے ہیں، یوں وہ اس سارے معاملے کو بہت ہی ترکیب سے اپنے سیاسی پلانز کے لیے استعمال کرتے ہیں۔ اس سلسلے میں تاریخ کا ایک تاریک ترین کردار ایڈولف ہٹلر (Adolf Hitler) تھا، ہٹلر ذہن ہونے کے ناتے باضابطہ پریکٹس کر کے لوگوں کو اپنی سحر زدہ شخصیت (Charismatic Personality) کے فریب میں گرفتار کرتا تھا۔ ایسے بہت سے لیڈرز کو آپ پاکستان کی سیاست میں دیکھیں گے۔ آپ کو جا بجا ایسے لیڈرز ملیں گے جو عوام کی زبان بولتے ہیں، روتے ہیں، عام لوگوں کی طرح ایکٹ کرتے ہیں۔اس طرح کے ڈراموں اور پرفارمنس سے وہ اپنے اور عوام کے درمیان ایک پل بنانے میں کامیاب ہو جاتے ہیں۔ اچھا اگر یہ کچھ بڑی بُری مثالیں ہیں تو کئی ایک چھوٹی چھوٹی مثالیں بھی ارد گرد مل جاتی ہیں مثلاً ایک میاں یا بیوی کا اگر شادی سے باہر تعلق (Extramarital Affair) ہے تو وہ ایک دوسرے کے جذبات کو جاننے کی وجہ سے بہت ہی آسانی سے میٹھی میٹھی چکنی چوپڑی باتیں کر کے ایک دوسرے کو خوب ہی بے وقوف بناتے ہیں اور دھوکے دیتے رہتے ہیں۔ اسی طرح ایک اسٹور یا کمپنی کا مینیجر اپنی خراب یا کم تر معیار پروڈکٹ کو بیچنے کی خاطر ایسے نعرے (Slogans) بناتا ہے یا افوائیں (Rumors) پھیلاتا ہے جو لوگوں کو جذباتی طور پر اُن اشیا کو غیر ضروری طور پر خریدنے کے لیے راضی کرتا ہے مگر پھر بھی ایسے برے امکانات کے باوجود اموشنل انٹیلیجنس کو ڈویلپ کرنا ایک ضروری عمل ہے تاکہ بنیادی انٹیلجینس کے ساتھ ایک توازن سے اسے استعمال کیا جائے اور بہتر پرسنل اور سوشل تعلقات پیدا کیے جائیں۔

ڈاکٹر محمد شہزاد:

پاکستانیوں کے لیے عموماً لوگ شیطانی ذہانت (Evil Genius) کا لفظ استعمال کرتے ہیں یعنی یہ لوگ اکثر دو نمبر کاموں میں بہت ترقی کر جاتے ہیں، آپ کا اس بارے میں کیا خیال ہے؟ کیا واقعی ایول جینیس کوئی شے ہے؟

ڈاکٹر بلند اقبال:

دیکھیں شہزاد میرا خیال تو یہی ہے کہ اگر ہم مکمل غیر جانبداری سے اس ملک کے لوگوں کا تجزیہ کریں تو سچ یہی ہے کہ اس قوم میں ذہانت کی کمی نظر نہیں آتی ہے۔ میں یونہی کسی پسندیدگی (Favoritism) کی بات نہیں کر رہا ہوں کیونکہ انسٹیٹیوٹ آف یورپین بزنس ایڈمنسٹریشن نے حال ہی میں ایک اسٹڈی کی تھی جس میں ۱۲۵ ممالک کو ذہانت کے لحاظ سے شامل کیا گیا اور شاید آپ سن کر حیران ہوں گے کہ پاکستان کا نمبر اُن میں اوپر سے 4 تھا۔ اسی طرح اس بات سے کون انکار کرسکتا ہے کہ جو کیمبرج کے اے اور او لیول کے امتحانات ہوتے ہیں، اُن میں کئی بار پاکستانی طالبہ نے ہائی ریکارڈز قائم کیے ہیں، دنیا بھر میں مائکروسافٹ سرٹیفائڈ طالب علموں میں سب سے کم عمر ترین طالبہ عارفہ عبدالکریم بھی شامل ہے جن کی عمر صرف نو سال تھی اور وہ پاکستان سے تھی۔ اسی طرح بابر اقبال کا بھی نام کم عمر مائیکروسافٹ کے سرٹیفائڈ طالبعلموں میں شامل ہے۔ دنیا بھر میں سب سے زیادہ انجینئرز اور سائنٹس پیدا کرنے والے ملکوں میں پاکستان کا اوپر سے ساتواں نمبر ہے، سب سے بڑا براڈ بینڈ انٹرنیٹ سسٹم (Broadband Internet System) پاکستان میں ہی ہے۔ کوئی کچھ کہے مگر پاکستان وہ پہلا اسلامی ملک ہے جو ایٹمی طاقت بنا تھا، پاکستان کے ٹرینڈ ائرفورس پائلٹ دنیا کے بہترین پائلٹس سمجھے جاتے ہیں۔ آپ ذرا پاکستان کے وسائل (Resources) کو دیکھیں اور اسپورٹس میں پاکستان کے کھلاڑیوں کو بھی دیکھ لیجیے۔ مطلب کہنے کا یہ ہے کہ یہ سب ذہانت کی مختلف شکلیں ہیں جو ہمیں اکثر دکھائی دیتی ہیں۔ آرمی کے لحاظ سے بھی پاکستان کی میزائل ٹیکنالوجی (Missile Technology) دی بیسٹ ہے بالکل اسی طرح انسانی بنیادوں (Humanitarian) پر ہمیں عبدالستار ایدھی جیسا نام دنیا کے بیشتر ممالک میں دکھائی نہیں دیتا ہے وہ سماجی ذہانت کی بلند

ترین منزل پر ہیں، اسی طرح عبدالسلام صاحب فزکس کے نوبل انعام یافتہ ہیں اور اُن کا تعلق پاکستان سے ہی ہے۔ پاکستان کا بیک گراونڈ بہت بڑا ہے، نوبل لارئیٹ ملالہ یوسف زئی، چاہے آپ کچھ بھی کہیے، بہرحال دہشت گردی کے خلاف عورتوں کی تعلیم کے لیے ایک آئی کون اور ایک سمبل ہیں۔ دیکھیے پاکستان کا ایک بڑا تہذیبی پس منظر ہے، اُس کا سندھ وادی (Indus Valley) اور موہنجودڑو کی تہذیب سے ہزاروں برس پرانا تعلق ہے۔ اب سوال یہ ہے کہ یہ 'ایول جینیس' آخر کیا شے ہوتی ہے؟ آپ کسی بھی ملک کی قوم کو اقتصادی بدحالی، ناخواندگی (Illiteracy)، کثرت آبادی، لاقانونیت، دہشت گردی، طرفداریوں، کرپشن اور بے روزگاری کے سپرد کر دیجیے اور اُس کے بعد مجھے بتادیجیے کہ اُس ملک میں ذہانت کس ہنر سے استعمال ہوتی ہے؟ ظاہر ہے جب سیدھی انگلی سے گھی نہیں نکلے گا تو لوگ بائی پاس اور زگ زیگ سے ہی کام نکالیں گے، اب یہ ایول جینیس ہے یا جو بھی ہے اور جس کے نتائج اچھے ہوں یا برے، یہ تو طے ہے کہ یہ لوگ بنیادی طور پر ذہین لوگ ہیں، ہاں بقا کی خاطر منفی طریقے اختیار کرنے پر مجبور ہیں اور جب ایسے مسائل ہوں تو کوئی بھی قوم 'ایول جینیس' بنتی چلی جاتی ہے۔

نویں بدنصیبی

اس دماغ کو اسلاموفوبیا کے بارے میں غلط فہمیوں میں رکھنا ہوگا

ڈاکٹر محمد شہزاد:

اسلاموفوبیا مغرب میں خاصا صحیح ثابت (Justify) کیا جاتا ہے اور اس کے بہت سے دلائل بھی دیے جاتے ہیں جب کہ ہمارے یہاں اس بات کو مغرب کی طرف سے بہت تنقیدی انداز سے دیکھا جاتا ہے ، میرا پہلا سوال یہی ہے کہ آخر اسلامو فوبیا (Islamophobia) کیا ہے؟ کیا یہ بھی اور نفسیاتی فوبیا کی طرح ہوتا ہے؟ جیسا کہ پانی سے بعض لوگوں کو خوف آتا ہے جسے ہائیڈروفوبیا (Hydrophobia) کہتے ہیں یا اونچائی سے کچھ لوگ بہت ڈرتے ہیں اور پہاڑوں پر یا جہازوں میں سفر کرنے سے بہت گھبراتے ہیں جسے ایکرو فوبیا (Acrophobia) کہا جاتا ہے اور کچھ لوگ بند جگہوں سے پریشان ہوجاتے ہیں جسے کلیسٹروفوبیا (Claustrophobia) کہتے ہیں تو کیا اسلاموفوبیا بھی کسی ایسے ہی نفسیاتی پرابلم کا نام ہے؟ یا یہ زینوفوبیا (Xenophobia) کی طرح ہے جو اجنبیوں اور غیر ملکیوں کو دیکھ کر اُس ملک کے مقامی لوگوں کے دلوں میں نفرت کے احساس کی شکل میں پیدا ہوتا ہے؟

ڈاکٹر بلند اقبال:

شہزاد آپ نے 'جسٹیفائی' (Justify) کا لفظ بہت اچھا استعمال کیا ہے کیونکہ دلائل سے ثابت کرنے کی وجہ سے یہ معاملہ خاصا اہم ہوگیا ہے کیونکہ دوسرے فوبیاز مثلاً ایکروفوبیا،

کلاسٹروفوبیااور ہائیڈروفوبیا کے لیے کسی دلیل کی ضرورت نہیں پڑتی ہے یعنی اگر ایک فطری خوف پانی سے ہے تو ہے مگر اسلاموفوبیا کے معاملے میں بہت سی تاریخی، سیاسی اور سماجی وجوہات ہیں، یہ فوبیا سے زیادہ ایک تعصبی (Prejudice) قسم کا برتاؤ ہے جو اسلام کو مذہب ماننے والے کے خلاف یا مسلم کمیونٹی کے کسی بھی ممبر یا گروپ کے لیے پہلے سے قائم شدہ ایک مخالفانہ رائے ہے جس کی روشنی میں کچھ لوگ اسلام کے ماننے والوں کو منفی نظر سے دیکھتے ہیں یا پھر ریکشن میں غلط برتاؤ کرتے ہیں۔ یہ ایک ایسا ہی نفرت یا خوف کا احساس ہے جیسا کہ بہت سے مسلمانوں کا یہودیوں سے ہے یا بہت سے روایتی لوگوں کو ہم جنس پرستوں (Gays) اور (Lesbian) سے ہوتا ہے یا گوروں کو کالوں سے اور کالوں کو گوروں سے ہوتا ہے اور ایک عرصے تک رہا بھی ہے۔ یہ برتاؤ کسی حد تک نسل پرستی کے قریب ہوتا ہے جو قوم پرستوں میں پایا جاتا ہے جیسا کہ پاکستان میں بعض لوگ بنا کسی وجہ کے اپنی نسل کو دوسروں سے بہتر سمجھتے ہیں یا سندھی پنجابیوں کے لیے یا پنجابی بلوچیوں کے لیے یا پشتون کسی اور صوبے والوں کے لیے ایک منفی رائے رکھتے ہیں۔ جیسا کہ دوسری بڑی جنگ سے قبل جرمن یہودیوں کے لیے یا آج بھی امریکی اپنی نسل کو اوروں سے بہتر سمجھتے ہیں، جیسے یہودی خود کو خدا کے خاص چُنے ہوئے بندے سمجھتے ہیں تو مطلب یہ ہے کہ اس قسم کا جو مضحکہ خیز رویہ یعنی خود کو اوروں سے بہتر سمجھنے کا احساس اور اُس کے نتیجے میں اوروں سے ایک خواہ مخواہ کی نفرت، یہ اُسی عصبیت یا تعصب کی ایک شکل ہے جسے انگریزی میں Prejudice کہتے ہیں۔ اسلام کے ماننے والوں کے خلاف پیدا ہونے والے اس رویے کو اس سارے عمل کو اسلاموفوبیا کہا جاتا ہے۔ کیوں یہ ایک سماجی وسیاسی عمل اور برتاؤ ہے اس کے لیے دلائل پیدا کیے جاتے ہیں۔ اچھا یہاں ایک اور بات قابل غور ہے کہ یہودیوں کے خلاف یا ہندوؤں کے خلاف اس قسم کے تعصب کو 'جیوفوبیا' یا 'ہندوفوبیا' کا نام نہیں دیا جاتا ہے۔ یہودیوں کے خلاف تعصبی برتاو کو اینٹی سیمٹزم (Antisemitism) کہا جاتا ہے، ہندوؤں کے خلاف ریسزم (Racism) کہہ دیا جاتا ہے مگر اسلاموفوبیا ایک ذرا سا خاص لفظ ہے۔ اس کے لیے ہمیں ذرا تفصیل میں جانا پڑے گا کہ اس کے پس منظر میں کیا تاریخی اور سماجی وجوہات ہیں؟ اسلاموفوبیا ہو یا خوف کے دیگر احساس، اعصابی نظام کا تشریحی مطالعہ (Neuroanatomical Process) تو سب کے کم وبیش ایک جیسے ہی ہیں مثلاً ہر طرح کے خوف کی طرح اس میں بھی

دماغ کا ایک حصہ ہاپوتھیلمس (Hypothalamus) اور اس سے جڑا ہوا پٹویٹری ایکسز (Pituitary Axis) شامل ہے یعنی جب کبھی بھی کوئی ایسی شے جو خوف کا احساس پیدا کرے تو اس ایکسز کے متحرک (Activate) ہونیکی وجہ سے مختلف نیوروٹرنسمیٹر ز (Neurotransmitters) نکلنے (release) شروع ہوجاتے ہیں جن میں اپی نیفرین، نار اپی نیفرین اور سروٹینین (Norepinephrine and Serotonin,Epinephrine) وغیرہ شامل ہیں جو ریزن Reason کے بجائے خود کے احساس سے رسپانس (Response) ڈویلپ کرتے ہیں اور یوں ان ٹرانسمیٹر ز کو ریلیز (Release) کرنا شروع کردیتے ہیں مثلاً اگر کہیں گولیاں چل جائیں تو پہلے پراپیگنڈے یا اُس جیسے حادثات کی وجہ سے یہی پہلا خیال آتا ہے کہ ہونا ہو کوئی اسلامک دہشت گرد (Terrorist) ہی ہوگا یا پھر اگر کہیں بم گر گئے تو یہ خیال آیا کہ ہونا ہو اسرائیل ہی کی سازش ہوگی تو چونکہ رائے پہلے سے قائم ہوچکی ہوتی ہے تو خوف بھی اُسی سے جڑا ہوا ہوتا ہے اور پھر نیوروٹرانسمیٹر کی وجہ سے گھبراہٹ، دل کا بیٹھ جانا، پسینے کا آنا وغیرہ جیسی علامتیں آنا شروع ہوجاتی ہیں۔

ڈاکٹر محمد شہزاد:

اسلاموفوبیا کا تاریخی پس منظر کیا ہے؟ اور پھر وقت کے ساتھ اس میں اس قدر شدت کیوں آتی چلی گئی؟

ڈاکٹر بلند اقبال:

شہزاد یوں تو یہ وہی 'ہم اور وہ کے فرق' والا برتاؤ ہے۔ اس سلسلے میں ہمیں تھوڑا سا ایڈورڈ سعید (Edward Said) کو پڑھنا ہوگا چلیں تھوڑا سا تاریخ میں واپس چلتے ہیں۔ آپ کو یاد ہوگا ۶۳۲ میں نبی کریمؐ کی رحلت ہوئی تھی مگر اُس کے بعد اسلامک اسٹیٹ ڈویلپ ہوتی چلی گئی جس میں اسلامک کلچر اُن تمام ملکوں میں پھیلتا چلا گیا جو ممالک تسلط میں آتے چلے گئے۔ ترکی، پرشیا، مڈل ایسٹ، شمالی افریقہ، اسپین اور سسلی حتیٰ کہ تیرویں اور چودھویں صدی تک آتے آتے ہندوستان کے کئی علاقوں اور افغانستان، انڈونیشیا اور ملائیشیا یعنی ساؤتھ اور سینٹرل ایشیا تک

اسلامی ریاستیں بنتی چلی گئیں مگر اصل میں دیکھا جائے تو اسلاموفوبیا کا احساس اور اصل خوف اُن صلیبی جنگوں کی وجہ سے مغربی ریاستوں میں آباد لوگوں کے دلوں میں پیدا ہوا جو گیارویں سے تیرویں صدی کے دوسو برسوں میں اسلامی لشکروں کے مغرب پر حملے ہوئے تھے، یوں دیکھا جائے تو یہ شاید پہلا واقعہ تھا مگر پھر اس کے بعد جب ہم کلونائزیشن (Colonization) کے دور میں آتے ہیں یعنی جس دوران ہسپانوی، فرانسیسی اور برطانوی بیڑے جب مسلمان ممالک میں کلونائزیشن کی نیت سے گھسے تھے تو وہاں اُن میں یا مقامی لوگوں میں اُن کے لیے ایک 'زینوفوبیا' (Xenophobia) جیسا خوف یا تعصب بھی پیدا ہوا تھا۔ اس کے بعد ہمیں ایران کا اسلامی انقلاب یاد آتا ہے جو ۱۹۷۹ میں آیا تھا اور مغرب کے لیے آیت اللہ خمینی کی طرف سے تیل کے مسائل آنے شروع ہو گئے تھے جس میں باشاہت بچانے اور چلانے کے لیے رضا شاہ پہلوی کو مغرب سے سپورٹ حاصل تھی یعنی یہاں تک ہمیں زیادہ تر سیاسی وجوہات ہی سمجھ میں آتی ہے۔ پھر یہ ہوا کہ خصوصاً ایرانی انقلاب والے واقعہ کے بعد ہالی ووڈ اور عمومی میڈیا میں اسلام کو منفی انداز میں پیش کرنا شروع کیا گیا مثلاً فلموں میں مسلمان عسکریت پسند ولن' (Muslim Militant Villain) اور اسلامی دہشت گرد اور امریکن سی آئی اے ہیرو اور انسانیت کے پیروکار بنتے چلے گئے۔ ایران میں اسلامی انقلاب کو ٹائم میگزین کے ٹائٹل پر 'مسلم احیاء' (Islamic Revival) 'مسلمان عسکریت پسند کی واپسی' بنا کر نمایاں کیا گیا۔ اسی طرح آپ کو ریڈرز آف دی لاسٹ آرک (Raiders of the Lost Ark) جیسی ہالی ووڈ ہٹ مووی بھی یاد ہو گی جس میں مڈل ایسٹرن کو بہت ہی بیک ورڈ دکھایا گیا یا پھر ڈیلٹا فورس جیسی فلمیں بھی بنی جن میں کوئی ہوائی جہاز اغوا ہو جاتا ہے اور ولن کوئی دوسرا نہیں بلکہ ہمیشہ ایک مسلمان ہی ہوتا ہے پھر تہذیبوں کا تصادم (Clash of Civilizations) جیسی کتابیں بھی لکھی گئی جس کے ذریعے لوگوں کو یہ بتایا گیا کہ اگلی جنگیں جغرافیائی ٹکراؤ کے بجائے تہذیبی اور مذہبی تصادم (Cultural and Religious Clash) سے ہوں گی۔ اچھا یہ واقعات 1970 سے 2000 کے درمیان کی تین دہائیوں کے ہیں یعنی ایرانی اسلامی انقلاب کے بعد کے ہیں مگر پھر آخر کار ستمبر 11 آ گیا، یہاں سے اسلاموفوبیا کا دوسرا بڑا مرحلہ شروع ہوا جس کے ساتھ ہمیں پوری مغربی دنیا میں ایک بہت ہی منظم انداز میں اسلامک فوبیا کا پھیلاؤ ہوتا ہوا ملتا ہے یعنی اس دوران

مختلف مذہبی انتہا پسندانہ تنظیمیں طالبان، القائدہ اور داعش (Al Qaeda and, Taliban Daesh) وغیرہ متعارف ہوتی چلی گئیں۔ اچھی خاصی مستحکم اسلامی ریاستیں یعنی عراق، ایران، شام اور افغانستان کو اسلامی مملکت کے بجائے انتہا پسندی کے سمبل کی شکل میں پیش کیا گیا، اس طرح مجموعی طور پر مسلمانوں کو دہشت گرد اور اسلام کو ایک جہادی آئیڈیالوجی کہہ کہ الیکٹرانک اور پرنٹ میڈیا نے اس قدر ساری دنیا میں مشہور کر دیا کہ ایک خوف (Harassment) پھیلتا چلا گیا ظاہر ہے اس کے پیچھے 'وار اینڈ ٹیرر' (War and Terror) جیسا پلان تھا جو بعد میں عراق اور افغانستان پر امریکی حملے کی شکل میں سامنے آیا اور جنگ کے بعد گوانتانامو بے (Guantanamo Bay) جیسی جیل اور صعوبت خانے بنائے گئے جہاں جنگی قیدیوں کے ساتھ غیر انسانی سلوک کیا گیا۔ بدقسمتی سے کم از کم امریکیوں یا مغرب کے لوگوں کے دلوں میں کسی بھی قسم کا احساس شرمندگی پیدا نہیں کرنے دیا کیونکہ اس دوران میڈیا نے بھی اپنا کردار بھرپور ادا کر دیا تھا اور ایسے جنگی قیدیوں کو شیطان یا انسانیت کے ازلی دشمن بنا کر پیش کر دیا تھا۔ یہ پورا دور ستمبر ۱۱ سے ۲۰۱۵ تک کا ہے۔ پھر اس کے بعد ہمیں ایک تیسرا مرحلہ پچھلے پانچ سات برسوں میں ملتا ہے اور یہ وہ دور ہے جس میں امیگریشن یا ہجرت کے اثرات کی وجہ سے پیدا ہونے والی ڈیموگرافک تبدیلی (Demographic Change) نظر آتی ہے جو ہجرت کے نتائج میں مقامی آبادی سے زیادہ مسلمانوں کا ان ممالک میں آجانے کی وجہ سے پیدا ہوتا چلا گیا۔ اس کے خلاف یورپین اور شمالی امریکہ کی دائیں بازو کی سیاسی جماعتوں (Right Wing Political Parties) نے ایک سخت سیاسی نقطہ نظر پیدا کیا جیسا کہ فرانس کے میکرون (Emmanuel Macron)، یا امریکہ کے ڈونالڈ ٹرمپ (Donald Trump)، انڈیا میں نریندر مودی (Narendra Modi) وغیرہ، ان مقبول عام لیڈروں نے بھرپور طریقے سے اسے اپنی سیاست کے ہتھیار کے طور پر استعمال کیا۔ اسی دوران فرانس میں اینٹی سیپریٹزم بل (Anti Separatism) پاس ہوا، یا پچھلے چند برسوں میں امریکہ اور ہندوستان میں مسلمانوں کے خلاف خاص فضا بنائی گئی۔ یہی وہ سارے سیاسی، سماجی اور تاریخی حقائق ہیں جس میں اسلاموفوبیا جیسی سیاسی اصطلاح کو پیدا کرنے اور استعمال ہونے کے جواز بھی ملتے ہیں جس کے لیے ریڈیو، ٹی وی، فلم، پیپر، اخبار، میگزینز، پمفلٹس اور سوشل میڈیا یعنی فیس بک، ٹوئٹر، ٹک ٹاک، واٹس ایپ

وغیرہ کا استعمال ہوا اور بھرپور طریقے سے ایک 'اسلاموفوبک آڈیئنس' (Islamophobic Audience) ڈویلپ کر لی گئی۔ یہ سب ایک سیاسی منظم منصوبے (Organized Plan) سے چلنے والا سلسلہ ہے جس کی اچھی پلاننگ کی وجہ سے سو فیصد سے زیادہ شاندار نتائج (Promising Results) ملتے چلے گئے۔

ڈاکٹر محمد شہزاد:

ہمارے یہاں بھی تو مسیحی فوبیا، ہندوفوبیا اور یہودی فوبیا ہے تو کیا ہم اسے اسلامی فوبیا کی طرح ہی کی ایک شے سمجھ سکتے ہیں؟

ڈاکٹر بلند اقبال:

جی شہزاد، یہ ٹھیک ہے کہ ہمارے یہاں بھی مسیحیوں، ہندوؤں اور یہودیوں سے کچھ اسی قسم کے نفرت انگیز جذبات پائے جاتے ہیں بس فرق یہ ہے کہ ہم اس سلسلے میں 'ہندوفوبیا' یا 'یہودی فوبیا' جیسے الفاظ استعمال نہیں کرتے ہیں مگر لفظوں میں کیا رکھا ہے، اصل بات تو سوچ اور برتاؤ کی ہے، ہمارے پاس تو خود بھی نسل کشی کی ایک طویل تاریخ موجود ہے حتیٰ کہ خود ہمارے اپنے مذہب کو ماننے والوں کی نسل کشی، جیسا کہ 'گمراہ قسم' کے مسلمانوں کی نسل کشی' یعنی 'وہ مسلمان جو اُن کی طرح کے 'ایمان پر نہیں ہیں، اچھا شیعہ فرقے کی تو آئے دن نسل کشی ہوتی ہی رہتی ہے۔ انہیں کبھی بسوں سے نکال کر شناختی کارڈ سے پہچان نکال کر ملک عدم پہنچا دیا جاتا ہے تو کبھی امام بارگاہوں اور مساجد میں بم پھٹ جاتے ہیں۔ اب رہی اور مذاہب کی بات تو دیکھیے ہندوستان کی تقسیم کے فوراً بعد پاکستانی علاقوں میں آٹھ ملین سے زیادہ ہندو آباد تھے یعنی آدھی دنیا میں اتنے ہندو نہیں تھے بلکہ اُس سے کہیں زیادہ پاکستان میں ہی آباد تھے اور جب پاکستان بنا تو 1300 مندر تھے اور اِس وقت صرف 30 فنکشنل مندر بچ گئے ہیں یعنی اندازہ کیجیے کہ جس وقت پاکستان بنا اُس وقت 20 فیصد اقلیت ہندوؤں اور عیسائیوں وغیرہ پر مشتمل تھی جو اب گھٹ کر صرف چار فیصد رہ گئی ہے جو ظاہر ہے یا تو خود ہی رضا کارانہ ہجرت (Voluntary Migration) کر گئے یا بیچارے اس قدر تنگ کیے گئے کہ وہ مجبوراً ہجرت (Forced migration) کر گئے

یا پھر ڈرا دھمکا کر ان کے مذاہب تبدیل کیے گئے یعنی جبری مسلمان بنا دیے گئے۔ ابھی کل کی ہی بات ہے جب عمران خان صاحب حکومت میں تھے تو کیا ہوا تھا؟ وہ خود ہی فرما رہے تھے کہ اسامہ بن لادن اسلام کے شہید ہیں اسپیس اور ٹیکنالوجی کے اس دور میں چودہ سو برس قبل کی مدنی ریاست کے قیام کی انہوں نے پلاننگ بھی کر لی تھی اور پھر انہی کے دور میں دونوں ملکوں کی عوام کے درمیان فلاح و بہبود کے تصور سے اسلام آباد میں شری کرشنا مندر (Shri Krishna Temple) بنانے کا بھی پلان بنایا گیا تھا مگر جب وہ بل اسمبلی میں رکھا گیا تو چودھری پرویز الٰہی صاحب نے اس کی بھرپور مخالفت فرمائی اور پھر جامعہ اشرفیہ نے فتوٰی دیا کہ اسلامی ریاست میں مندر نہیں بنے گا اور مفتی تقی عثمانی صاحب نے یہ منطق دی کہ 'اس سے قطع نظر کہ وہاں کیا بنے گا بلکہ یہ اہم ہے کہ وہاں کیا عبادت ہونے والی ہے'۔ اب آپ یوٹیوب پر جائیے اور سرچ انجن میں شری کرشنا مندر اسلام آباد لکھیے تو آپ کو ایک ویران زمین کا ٹکڑا ملے گا جہاں کوئی 'اسلام کا مجاہد' کھڑا ہوا اذان دے رہا ہوگا۔ بس یہ ہی سب کچھ چل رہا ہے۔ اس سے آپ کو اندازہ ہو جاتا ہے کہ ہم نے اپنی اقلیت کی عبادت گاہوں کا کتنا اچھا سا خیال رکھا ہوا ہے؟ اور اس کے علاوہ ہم جتنا خیال رکھتے رہے ہیں وہ آپ بلاسفمی کے نام پر قتل و غارت گری، زبردستی ہندو عورتوں سے نکاح اور جو راضی نہ ہو تو اغوا اور ریپ کے واقعات اور غربت اور بُرے ترین حالات میں پائے جانے والی مسیحی اور ہندو بستیوں کا دورہ کر کے اندازہ کر لیجیے، سب کچھ ماشاءاللہ سے آپ کو اس پاکیزہ اسلامی معاشرے میں نظر جائے گا جس پر خود کے لیے سوائے شرمندگی کے کچھ اور احساس نہیں ملے گا۔ دلچسپ بات یہی ہے کہ میڈیا وغیرہ پر اچھی اچھی ناصحانہ مذہبی اور سیاسی باتیں ہم دن رات کرتے رہتے ہیں مگر اس قسم کے مذہبی اور سیاسی بیان بازیاں محض 'مسخرانہ مذہبی و غیر مذہبی بیان بازیوں' سے زیادہ کچھ بھی نہیں ہے۔ دوسرے الفاظ میں ایک عملی قسم کا کرسچن فوبیا اور ہندو فوبیا خود ہمارے مسلم معاشروں میں ہی بُری طرح سے پھیلا ہوا ہے۔ اگر آپ کو پھر بھی میری بات کا یقین نہیں ہے تو اسے تاریخی مراحل کے ساتھ کچھ اور بھی تفصیل سے پا سکتے ہیں، دیکھیں پچھلے 20 سالوں میں کیا کیا نہیں ہوا؟ 2005 میں جب فیصل آباد میں چرچ میں دھماکہ ہوا تھا تو ہمارے یہاں کے بڑے ہجوم نے ایک بڑی تعداد میں مسیحیوں کے گھر جلا دیے تھے، واقعہ کچھ یہ ہوا تھا کہ قران مجید کا ایک جلا ہوا صفحہ اُن کی بستی کی گلیوں میں اڑتا ہوا آ گیا تھا۔ اُس واقعہ کے بعد

2009 میں گجرانوالہ میں 40 گھر جلائے گئے تھے، 2013 میں پشاور میں ایک چرچ کو دھما کے سے اڑا دیا گیا تھا جس دوران 80 آدمی ایک ساتھ مارے گئے تھے اور پھر یہی نہیں اُس کے بعد 2015 میں چرچ پر حملہ ہوا اور 14 آدمی مار دیے گئے اس دوران 70 آدمی ذخمی ہو گئے تھے، بالکل اسی طرح 2017 میں ایک اور چرچ پر حملہ ہوا جس میں 9 آدمی زندہ جل گئے تھے۔ اور بھی واقعات کی ایک طویل فہرست موجود ہے مثلاً رمشا مسیح کا واقعہ ہے جس کے پیچھے لوگ ہاتھ دھو کر پڑ گئے تھے۔ آسیہ بی بی والے واقعہ نے تو ساری دنیا میں مولویوں کے اسلام کے امن اور نگت کے دعووں کی قلعی کھول کر رکھ دی تھی۔ اب ظاہر ہے ایسا بھی نہیں ہے کہ جو فرق آپ کی بیان بازیوں اور عمل میں ہے اسے باقی اقوام نہیں دیکھ رہی ہیں۔ اسی لیے جب آپ کے یہاں مغرب میں اسلاموفوبیا کے خلاف نعرے لگتے ہیں تو وہ یہ سب دیکھ کر زیر لب مسکراتے ہیں کہ 'ہمیں پتہ ہے کہ آپ کے یہاں کس قدر ہندو، یہودی اور کرسچن 'فیلیا' پایا جاتا ہے'۔

ڈاکٹر محمد شہزاد:

پاکستان کی سیاسی جماعتیں تو اسلاموفوبیا کے نعرے کو اپنے سیاسی مقاصد کے لیے بار ہا استعمال کرتی ہیں، آخر انہیں اس کی کیوں بار بار سیاسی ضرورت پیش آتی ہے؟ کیا اس تمام سیاسی برتاؤ سے مسلمانوں یا اسلام کو کسی قسم کا فائدہ حاصل ہوتا ہے؟

ڈاکٹر بلند اقبال:

شہزاد، پاکستان میں سیاسی جماعتیں ایڈوٹائزنگ سلوگنز (Advertising Slogans) یعنی اشتہاری نعروں اور مصنوعی بیان بازیوں پر چلتی ہیں تا کہ اپنے حق میں زیادہ سے زیادہ مقدار میں ووٹرز کو جمع کر سکے اور بقول شخصے مصنوعی 'جمہوریت' کا پیٹ بھر کر پاور پولٹیکس پر قبضہ کر سکیں۔ یہی وجہ ہے کہ اس قسم کے بیانات یا نعروں کی فیس ویلیو (Face Value) ووٹنگ اور حکمرانی حاصل کرنے کے لیے ہوتی ہے۔ ان کی کوئی حقیقی اہمیت (Substantial Value) عملی اعتبار سے نہیں ہوا کرتی ہے۔ اس لیے اس کے کچھ بھی اثرات نہیں پڑتے ہیں۔ ظاہر ہے اپنے فائدے کے لیے ان بیانات یا سلوگن پر خاصا کام اور

سوچ بچار کی جاتی ہے پھر اُس کے بعد اُسے پولیٹیکل مارکیٹنگ کے سپرد کیا جاتا ہے تاکہ کوئی بڑے سیاسی منفی نتائج (Negative Results) نہ آسکیں۔ ایسے نعروں کی تیاری میں ایک فنکارانہ نداز (Artistic Way) سے کام کیا جاتا ہے تاکہ عوام الناس کے لیے وہ پُرکشش بن سکے اور اُن کے جذبات کی نمائندگی کرے اور اُن کے زبان پر آسانی سے چڑھ جائے اور جس کی کمپوزیشن (Composition) میں ایک سریلا پن یا موسیقیت بھی ہو اور جس کے لفظوں میں شاعرانہ ردھم (Poetic Rhythm) بھی ہو اور جس کی سطح کے نیچے نفرت پیدا کرنے کے تمام تر جراثیم بھی موجود ہوتا کہ وہ نعرے اُن کی یادداشت میں کم از کم الیکشن کے روز تک تو ضرور بجتے رہیں۔ یہ معاملات شاید اب اور بھی کھل کر سامنے نظر آتے ہیں کیونکہ یہ دور سوشل میڈیا کا ہے اور مقبول عام رہنما گاہے بگاہے اس قسم کی پریکٹس کرتے ہوئے ملتے ہیں مثلاً فرانس میں میکرون رائٹ ونگ کو خوش کرنے کی خاطر اسلاموفوبیا کے ذریعے اور تارکین وطن مخالف پالیسی کی بات کر کے ووٹرز کو جمع کرنے میں مصروف ہیں، اسی طرح سے امریکہ کے ڈونلڈ ٹرمپ بھی پاپولسٹ سوشل میڈیا لیڈر رہیں وہ بھی امریکن نیشنل ازم کے نعروں سے ووٹ حاصل کرنے کے لیے کام کرتے رہتے ہیں جیسا کہ وہ امریکہ کو دوبارہ سے عظیم تر بنائیں گے اور تارکین وطن کو امریکن کلچر اور امریکن تحفظ کے لیے خطرہ اور بے روزگاری اور دیگر مسائل کا سبب بھی بتاتے ہیں جو ظاہر ہے امریکی بنیاد پرستوں اور رائٹ ونگ کے لیے بہت ہی پُرکشش نعرے ہیں۔

یہی باتیں پاکستان میں عمران خان مدنی ریاست اور لبرل ازم کے حوالے سے عامیانہ اور سطحی باتیں کر کے عوام سے ووٹ بینک بڑھاتے رہے ہیں اور ایسا ہی نریندر موودی ہندوستان میں مسلمانوں کے خلاف محاذ بنا کر پچھلے دس برسوں سے کر رہے ہیں۔ اس قسم کے پاپولسٹ لیڈرز اپنے اپنے ملکوں میں انتہا پسندانہ قسم کے ماحول کو پیدا کرتے ہیں، ظاہر ہے یہ ایک بہت ہی آسان اور عوام میں تیزی سے پھیلنے والا مریضانہ نفسیاتی رویہ ہوتا ہے کیونکہ یہ بہت نفرت آمیز اور بہت ہی زیادہ پُرکشش ہوتا ہے۔ ایسے نعرے نوجوانوں اور کم پختہ سیاسی ذہنوں میں جلدی مقبول ہو جاتے ہیں مگر ان تمام باتوں سے قطع نظر ان نعروں سے سوائے لیڈر کے کسی کو کچھ فائدہ نہیں پہنچتا ہے بلکہ اس کے ملکوں کی اقتصادیات اور بین الاقوامی تعلقات پر قدرے منفی اثرات پڑتے ہیں۔

ڈاکٹر محمد شہزاد:

تو کیا اسلاموفوبیا صرف اور صرف ایک سرمایہ دارانہ معاشرے (Capitalist Society) میں بکنے والا آئٹم (Item) ہے؟

ڈاکٹر بلند اقبال:

اس کا سیاسی اور اقتصادی فائدہ تو سیاسی جماعتوں کو خیر سے ہوتا ہی ہے، اب رہا نقصان تو وہ ظاہر ہے عوام کا ہی ہوتا ہے۔ تاریخ میں واقعات تو ایسے ہی نظر آتے ہیں جیسا کہ بیسویں صدی کے پہلے حصے کے بعد جب ایڈولف ہٹلر کے خلاف جنگ ختم ہوگئی تو جرمنی کے خلاف جمع ہونے والی اتحادی فوجیں (Allied Forces) آپس میں ایک دوسرے کے خلاف شروع ہوتی چلی گئیں اور پھر کمیونزم (Communism) کے خلاف ایک سلسلہ شروع ہوا اور جب دوسرے حصے میں کمیونسٹ ریاستوں کی بھی ٹوٹ پھوٹ ہوچکی تو پھر تیسرے حصے میں اسلام ازم (Islamism) کی باری آئی۔ مضحکہ خیز بات یہی ہے کہ بہت جلد وہی 'مجبور و مظلوم حق کے لیے لڑنے والا جہادی اسلام' جو کافرانہ کمیونسٹ قوتوں سے لڑ رہا تھا، اب اچانک سے سرمایہ دار قوتوں کے خلاف 'ظالم و جابر جہادی عسکریت پسند' کے اشتہاروں سے بدل دیا گیا۔ یعنی خطرے کا اشتہار یا علامت راتوں رات 'لال سے ہرا' ہوگیا۔ آپ لال کو کمیونسٹ ریڈ اور سبز کو اسلامی سبز سمجھ سکتے ہیں۔ یوں کفر و اسلام کی جنگ کی شکلیں سیدھی سے الٹی اور اُلٹی سے سیدھی ہوتی چلی گئیں۔ اب ظاہر ہے یہ سب اقتصادی اور سیاسی منڈی میں فوائد حاصل کرنے کے لیے ہی کیا گیا کیونکہ نہ تو پہلے کوئی اسلام کو خطرہ تھا اور نہ ہی اب کسی کو اسلام سے خطرہ ہے، یہ سب سیاسی مارکیٹنگ ٹیکنیکس (Marketing Technics) ہیں۔ یہ کم خرچ بالانشین والا معاملہ ہے مثلاً دیکھیے نوآبادیاتی دور کے بعد ایک مابعد نوآبادیاتی دور (Indirect Colonization) کا سلسلہ شروع ہوا اور طاقت مغربی قوموں مثلاً فرانس، انگلینڈ اور اسپین یا پرتگیزیوں کے ہاتھوں سے نکل کر سرمایہ دار ملک یعنی نارتھ امریکہ کے ہاتھوں میں آتے چلے گئی اور یوں انہوں نے کمیونسٹ ریاستوں کے مقابلے میں اپنی ہی پیدا کردہ جہادی قوتوں کو نئے طرز سے اُن کے خلاف استعمال کیا تا کہ وہ کبھی بھی ایک مثبت تاثر (Positive Image) کی شکل میں ڈویلپ نہ ہوسکیں اور

جنہیں گاہے بگاہے تیسری بڑی پیدا (Generate) ہونے والی سیاسی اور اقتصادی قوتوں مثلاً چائنہ اور ہندوستان وغیرہ کے خلاف بھی تھریٹن (Threaten) یا بلیک میلنگ کے طور پر استعمال کیا گیا۔ اسی طرح مڈل ایسٹرن ریاستوں کو سماجی اور سیاسی طور پر غیر مستحکم کر کے اقتصادی طور پر کنٹرول میں رکھنا آسان ہوگیا۔ اس طرح خود مغرب میں بھی سیاسی منظر نامے کو اپنے حق میں استعمال کرنے کے لیے تارکین وطن (Immigrants) کے مسائل کو استعمال کیا گیا مثلاً اکثر صورتوں میں اچانک مسجد میں فائرنگ یا سڑکوں پر ایک آدھ دھماکہ سراسیمگی پھیلانے کے لیے کافی ہے اور اُس کے لیے خود مذہبی جماعتیں بھی رضا کارانہ طور پر اپنی خدمات دے دیتی ہیں، ظاہر ہے اس کا ایک فائدہ یہ بھی ہو جاتا ہے کہ اگر ڈیموگرافکلی مسلم امیگرنٹس بڑھ بھی جائیں تو بھی وہ کبھی بھی سیاسی قوت کم از کم نہیں بن سکتے کیونکہ ایک بُرا منفی امیج اُن کے ساتھ ساتھ چلتا ہی رہتا ہے جو مقامی آبادی کے لیے مستقل خطرے کی گھنٹی بنا رہتا ہے۔ کہنے کا مطلب یہ ہے کہ اسلاموفوبیا ایک تیر سے بہت ساری سمتوں میں نشانہ لگانے کے لیے بہترین کمان ہے جو سیاسی اور اقتصادی اعتبار سے کم خرچ اور بالا نشین ہے۔

دسویں بدنصیبی

اس دماغ کو 'شادی کے سسٹم' کی حقیقت سے دور رکھنا ہوگا

ڈاکٹر محمد شہزاد:

ہمیں شادی کے سسٹم کے تاریخی اور بنیادی پس منظر کے بارے میں بتائیں۔

ڈاکٹر بلند اقبال:

شہزاد 'شادی' بہت ہی دلچسپ مگر سنجیدہ سماجی موضوع ہے جس پر عموماً بہت کم ہی بات کی جاتی ہے۔ شادی کے سسٹم کی بہت پرانی تاریخ ہے ہمیں لگ بھگ ساڑھے چار ہزار سال پہلے کی تاریخ تک شادی کے سسٹم کا سراغ ملتا ہے۔ جب ہم شکار کے دور میں تھے تب بھی شادی کا سسٹم موجود تھا گو کہ اس کی شکل مختلف تھی۔ اُس دور میں جو باضابطہ قبائل تھے اُن میں آپس میں ایک دوسرے فرد کے ساتھ شادی بیاہ نہیں کرتے تھے بلکہ پچیس تیس پارٹنرز آپس میں گروپ کی شکل میں شادیاں کرتے تھے اور پورا قبیلہ ایک ہی خاندان کی شکل میں رہتا تھا اور آپس میں بیویاں شیئر کرتے تھے یوں حضرت عیسیٰ کی پیدائش سے تقریباً دو ہزار برس پہلے تک کا سماج کچھ ایسا ہی چلتا رہا مگر پھر سماج بدلا اور ہمیں باضابطہ میسوپوٹیمیا (Mesopotamian) سوسائٹی میں تاریخی شواہد ملتے ہیں اور اکاڈین ایمپائر، سومیرئین اور بیبولئین ایمپایر (Akkadian, and Babylonian Empire,Sumerian) تک آتے آتے شادی کے عمومی قوانین اور رسوم و رواج بھی بدلتے چلے جاتے ہیں۔ اس دور میں درجنوں مرد اور عورتیں آپس میں بیویاں

شیئر کرنے کے بجائے ایک مرد کئی بیویوں، کنیزوں اور نوجوان لڑکوں کو بھی اپنی جنسی خواہشات کی تکمیل کے لیے ساتھ رکھتا ہوا ملتا ہے اور یہ سارا معاملہ قانون کے عین مطابق سمجھا جاتا ہے۔ اس پریکٹس میں اصل تبدیلی شادی کے سسٹم میں مذاہب کی رسومات کی شکل میں شمولیت کے بعد ہوئی خصوصاً منظم مذاہب (Organized Religion) نے شادی میں ایمانی حصے کو شامل کیا اور اُسے ایک مقدس رسم (Holly Tradition) بنایا اور جب کیتھولک چرچ (Catholic Church) اسٹیٹ کا قانون بن گیا تو شادی ایک مذہبی اور سیاسی طور پر قانونی معاہدہ بنتی چلی گئی۔ اس طرح مذہبی اخلاقیات بھی ایمانی وعدے پیمان اور قائدے قوانین کے ساتھ اُس میں شامل ہوئے کیونکہ شادی کا معاہدہ خدا، خدا کے بیٹے اور مقدس کتاب کی گواہی بن کر اسے اور بھی مضبوط تر کر گیا۔ یوں شادی ریاست کے خاندانی تصور (family Concept) کا بنیادی حصہ بن گئی اور معاشرے میں عورت کی عزت و کریم کی وجہ بھی بن گئی، پھر وقت کے ساتھ ساتھ ریاست کے اندر قانون سازی کی وجہ سے اُس میں پراپرٹی کے حقوق (Property Rights) بھی ذاتی مذہبی حقوق کے ساتھ شامل ہوئے اور یوں عورت اور مرد کے درمیان شادی شدہ تعلق کا بھرپور تصور قائم ہو گیا میسوپوٹیمیا میں بھی ہمیں یہ روایت ملتی ہے۔ شادی کے تہوار کے دوران باپ باضابطہ طور پر اپنی بیٹی کا ہاتھ کسی کو دیتا تھا تو کہتا تھا کہ 'میں اپنی بیٹی کا ہاتھ فلاں شخص کے ہاتھ میں دے رہا ہوں تا کہ ان دونوں میاں بیوی کے بچے قانونی اور مذہبی حقوق حاصل کر سکیں۔' اس دوران اگر ہم مختلف ادوار میں دیکھیں مثلاً ایرانی سوسائٹی (Persian Society) میں یا عرب کے معاشروں (Arabic Society) میں جو عورتیں مردوں کی ملکیت ہوتی تھیں اُن کے درمیان ایک معاہدہ (Agreement) ہوتا تھا تب ہی وہ ایک دوسرے کے ساتھ رہتے تھے مگر پھر ایک دور آیا اور معاملات بدلتے چلے گئے کیونکہ نبی کریم کی پیدائش سے پہلے ان کے اردگرد کے قبائل کے حالات ذرا زیادہ ہی خراب تھے کیونکہ وہ سراسر قبائلی اور بیک ورڈ تھے جن کے درمیان مستقل لڑائی جھگڑے اور جنگیں ہوتی رہتی تھیں۔ اس دوران جو بھی لوٹ مار ہوتی تھی اس لوٹ میں عورتیں بھی چیزوں کی طرح شامل تھیں جن کی بعد میں خرید و فروخت ہوتی تھی۔ اس سلسلے میں اشیا کی طرح ہی اُن کی خرید و فروخت کا بھی ایک اگریمنٹ ہوتا تھا مگر پھر لوٹ مار کا سلسلہ بھی ساتھ ساتھ چلتا رہتا تھا، پھر نبی کریمؐ کی رحلت کے

بعد یعنی ساتویں صدی کے بعد جب جزیرہ نما عرب (Arabic Peninsula) میں اسلامی نظام آتا ہے تو وہ سوسائٹی کم و بیش کیتھولک چرچ کے دور کی یورپین سوسائٹی جیسی نظر آتی ہے کیونکہ کیتھولک شریعہ کی طرح اسلامک شریعت لا کا حصہ بن جاتی ہیں جس کی ظاہر ہے پھر ایک قانونی حیثیت بن گئی۔ جہاں تک رومانس اور محبت کا تعلق ہے وہ شادی کے سسٹم میں بعد میں شامل ہوئی کہتے ہیں یہ کام قرون وسطیٰ میں ہوا۔ اصل میں دیکھا جائے تو یہ محبت اور رومانس فرانسیسی شادی کا کلچر تھا جو پھر شادی کے سسٹم میں شامل ہوتا چلا گیا یعنی اُس دور میں کئی ایک ایسے واقعات ہوئے مثلاً تیرھویں صدی کے برطانیہ میں کنگ آرتھر (King Arthur) کا ایک مشہور واقعہ ہوا تھا جس میں کنگ آرتھر کی بیوی کے ساتھ لینڈ سیلڈ (Lancelot) کا افیئر شروع ہو گیا تھا۔ پھر اسی طرح اُس دور کے ادب میں بھی جو شاعری اور افسانے یا ناول لکھے جا رہے تھے یا اُن میں عورتوں کی خوبصورتی پر نظمیں اور شاعری لکھی جاتی تھیں، بعد میں یہ سب باتیں بھی شادی کے سسٹم میں شامل ہوتی چلی گئی۔ یوں ہم کہہ سکتے ہیں کہ جہاں مذہب کے شادی کے سسٹم میں آ جانے سے وہ مقدس ہوتی چلی گئی تو دوسری طرف رومانس اور محبت کے آ جانے سے اس میں عورتوں کی عزت و ساکھ میں اضافہ ہوا۔ میریلن یالم کی کتاب 'ہسٹری آف وائف' (History of Wife by Marilyn Yalom) کے مطابق رومانس اور محبت کے شادی میں آنے سے قبل عورتیں مردوں کی خدمت کرتی تھی اور ناز و نخرے اٹھاتی تھیں مگر رومانس اور محبت کے آ جانے کے بعد سے مرد یا پرنس چارم یہی کام عورتوں کے لیے کرنے لگے۔ اچھا جہاں تک امریکہ کا معاملہ ہے وہاں کے حالات بھی ایک زمانے تک خاصے پسماندہ رہے۔ 1907 تک تو امریکہ میں یہ قانون بھی تھا کہ اگر کوئی عورت کسی باہر کے ملک کے مرد سے شادی کر لے گی تو اس کی شہریت منسوخ ہو جائے گی۔ پھر کافی عرصے کے بعد پارلیمنٹ میں بل پاس ہوا اور عورتوں کو غیر ملکیوں سے شادی کرنے کی اجازت دے دی گئی۔ اسی طرح 1920 تک عورتوں کو ووٹنگ کے حقوق بھی میسر نہیں تھے مگر پھر فیمینسٹ مومنٹ (Feministic Movement) کے آنے سے عورتوں کو ووٹ کا حق ملا۔ اسی طرح شادی کے سسٹم میں بھی تبدیلیاں آئیں اور عورتوں کو شادی کے حوالے سے مختلف حقوق ملنے شروع ہوئے یعنی 1970 میں سیکوئچپلیٹی کے حوالے سے معاملات طے ہوئے کہ جائیداد وغیرہ پر کتنے حق ہونے چاہیے۔ اسٹیفن کونڈز (Stephanie Coontz) کی کتاب 'جس طرح

سے ہم کبھی نہ تھے؛ امریکی خاندان اور پرانی یادوں کا جال' (The Way We Never American Families And The Nostalgia Trap:Were) میں وہ ایک جگہ لکھتے ہیں کہ سچ تو یہی ہے کہ پچھلے چالیس برسوں میں شادی کے سسٹم کے اندر جو بھرپور تبدیلیاں آئیں، وہ اس سسٹم میں پچھلے پانچ ہزار سالوں میں نہیں آئیں تھی۔

ڈاکٹر محمد شہزاد:

شادی ایک فطری عمل ہے یا قطعی غیر فطری؟ آپ کے خیال میں وہ کیا سیاسی، سماجی اور مذہبی عوامل ہیں جن کی وجہ سے شادی کا سسٹم سماج میں ضروری ہوتا چلا گیا؟

ڈاکٹر بلند اقبال:

میرے خیال میں شادی ایک فطری عمل نہیں ہے بلکہ یہ ایک سراسر سماجی یا تہذیبی عمل ہے، اسے مختلف وجوہات کی وجہ سے فطری بنانے کی کوشش کی گئی کیونکہ اس کے ہونے سے سماج کی ایک مخصوص ساخت بنانے کی بھرپور سی کوشش کی گئی۔ اس میں مذہب، سماج، نفسیات، رسوم و رواج، قاعدے قوانین، اخلاقیات غرض یہ کہ بہت سے عناصر شامل کیے گئے مگر مجموعی طور پر اس کی ساخت میں تین بڑی سماجی سچائیاں ملتی ہیں جن کی بنیاد پر شادی کی ساری عمارت کھڑی دکھائی دیتی ہے۔ ان سچائیوں میں پہلی بڑی اینتھاپولوجیکل سچائی (Anthropological Truth) ہے یعنی مرد و عورت گو کہ نفسیاتی طور پر مختلف ہیں مگر ایک دوسرے کے لیے ان کا کامپلیمنٹری (Complimentary) ہونا ایک فطری عمل ہے، دوسری بیالوجیکل سچائی ہے (Biological Truth) یعنی ان کے آپس میں تولید (Reproduction) کے بغیر ان سے اُن کی نسل کا بڑھنا ناممکن ہے اور تیسری سوشل سچائی (Social Truth) ہے یعنی دونوں ماں باپ کا اپنے بچے کی سماجی نشوونما اور پرورش کے لیے ہونا ضروری ہے۔ یہی سچائیاں اور وجوہات ہیں کہ گورنمنٹ شادی کے سارے عمل کو بھرپور تحفظ فراہم کرتی ہے تا کہ انسانی نسل بہتر صحتمندانہ انداز میں سوسائٹی کا حصہ بن سکے اور ان کا پرورش پانا بھی ممکن ہو سکے، چونکہ مذہب کو ماننے والے مذہب کو ایک فطری عمل سمجھتے ہیں اس لیے اس کے شامل ہونے سے شادی بھی ایک فطری عمل ہی

سمجھی جاتی ہے، اُن کے لیے شادی میں مذہب کے شامل ہونے سے خدا کی رضامندی اور خوشی شامل ہو جاتی ہے، اس طرح سے شادی ایک 'مقدس رشتہ' (Holly Relation) بن جاتی ہے۔ پھر شادی میں جب رومانس یا محبت شامل ہوئی تو وہ محض جنسی یا مذہبی یا قانوناً فی معاہدہ' (Sexual or Religious or Legal Contract) نہیں رہا بلکہ یہ ایک 'محبت و پیار کے رشتے' (Loving Relation) میں بدل گیا مگر یہاں تھوڑا سا مسئلہ یا سوال بھی آیا کہ اب اس رشتے کو جنسی اور رومانوی کے درمیان کس طرح سے نمایاں (Distinct) کریں؟ کیونکہ دونوں کے نفسیاتی، فلسفیانہ اور حیاتیاتی عوامل کم و بیش ایک جیسے ہوتے ہیں یعنی اگر ہم حیاتیاتی رحجان فنامنن (Biological phenomenon) کی بات کریں تو دونوں کے دوران ایک جیسے ہی نیوروٹرانسمیٹر ڈوپامین، نوراپی نیفرین، سری ٹونین اور اوکسی ٹوسن (Dopamine Oxytocin and Serotonin,Norepinephrine) ریلیز ہوتے ہیں، اور تو اور برین کے اناٹومیکل حصے یعنی تھیلمس (Thalamus)، ہایپو تھیلمس (Hypothalamus)، امیگڈیلا اور لیمبک سسٹم (Limbic System Amygdala) ان دونوں ہی پراسس (Process) کے دوران استعمال ہوتے ہیں۔ رومانس اور سیکس کے دوران بالکل کسی اڈکشن (Addiction) یا لت یا بری عادت کی طرح ان ہارمونز کی سائیکل چل رہی ہوتی ہے۔ دلچسپ بات یہ ہے کہ اس کے لیے بھی مغرب میں باضابطہ سائنٹیفک اسٹڈیز ہوئی ہیں مثلاً وہ شادیاں جو تین سے چار برس تک چلتی ہیں، اس دوران دماغ کے حصہ 'وینٹرل پیلیڈیم' (Ventral Pallidum) کے ریوارڈ سینٹر (Reward Centre) میں ویزوپریزن (Vasopressin) نیوروٹرانسمیٹر کے رسپٹرز (Receptors) کی تعداد بڑھ جاتی ہے، شاید اس لیے عموماً ایسی شادیاں مشکل سے ٹوٹتی ہیں کیونکہ اس میں جوڑے کو جذباتی صدمہ (Emotional Trauma) زیادہ پہنچتا ہے۔ اب رہی بات کہ محبت اور جنس میں آخر کیا بنیادی فرق ہے تو میں سمجھتا ہوں کہ محبت میں خود کی ویل بینگ (Wellbeing) سے زیادہ اپنے پارٹنر کی ویل بینگ کا زیادہ خیال ہو یا جس میں کوئی شخص اپنی ذات سے زیادہ اپنے پارٹنر کی پرواہ کرنے لگے تو وہ سیکس یا محض جنس سے زیادہ 'حقیقی محبت اور پیار کا رشتہ' ہے یا دوسرے الفاظ میں کشش بقول شخصے فزیکل سے زیادہ 'میٹا فزیکل' ہو جائے۔ یہاں شادی کی ساخت، اس کے بننے سنورنے

اوراس میں ٹوٹ پھوٹ کے اثرات کو سمجھنے کے لیے ہمیں ابراہیم موسلو کا انسان درست نظریہ ذات کی حقیقی صلاحیتوں (Abraham Maslow's Humanistic Theory) کو بھی دیکھنا ہوگا۔ وہ کہتے ہیں کہ شادی میں شامل ہونے والے انسان ایکٹو کردار ہوتے ہیں اُن کی ساری زندگی (Self Actualization) کو سمجھنے کا رجحان سے گزرتی ہے جس کا مطلب یہی ہے کہ عمومی طور پر کسی بھی شخص کی زندگی، اپنی خوبیوں اور خامیوں کو دریافت کرنے اور بنانے سنوارنے میں گزرتی ہے۔ اس کے لیے ان میں ایک پورا کا پورا مرحلہ وار درجہ بندی (Hierarchy) کا نظام بنتا چلا جاتا ہے جس کا مطلب یہی ہے کہ یہ سارا کا سارا ایک ضروریات کا سلسلہ ہوتا ہے جس کی نچلی ترین سطح پر بنیادی ضرورتیں اور آخری سطح پر ایک ڈسٹنکٹ یا اپنے تئیں اعلیٰ ترین ساخت میں ڈھلنے کی سطح ہوتی ہے۔ یعنی اُن کے مطابق پہلی سطح عمومی زندگی کی بنیادی ضرورتوں، جسمانی یعنی ہوا، کھانا، پانی اور آرام وغیرہ ہے، اُس کے بعد کی سطح حفاظت، بچاو اور سلامتی کی ہوتی ہے، اُس کے بعد محبت اور تعلق کی سطح ہے اور پھر آخری سطح 'خود کی دریافت' کی ہے یعنی تکمیل کا لمحہ ہے کہ کوئی بھی شخص اپنی تمام تر خوبیوں کو دریافت کرکے وہ ہی بن جانا چاہتا ہے جس کی مجموعی خصوصیات اُس میں پائی جاتی ہیں مگر پھر ایک منزل اور بھی آتی ہے جس میں وہ خود سے بھی تجاوز کر جاتا ہے، یعنی 'خود سے تجاوز' (Self- Transcendence) کی سطح، بہرحال یہ سارا درجہ بندی کا نظام (Hierarchal System) ایک اہرام (Pyramid) کی طرح انسان کی زندگی کی ساخت بنا دیتا ہے۔ ظاہر ہے سماجی اور روحانی ساخت میں شادی کی منزل بھی آتی ہے جو اس ڈھانچے میں اہم ستون بن جاتی ہے اور پھر بھی کوئی شخص طلاق کے عمل سے گزرنے لگتا ہے تو اُس کی بنائی ہوئی یا بنتی ہوئی پوری ساخت ہل جاتی ہے۔ یہ ٹراما یا زخم خاصا سخت ہوتا ہے، اسی لیے عموماً لوگ طلاق جیسی ٹوٹ پھوٹ سے بچنے کی کوشش کرتے ہیں۔ لیکن اگر صورت حال طلاق یا علیحدگی کی حد تک پہنچ بھی جائے تو بھی وہ اپنی آخری حد تک کوشش کرتے ہیں کہ اُسے کسی طور بچالیں، اگر اپنی ذات کے لیے نہیں تو کم از کم سماجی وجہ کے لیے ہی، اسی لیے پھر بہت ساری شادیاں یا تعلقات محض سماجی شادیاں تک ہی محدود ہو کر رہ جاتے ہیں یا صرف بچوں کو ڈسٹرب ہونے سے بچانے کی خاطر صرف ایک دوسرے کے لیے 'برداشت' (Tolerate) تک ہی رہ جاتی ہیں۔ 'سماجی شادیوں' کی ایک بڑی وجہ معاشی تحفظ (Economical Security) بھی

ہوتی ہے کیونکہ بہت سی خواتین ہندوستانی پاکستانی معاشرے میں خاتون خانہ (Housewife) ہوتی ہیں اور انہیں اندازہ ہوتا ہے کہ شوہر کی مدد کے بغیر اُن کی بقا کے مسائل پیدا ہو جائیں گے۔ پاکستانی سوسائٹی میں ایک تنہا عورت کے لیے بہت مسائل ہیں کیونکہ سوسائٹی مذہبی حد تک پدرانہ ہے اور مردانہ معاشرہ عورتوں کے حقوق سلب کرنے کے لیے چوبیس گھنٹے تیار ملتا ہے۔ سچ تو یہ ہے کہ حالات اس قدر بُرے اور شرمندگی کے لائق ہیں کہ ایک سنگل، طلاق یافتہ یا بیوہ عورت کبھی کبھار تو گھر کے دروازے کے پاس یونہی ایک مردانہ جیکٹ تک لٹکا دیتی ہیں یا فون پر مردانہ آواز میں میسج تک ریکارڈ کرا دیتی ہیں تا کہ سوسائٹی کو گھر میں ایک مرد کی موجودگی کا تاثر دے سکیں۔ خیر ابراہیم موسلو کہتے ہیں کہ شادی سے بچ جانے کی ایک بڑی وجہ وہ 'خوف' بھی ہوتا ہے جو بڑھتی ہوئی عمر کے مرد اور عورت میں وقت کے ساتھ ساتھ پیدا ہوتا ہے کہ 'میں تنہا بوڑھا نہیں ہونا چاہتا ہوں یا تنہا مرنا نہیں چاہتا ہوں یعنی ہم دونوں میاں بیوی عمر کے آخری عشرے میں زیادہ سے زیادہ ایک دوسرے کے ساتھ ہی رہیں' یعنی تنہائی کا خوف بھی شادی کو بچاتا ہے۔ دوسری اہم بات شادی کے بچنے کے لیے شخصیت کی لچک ہے کہ شادی شدہ جوڑا ایک دوسرے کی خاطر خود کو نہ بڑی حد تک بدلنے کو راضی ہو جاتے ہیں یعنی ایک عمومی شکل ایسی ہو کہ وہ ایک دوسرے کو آسانی سے 'اپنا' لیں۔

ڈاکٹر محمد شہزاد:

ڈاکٹر صاحب کیا شادی کے پدرانہ نظام کا سرمایہ دارانہ نظام سے کوئی تعلق ہے؟

ڈاکٹر بلند اقبال:

جی شہزاد ان دونوں باتوں کا بہت گہرا تعلق ہے اور خصوصاً اس کے پس منظر میں مذہبی آئیڈیالوجی کا ہونا بہت اہم ہے۔ ان باتوں کو سمجھنے کے لیے ہمیں ایک بار پھر تاریخ میں جانا پڑے گا۔ اگر آپ کیتھولک چرچ کے دور کے حوالے سے سوچیں اور سینٹ اگسٹائن کی ٹریٹیز (St Augustine Treatises) پڑھیں تو شادی کے حوالے سے اُن کے نظریات میں تین اہم نقاط آپ کو شادی کے قائم دائم رکھنے کے لیے نظر آئیں گے۔ پہلا نقطہ ہے مکمل

وفاداری (Fidelity) دوسرا نقطہ ہے اولاد کا ہونا یعنی (Procreation) اور تیسرا مذہب کی شمولیت (Sacrament) اور یہی تین نقطے ہمیں نہ صرف کیتھولک چرچ بلکہ یہودیت اور اسلام بلکہ ہندوازم میں بھی ملتے ہیں۔ سوال ہے کہ آخر یہ چیزیں ایسا کیا ظاہر کرتی ہیں؟ دیکھیں یہ سب چیزیں بنیادی طور پر مذہب سے ہی آتی ہیں۔ یہ جو سرمایہ دارانہ نظام ہمارے یہاں پریکٹس ہو رہا ہے وہ سراسر 'پدرانہ سرمایہ دارانہ نظام ' (Patriarchal Capitalism) ہے یعنی یہ جو پراپرٹی کی تقسیم، لیبر سسٹم (Labor System) اور دیگر اقتصادی اور سماجی معاملات مثلاً طبقات (Class System) وغیرہ کے فرق سے شادی کا سلسلہ ہے، ان سب کا تعلق سرمایہ دارانہ نظام میں مذہبی فکر کی شمولیت سے ہی ہے۔ اگر آپ کبھی مغربی سرمایہ دارانہ نظام کی بنیادی ترقی (Fundamental Development) پر غور کریں تو آپ کو اندازہ ہوگا کہ کس طرح سے ایک حکمران، خودمختار طبقہ (Sovereign Class) کو 'پالتو طبقہ' (Domestic Class) میں شامل کرنے یا انہیں وفادار (Faithful) بنانے کے لیے بھی مذہب کا استعمال کیا گیا اور اس میں شادی کے نظام نے ایک اہم کردار ادا کیا ہے۔ یہ جو شادی کے دوران فرقہ وارانہ اور نسل پرستانہ (Sectarianism and Racialism) رویہ اختیار کیا جاتا ہے یا یہ جو سیاسی، سماجی اور اقتصادی درجوں کا خیال رکھتے ہوئے یا پروفیشنز (Professional and Economical Classes) اور مالی حیثیت کے لحاظ سے رشتے قائم کیے جاتے ہیں اُس کی بنیادی وجہ اپنی ذات اور فرقے کا تحفظ ہی ہے مگر اُسے فطری رنگ دینے کی خاطر مذہب کا سہارا لیا جاتا ہے۔ مطلب یہی ہے کہ اکیسویں صدی کے اس ماڈرن کمپیوٹرائز دور میں بھی مذہب کیپٹل ازم کی بنیادوں میں شادی کے نظام کو بخوبی ایک مقدس ہتھیار کے طور پر استعمال کر رہا ہے۔ ان تمام باتوں سے قطع نظر سچ تو یہی ہے کہ حقیقی محبت کا اگر کوئی بڑا دشمن ہے تو وہ سرمایہ دارانہ اندازِ فکر ہے کیونکہ 'سرمایہ دارانہ محبت' میں محبت سرمایہ ہی سے ہوتی ہے، انسانوں سے نہیں۔ یہی وجہ ہے شادی کا سسٹم زوال پذیر ہے۔

ڈاکٹر محمد شہزاد:

مغرب میں بنا شادی کے لوگوں کا ایک ساتھ رہنے کا رجحان کس قدر بڑھ چکا ہے تو اس

سلسلے میں آپ کی کیا رائے ہے؟ کیا مغرب میں شادی کا سسٹم مکمل طور پر ختم ہوتا جارہا ہے؟

ڈاکٹر بلند اقبال:

جی یہ بات کافی حد تک درست ہے میں نے پہلے بھی کہا تھا کہ سرمایہ دارانہ نظام کی وجہ سے لوگوں کی ترجیحات بدلتی جارہی ہیں۔ یہاں مغرب میں لوگ اب شادیاں کم کررہے ہیں۔ اگر آپ طلاق کی شرح کی ہی بات کریں تو تو پہلی شادی کی طلاق 57 فیصد، دوسری شادی کی طلاق 67 فیصد، تیسری شادی کی طلاق کی شرح 71 فیصد تک ہے۔ شادی کے بعد فیملی کی ایک 'تعریف' (Definition) ہوا کرتی تھی جواب بدلتی جارہی ہے مثلاً پہلے میاں بیوی اور دو بچوں کی ایک 'روایتی فیملی' ہوا کرتی تھی جواب ایک متنوع سا تعارف یا تعریف بن گئی ہے مثلاً کیا یہ ایک اسٹیپ فیملی (Step Family) ہے؟ یا یہ ایک سنگل فیملی (Single Family) ہے؟ یا یہ کامن لا پارٹنر شپ (Common Law Partnership) ہے؟ کیا یہ ایک ایسی فیملی ہے جس کو بیان کرنا ہی مشکل ہے کیونکہ اسے ہم کسی مخصوص تعریف میں رکھنے سے ہی قاصر ہیں۔ پہلے ایسا ہوا کرتا تھا کہ ایک فیملی میں ایک باپ کا تصور ہوا کرتا تھا جو کماؤ (Bread winner) یعنی گھر کا اقتصادی بوجھ اٹھانے والا ہوتا تھا مگر اب حالات بدل گئے ہیں، اب میاں بیوی دونوں گھر چلانے کے لیے کام کرتے ہیں یعنی طاقت کا توازن دو لوگوں میں بٹ گیا ہے، اس لحاظ سے ایک اندرونی معاشی کھنچاؤ (Internal Stress) رہتا ہے، ایسے میں کچھ ناچاقی ہو جائے یا پھر اگر کسی وجہ سے طلاق ہی ہو جائے تو دیکھا یہ گیا ہے کہ مغربی سوسائٹی میں زیادہ بوجھ مرد پر ہی پڑتا ہے اور اکثر صورتوں میں اُس کا خاصا بڑا سرمایہ اُس کے ہاتھوں سے نکل جاتا ہے۔ اسی لیے شادی مردوں کے لیے زیادہ بڑا رسک ہوتی ہے اور پھر یہی نہیں اس کے علاوہ بھی اور بہت سی باتیں ہیں مثلاً الکحل، ڈرگز اور پھر سیکچوئل مسائل بھی ہیں کیونکہ سوسائٹی میں ایک الگ طرح کی متنوع صورت حال ہے، کچھ دلچسپیاں اور بھی ہیں اور پھر کچھ ترجیحات بھی ہیں مثلاً کچھ لوگ ہم جنس پرست (Lesbian)، (Gays)، کچھ تیسری مخلوق (Transgender) اور کچھ دو جنسی (Bisexual) وغیرہ بھی ہوتے ہیں۔ کہنے کا مطلب یہی ہے کہ ایسے بہت سے

عناصر ہیں جو شادی کے نظام پر اثر انداز ہوتے ہیں۔ اچھا اس بات کے علاوہ ریلیشن شپ یا کمپینین شپ (Companionship) کے معنی بھی اب بدل چکے ہیں، نوجوان بچے انفیچو ییشن (Infatuation) کے سحر کو ہی محبت سمجھ کر شادیاں کر لیتے ہیں، بدقسمتی سے انہیں محبت کے اصل معنی کا علم نہیں ہوتا ہے، وہ نہیں جانتے کہ محبت میں تو صبر، قربانی اور ایثار ہی کا سارا حصہ ہے یا انہیں نہیں پتہ چلتا ہے کہ محبت میں بلوغت کی کیا منازل ہوتی ہیں؟ اُس مقام سے قبل ہی شادیاں معمولی سی خود غرضیوں اور جھڑپوں میں ہی فارغ ہو جاتی ہے۔ اچھا ایک اور بات یہ بھی کہ ہماری سوسائٹی میں طلاق ابھی بھی ایک ٹابو یا اسٹگما (Taboo or Stigma) سمجھی جاتی رہی جو کسی حد تک بدنامی کا سبب بن جاتی تھی مگر اب وہ ٹابو بھی کم و بیش ختم ہوتا جا رہا ہے۔ عورتوں کی خود مختاری بہت ہی صحت مندانہ رویہ ہے، اس نے بھی غیر صحت مندانہ تعلق کو توڑنے میں کسی حد تک مدد کی ہے جس سے بھی طلاق کی شرح میں اضافہ ہوا ہے۔ مختصراً شادی کو مغربی سوسائٹی میں ایک سماجی معاہدہ (Social Contract) کے طور پر اب منظور نہیں کیا جاتا ہے کیونکہ ایک عمومی خیال جو پچھلی کئی دہائیوں میں یہاں پروان چڑھا ہے وہ یہی ہے کہ سرمایہ دارانہ یا مادیت پرست نظام (Materialistic System) اور مذہب نے بھی شادی کو 'مصنوعی بنیادوں' پر ڈویلپ کر دیا ہے کیونکہ ان کی وجہ سے محض دولت، اسٹیٹس، فرقہ اور نسل پرستانہ وجوہات کے تناظر میں شادیاں کی جاتی ہیں اور چونکہ ان سب معاملات میں محبت یا رومانس کا حصہ نہیں ہے اس لیے ایسے تعلق کے لیے کانٹرکٹ سائن کرنا اخلاقی اعتبار سے قطعی غلط عمل ہے۔ یہی وجہ ہے کہ مغرب میں جوڑے صرف اور صرف محبت کی خاطر ایک دوسرے کے ساتھ رہنے کو زیادہ ترجیح دیتے ہیں، اس لیے بھی شادی کا نظام ختم ہوتا جا رہا ہے۔

ڈاکٹر محمد شہزاد:

ڈاکٹر صاحب ہم جنس پرستوں کی شادیوں کے بارے میں آپ کا کیا خیال ہے؟ اس کے علاوہ اس بارے میں بھی اظہار خیال فرمائیں کہ آج کل کی ماڈرن سوسائٹی میں نوجوان شادی کی ذمہ داریوں خصوصاً بچوں کی پرورش کا بوجھ بھی نہیں اٹھانا چاہتے ہیں یا شادی کر کے وہ اپنی

آزادی کو صلب ہوتا ہوا دیکھتے ہیں۔آپ کی اس سلسلے میں کیا رائے ہے؟

ڈاکٹر بلند اقبال:

شہزاد اگر آپ پرانی توریت (Bible) پڑھیں تو اُس میں بھی آپ کو ہم جنس پرستوں کے قصے ملیں گے یعنی یہ کوئی نئی یا سو کالڈ ماڈرن تہذیب نہیں ہے اگر آپ کنعان کی وادیوں، وادئی سینا اور قدیم مصر کے حوالے سے تاریخ پڑھیں تو پرانی توریت میں بھی آپ کو کچھ ایسے ہی احکامات ملیں گے کہ موسیٰ سے کہا گیا کہ 'اپنی قوم کو اُس کام سے باز رکھنا جو وہاں موجود قومیں کر رہی تھیں' تو وہ ایسا کیا کام تھا جس کے لیے روکا گیا تھا؟ وہ اصل میں ہم جنس پرستی (Homosexuality) ہی چل رہی تھی، کہنے کا مطلب یہی ہے کہ یہ ایک بہت ہی قدیم روایت ہے کوئی نیا معاملہ نہیں تھا مثلاً قدیم یونانی بادشاہ نیرو (Nero) نے دو شادیاں کی تھیں یعنی جب اُن کی بیوی سبینا (Sabina) کی موت ہوئی تو انہوں نے ایک نوجوان لڑکے (Sporus) سے شادی کی تھی اور وہ شادی خاصی دھوم دھڑکے کے ساتھ ہوئی تھی، یہ کوئی چھوٹی شادی کی تقریب نہیں تھی بلکہ پورا شہر اُس میں شامل تھا کیونکہ اس طرح کی شادیاں قانوناً جائز تھیں اور عام طور پر ہوتی رہتی تھیں۔اب آجایئے 2025 میں، اس وقت دنیا بھر میں 33 ممالک ایسے ہیں جو ہم جنس پرستوں کو شادی کی قانونی اجازت دیتے ہیں۔اُن میں امریکہ، کینیڈا، انگلینڈ، آسٹریلیا، سویڈن، پرتگال، نیدرلینڈ، کیوبا، ڈنمارک اور میکسیکو شامل ہیں۔آپ کو پتہ ہے دنیا کی آبادی کا 17 فیصد ہم جنس پرستوں (Gays) پر مشتمل ہے اور انہوں نے آپس میں شادیاں بھی کی ہیں۔اس بات پر مذہبی معاشروں میں یہی الزام ہے کہ اس قدر شادیوں کی وجہ مغرب میں 'فریڈم آف ریلیجن' (Freedom of Religion) کا ناجائز فائدہ ہے جو مغربی معاشروں میں اٹھایا جاتا ہے اور اس کی وجہ سے معاشرے میں کئی شادیوں (Polygamous) یعنی ایک وقت میں کئی جنسی ساتھی (Multiple Sexual Partners) رکھنے کا رجحان پیدا ہوتا ہے یا خاندان کے افراد کی آپس میں قریبی رشتے داروں (Incest Relationship) کے مواقع بڑھتے ہیں، اُس کے جواب میں مغربی ممالک میں ہم جنس پرستی کے عمل کو 'فطری ہیت' (Natural Instinct) یا خواہش کہا جاتا ہے اور اُن کے جسمانی تقاضوں (Biological

(Reason) کو سائنٹفک دلائل کے ساتھ ثابت کیا جاتا ہے ان کے خیال میں اگر ایسی اجازت نہیں دی گئی تو سوسائٹی میں اس قسم کے لوگ محروم (Marganlised) ہوتے چلے جائیں گے اور عصبیت کا شکار ہو جائیں گے، اُن کے ساتھ ایک امتیازی سلوک پیدا ہوگا اور وہ سوسائٹی کے لیے 'ممنوع' یا 'کلنک' بن کر رہ جائیں گے جو اُن کے لحاظ سے ایک مساویانہ معاشرے کے لیے ہرگز قابل قبول نہیں ہے۔ اُن کے خیال میں ٹرانس جینڈرز قطعی عام لوگ ہوتے ہیں جنہیں کونے میں دھکیلنے کی اجازت نہیں دی جائے گی کیونکہ دیکھا یہ گیا ہے کہ ایسے لوگوں کے گود لیے گئے (Adopted Child) بچوں کی دیکھ بھال اور پرورش زیادہ بہتر انداز میں دیکھی گئی ہے کیونکہ اکثر بیالوجیکل ہیٹروسیکچول (Biological Heterosexual) جوڑوں کے مقابلے میں وہ اپنے (گود لیے ہوئے) بچوں کی تربیت اور پرورش میں خاصے ذمہ دار پائے جاتے ہیں۔ اب رہی بات شادی کے مستقبل کی تو دیکھیے پانچ اہم باتیں ہیں جن کی روشنی میں ہمیں شادی کے مستقبل کا اندازہ با آسانی ہوسکتا ہے مثلاً پہلی بات تو یہی کہ شادی کہنے کو ایک مرد اور ایک عورت کے درمیان ہوتی ہے مگر کیا سچ میں واقعی ایسا ہی ہوتا ہے؟ اکثر و بیشتر ایک مرد اور ایک عورت بیک وقت کئی ریلیشن شپ رکھتے ہیں بلکہ یہی نہیں ایک مرد کئی عورتیں اور ایک عورت کئی مردوں کے ساتھ سیکچوئل ریلیشن بھی رکھتے ہیں، اچھا کیونکہ ایک وقت میں ایک ہی شادی قانوناً ممکن ہے اس کے باوجود ایک مرد کئی عورتوں کے ساتھ اور ایک عورت کئی مردوں کے ساتھ بیک وقت جنسی تعلقات رکھتے ہیں اور ایک مخصوص کلاس میں تو یہ فیشن کی طرح پایا جاتا ہے۔ اسی طرح کہنے کو شادی ایک مرد اور ایک عورت کے درمیان ہوتی ہے مگر گوگل کر لیجیے آپ کو 35 ممالک مل جائیں گے جہاں گے، لزبن، ٹرانس جینڈر (Transgender)، ٹرانس سیچوئل (Transsexual) وغیرہ کی شادیاں قطعی قانوناً ہے اور علی الاعلان سے کی جاتی ہیں تو اس لحاظ سے 'صرف' مرد اور عورت کی شادی کا تصور بھی ختم ہوگیا ہے، تیسری بات، عموماً شادیوں کے بارے میں پوری زندگی تعلق نبھانے کی بات کی جاتی ہے مگر ایسا بھی نہیں ہوتا ہے یعنی ابھی دولہا دلہن کی شادی کی تقریب ہی چل رہی ہوتی ہے تو اس میں ہی وہ کندھے اچکا کر کہہ دیتے ہیں کہ 'اگر شادی نہ چل پائی تو خیر ہے ہم طلاق لے لیں گے' یعنی شادی کی کامیابی یا ناکامی ایک بہت ہی نارمل سی بات ہے اور حل بہت 'آسان' ہے۔ چوتھی بات، عموماً سمجھا جاتا ہے کہ یہ ایک بڑا قانونی معاہدہ ہے اور یہ شاید ایک

پیچیدہ عمل ہے جو ساری عمر کا ساتھ (Lifelong Commitment) کا تقاضا کرتا ہے۔ ایسا بھی نہیں ہے آج کل ہر چیز بہت ہی آسان ہے؛ مثلاً فرینڈلی طلاق (Friendly Divorce) دوستانہ ماحول میں طلاق کی سہولت آسانی کے ساتھ، وکیل دستیاب ہیں جن کے پاس ہر مسئلے کا حل ہے، نفسیات دان بھی دستیاب ہیں جو شادی کے بعد ڈپریشن کا علاج بھی کر دیتے ہیں، بچوں کی فلاح (Children Welfare)، پرورش اور دیکھ بھال کے لیے سوشل ورکرز بھی دستیاب ہیں۔ اب رہی بات جنسی تعلقات میں وفادار رہنے (Sexual Fidelity or Faithfulness) کی تو خیر سے وفاداری کہیں بھی دستیاب نہیں ہے، نا تو مغربی معاشرے میں اور نا ہی مشرقی میں۔ آن لائین چیٹنگ (Online Cheating)، پورنوگرافی (Pornography) کی ساری سہولتیں دستیاب ہیں، حالات یہ ہیں کہ ایک ہی بیڈ پر سیل فون پر میسجز چل رہے ہیں۔ اب ایسے میں وفاداری کہاں ہے؟ اب یہ سب معاملات ہیں، اب اگر آپ کسی نوجوان بچے سے شادی کا پوچھیں گے کہ بیٹا آپ شادی کریں گے تو وہ کہے گا سر پہلے میں تعلیم دیکھوں گا، پھر اپنا مستقبل دیکھوں گا، پھر اپنے آپ کو پہچاننے (Self-Discovery) سے گزروں گا، پھر میں خود انحصار (Independent) ہونے کی کوشش کروں گا، پھر دنیا دیکھوں گا س کے بعد ہی پھر شادی کے بارے میں سوچوں گا اس دوران میں اپنے طلاق یافتہ ماں باپ کی طرف دیکھوں گا اور ہاں یہ بھی کہ بچے پیدا کر کے ان کی پرورش کی ذمہ داری کے بارے میں بھی غور کروں گا، بھئی مہنگائی آسمانوں پر ہے، بجلی کے بل ہیں، پانی کے بل ہیں، گھر کس قدر مہنگے ہیں، گاڑی کی انشورنس ہے، نوکری کے مسائل ہیں تو پھر ظاہر ہے شادی کا آپشن بہت پیچھے چلا جاتا ہے یعنی حد یہ ہے کہ 40 فیصد امریکیوں نے اس سوال کے جواب میں کندھے اچکائے اور کہا شادی کا دور اب رہا نہیں ہے۔ یہ سچ تو ہے کہ سو برسوں کے بعد شادی کا سسٹم عجائب گھر میں نظر آئے گا، کم از کم مجھے تو ایسے ہی لگتا ہے۔ اب یہ تشویش کہ اوہ بھلا پھر کیا ہوگا؟ تو ممکن ہے شادی کا روایتی نظام ہی بدل جائے، ہوسکتا ہے گاڑیوں کی لیز سسٹم کی طرح شادیاں بھی لوگ محدود مدت کے لیے ہی کرنے لگیں، ہوسکتا ہے کچھ اس طرح سے کانٹرکٹ سائن ہونے لگیں کہ 'فلاں فلاں ہمارے خواب (Fantasies) ہیں، کیوں نہ ہم چار پانچ سال ساتھ رہ کر دیکھ لیں اگر معاملات ٹھیک رہے تو شادی کے کانٹرکٹ کو اگلے پانچ برسوں کے لیے بڑھا دیں گے۔ اسی طرح بچوں

کے بھی معاملات ممکن ہیں، آئی وی ایف اور ہارمونل ٹریٹمنٹ (Hormonal Treatment & IVF, In Vitro Fertilization) کی جگہ سیوروگیٹ پیرنٹنگ (Surrogate Parenting) اور ایگ ڈونرشپ (Egg Donorship) کی زیادہ پریکٹس ہونی شروع ہوجائے گی اور بچوں میں ملکیت یا جائیداد ٹرانسفر کرنے کا سسٹم ہی ختم ہوجائے کیونکہ بچوں اور ماں باپ کے تعلق کی نوعیت ضرورتوں کے لحاظ سے بدل جائے گی۔ اس لحاظ سے دیکھا جائے تو بہت ممکن ہے سو برسوں میں شادی کا پورا ایک نیانظام ڈویلپ ہوجائے اور کھلی اور خفیہ پریکٹس (Open and Close Practices) کے سپرد ہوتا چلا جائے۔

گیارویں بدنصیبی

اس دماغ کو ایک 'مصنوعی انٹیلی جنس' میں رکھنا ہوگا

ڈاکٹر محمد شہزاد:

مصنوعی ذہانت (Artificial Intelligence) کے حوالے سے آپ کی کیا رائے ہے؟ اس مصنوعی ذہانت کا مجموعی طور پر ہمارے معاشرے پر کیا اثرات پڑنے والے ہیں؟

ڈاکٹر بلند اقبال:

جی ہاں شہزاد یہ ایک بہت اہم موضوع ہے، اگلے بیس پچیس برسوں میں ہی ہمارے اردگرد کی دنیا کم وبیش ایک نئی شکل سے بدل جائے گی، یہ ایک نئی اجنبی سی دنیا بن جائے گی اور سچ تو یہ ہے کہ ممکن ہے میں کچھ زیادہ ہی مدت لے رہا ہوں۔ شاید اس سے بھی کم عرصے میں یہاں سب کچھ ہی بدل جائے گا۔ دیکھیے نا کم وبیش ہر ایک شعبہ ہائے زندگی میں ہمیں مصنوعی ذہانت کے اثرات دکھائی دے رہے ہیں مثلاً ٹرانسپورٹ کا سسٹم، فلائنگ کار کا تصور، بِنا ڈرائیورز کی گاڑیاں، ربوٹس (Robots) کم وبیش ہر ایک شعبے میں، چاہے وہ میوفیکچرنگ (Manufacturing) ہو یا سیلز مین شپ ہو یا انشورنس ہو یا ہیلتھ کے شعبے ہو۔ اچھا سماجی دنیا میں تو خاصی بڑی تبدیلیاں دکھائی دے رہی ہیں بلکہ تبدیلیاں دن رات ہو رہی ہیں مثلاً اگر آپ چائنیز ورلڈ میں آپ جائیں تو زیاش (Xiaoice) چیٹ باکس کے بارے میں آپ نے سنا ہی ہوگا جس میں انہوں نے انسانی جذبات تک شامل کر دیے ہیں اور ایسے موضوعات بھی جیسا کہ فائن آرٹ، فلسفہ، مذہب یا

تاریخ یا کوئی بھی شعبہ ہو سیاست ہو، انسانی صحت ہو، یعنی ہر اُس موضوع پر جس میں آپ کی دلچسپی ہے آپ گھنٹوں اُن روبوٹکس سے بات کر سکتے ہیں اور جس قدر چاہے موضوع کو اپنے علم کے لحاظ سے گہرائی میں جا کر گفتگو کر سکتے ہیں تو ظاہر ہے اگر فرض کریں آپ کے اردگرد آپ کی دلچسپی کے لوگ موجود نہیں ہیں تو آپ با آسانی زی یاش چیٹ باکس پر جا کر اپنے مزاج کی روبوٹکس سوشل کمپنی انجوائے کر سکتے ہیں۔ کہا جاتا ہے چند برسوں میں جب سے یہ روبوٹکس کی ویب سائٹ ڈویلپ ہوئی ہے، اب تک سو ملین سے زیادہ لوگ اس پر جمع ہو چکے ہیں اور آج بھی اس کو انجوائے کر رہے ہیں۔ بالکل اسی طرح آج کل چاٹ جی پی ٹی اور ڈیپ سیک (Chat GPT and Deep Seek) کی موجودگی میں کسی پروفیسر یا انسٹیچیوشن یا اکیڈمی کی ضرورت ہی نہیں رہی ہے یعنی آپ کے ذہن میں جو بھی اکیڈمک سوال آئے، بس اُسے لکھ دیجیے اور ممکنہ جواب فوراً ہی تفصیل سے آپ کو مل جائے گا۔ اب ظاہر ہے کہ یہ کام راتوں رات تو اس منزل تک نہیں پہنچا نا؟ مثلاً اگر آپ رکیگنیشن ٹیکنالوجی (Recognition Technology) کی ہی بات کریں تو 1995 تک ہم صرف خطوط یا سامان پہنچنے والوں کے ایڈریسز ہی دیکھ پاتے تھے یا بہت ہو تو پوسٹل ایڈریسز (Postal Address) تک ہی پہنچ پاتے تھے مگر اب عالم یہ ہے کہ آپ بہت تفصیل سے ایڈریسز یعنی روڈ سائن (Road Signs) تک معلوم کر سکتے ہیں۔ بالکل اسی طرح لینگوسٹک حصے میں آپ ایلگورتھم امیجز (Algorithm Images) سے ہجوم کے اندر تک کے لوگوں کی شناخت کر سکتے ہیں اور تو اور ہونٹوں کی حرکت سے آپ لفظوں اور اُن کی ادائیگی کو سمجھ سکتے ہیں۔ مصنوعی ذہانت سے ہم آرٹیکل لکھ سکتے ہیں۔ اب ظاہر ہے ایسی صورت میں ہمیں صحافی کی ضرورت کیوں کر محسوس ہو؟ اب دیکھ لیجیے ہر اگلے منٹ اور گھنٹے میں مصنوعی ذہانت کی ایک نئی دنیا ہمارے اردگرد پیدا ہوتی جا رہی ہے، میرا تو خیال ہے اس نئی اور مختلف دنیا کی تشکیل جس رفتار سے ہو رہی ہے اس سے پوری دنیا کی ایک ریڈیکل تبدیلی میں اب بہت زیادہ وقت نہیں رہا۔

ڈاکٹر محمد شہزاد:

مصنوعی ذہانت ہماری زندگی کی بنیادی ضروریات مثلاً روٹی، کپڑا اور مکان وغیرہ کو پورا کرنے میں کیا کردار ادا کر سکتی ہے؟

ڈاکٹر بلند اقبال:

مصنوعی ذہانت کا بلاشبہ ایک اہم کردار ہے۔ اس کی مدد سے بنیادی ضروریات کے پورا کرنے میں کردار ادا کیا جا رہا ہے۔ اس کی وجہ سے ایک تبدیلی ہمیں نظر آ رہی ہے مثلاً کچھ عرصے پہلے تک کیلیفورنیا میں فوڈ ڈیلیوری (Food Delivery) کا ایک ناقص نظام رائج تھا مطلب یہ کہ فوڈ کی پروڈکشن کسی اور جگہ ہوتی تھی اور پھر ڈیلیوری کی خاطر ایک لمبا فاصلہ طے کرنا پڑتا تھا جیسا کہ آلو کا ٹرک آوواسے آتا تھا یا کیلے کوسٹاریکا (Costa Rica) سے آتے تھے مطلب یہ کہ فوڈ سینکڑوں میلوں کے فاصلے سے پہنچتی تھی جس سے اُس کے بڑی مقدار کے باسی اور ضائع ہونے کا خدشہ رہتا ہے۔ ان مسائل کو اب مصنوعی ذہانت کی مدد سے حل کیا گیا ہے مثلاً ایک کمپنی نے ایک ایسا کیوٹن (Cutin) ایجاد کرلیا ہے جسے اگر سبزیوں پر چھڑک دیا جائے تو سبزیوں کی عمر بڑھ جاتی ہے۔ اسی طرح ایک طویل عرصے تک کھیتوں کا تصور عرضی (Horizental) انداز میں کاشت کے تصور سے ہی تھا جس کے لیے ایک بڑے رقبے کی زمین درکار ہوتی تھی مگر اب ورٹیکل گروتھ (Vertical Growth) کا تصور بھی پیدا ہو گیا ہے۔ اسی طرح نئ طرز کی ٹیکنالوجی مثلاً ہائیڈروفونک ٹیکنالوجی (Hydroponic Technology) بھی استعمال ہوتی ہے جس کا مطلب یہی ہے کہ اب ایک مخصوص قسم کی سبزی ایک مخصوص موسم کی محتاج نہیں ہے۔ اس ٹیکنیک کی مدد سے سبزیوں کے لیے موسموں کے محتاج ہونے کی بجائے ہم خود موسم کو ہی بدل سکتے ہیں تو اس طرح فوڈ یا غذا یا روٹی کے مسلے کو بھی ٹیکنالوجی نے حل کر دیا ہے بالکل اسی طرح کپڑے یا لباس کی اگر بات ہے تو ورچوئل طریقے کار سے اس کی ڈیلیوری تک کو ایڈوانس کر دیا گیا ہے یعنی ایک بالکل نیا تصور یعنی تھری ڈائمنشنل پرنٹنگ (Three Dimensional Printing) نے شاپنگ کا بھی ایک نیا آئیڈیا دے دیا ہے مثلاً آپ ایک منظرنامے پر ذرا غور کیجیے، فرض کریں آپ کو کہیں کسی میٹنگ میں فوراً جانا ہے اور پرابلم یہ ہے کہ آپ کو ایک مخصوص ڈریس یا آوٹ فٹ (Out-Fit) پہن کر ہی اُسے اٹینڈ (Attend) کرنا ہے اور بدقسمتی سے آپ کے پاس اس قدر وقت بھی نہیں ہے کہ آپ شاپنگ مال تک جائیں اور وہاں اُسے ڈھونڈنے میں وقت ضائع کریں تو آپ جناب گھر میں بیٹھے بیٹھے ورچوئل ہیڈسیٹ لگاتے ہیں اور اپنے باڈی امیج (Body Image) کو اسکین کر لیتے ہیں اور پھر اپنے ورچوئل

اسسٹنٹ (Virtual Assistant) کوتاکید کرتے ہیں کہ ڈریس کے فلاں فلاں کلر اور ٹیکسچر کے آپشن (Texture Option) موجود ہیں اور پھر مختلف اسٹائل کے امیجز آپ کے ورچوئل ہیڈسیٹ (Virtual Headset) کے اسکرین پر ڈویلپ ہوتے چلے جاتے ہیں۔ آپ اُن میں سے اپنے لیے اپنی پسند کا ایک سیٹ چن لیتے ہیں اور پھر اپنے ورچوئل اسسٹنٹ کو کہہ کر اُس ڈیزائن کو قریبی ویئر ہاؤس میں شفٹ کروا لیتے ہیں جہاں اُس کی تھری ڈی پرنٹنگ ہوجاتی ہے اور پھر کچھ ہی دیر میں ایک ایریل ڈرون (Aerial Drone) آپ کے ڈریس کو آپ کے گھر کے دروازے پر ڈراپ کر کے چلا جاتا ہے اور یوں گھر بیٹھے بیٹھے آپ کو اپنی پسند کا ڈریس فوراً ہی آپ کو دستیاب ہوجاتا ہے۔ یعنی روٹی کے بعد کپڑے کا مسئلہ بھی ٹیکنالوجی کی مدد سے حل ہوگیا ہے۔

چلیں اب مکان کی بھی بات کر لیتے ہیں کہ کس طرح سے مصنوعی ٹیکنالوجی اس ضرورت میں بھی مددگار ثابت ہوئی ہے۔ دیکھیے اسمارٹ سٹی (Smart City) کا ایک نیا تصور ہمیں مصنوعی ذہانت نے دیا ہے کہ کس طرح گلوبل وارمنگ (Global Warming) اور شدید موسمی تبدیلیوں کی وجہ سے آنے والے ادوار میں آبادی کے تناسب سے میدانی اور پہاڑی علاقوں میں آبادی منتقل ہوتی چلی جائے یا عوام کی ایک بڑی تعداد شہری علاقوں (Urbanization) سے دوبارہ دیہاتی علاقوں (Rural Areas) کی طرف منتقل ہوجائے گی، ایسی صورت کے لیے ہی 'گرین گیس کنزمپشن' (Green gas consumption) کی روک تھام کی خاطر ایک ماڈرن شہر کا تصور پیدا ہوتا جارہا ہے۔ اس کے لیے مستقل ڈیٹا جمع کرنے کا سلسلہ ایک عرصے سے چل رہا ہے یعنی مصنوعی ذہانت ایک نئے طرزِ زندگی کو منتقل کرنے میں لگی ہوئی ہے اور ظاہر ہے اس کے اثرات مغربی دنیا میں تو بہت جلد نظر آنے شروع ہو گئے ہیں مگر پھر جلد ہی یہ سب ایک ہیومن کلچر بن کر مشرقی دنیا میں بھی پھیل جائے گا۔

ڈاکٹر محمد شہزاد:

جس طرح روٹی، کپڑا اور مکان کے معاملات پر مصنوعی ذہانت اپنے انداز سے اثر ڈال رہی ہے تو کیا زندگی کے اور مسائل مثلاً موسمی تبدیلیاں، تعلیم، صحت وغیرہ پر بھی مصنوعی ذہانت مددگار ثابت ہوگی؟

ڈاکٹر بلند اقبال:

جی ہاں شہزاد آپ نے بجا اشارہ کیا ہے، ایسا ہی ہے کیونکہ مصنوعی ذہانت نے موسم، صحت اور دیگر مسائل کو بھی اپنے تئیں حل کرنے میں کردار ادا کیا ہے مثلاً امریکہ میں پچھلے دنوں ایک اسٹڈی ہوئی کہ تقریباً 2.1 ملین طلبہ ہائی اسکول کے فوراً بعد ڈراپ آف ہوجاتے ہیں۔ آخر اس کی وجہ کیا ہے؟ آپ ہنسیں گے مگر سچ یہی ہے کہ ایک بڑی تعداد میں طلبہ کا کہنا تھا انہیں 'بوریت' ہونی شروع ہوجاتی ہے۔ یعنی وہ یونیورسٹی کی تعلیم کو سخت بوریت سے تعبیر کرتے ہیں۔ نتیجہ یہ ہوا کہ اس مسئلے کو پھر سمجھنے اور حل کرنے کے لیے بہت سی سائینٹفک اسٹڈیز کی گئیں، اُن میں ایک 'ایم آئی ٹی لیب' میں بھی کی گئی جس کے بعد ایک نئے ایجوکیشنل سسٹم کا متعارف کرایا گیا جسے 'سیلف ڈائرکٹڈ ایجوکیشنل سسٹم' (Self Directed Educational System) کا نام دیا گیا ہے۔ اُس میں انہوں نے 'موٹریالہ زوم ٹیبلٹس' (Motorola Xoom Tablet) میں مختلف وڈیو گیمز اور بکس انسٹال (Books, Video Games) کردی اور پھر بنا کسی انسٹرکشن کے اُس سسٹم کو تنزانیہ یا ایتھوپیا پہنچا دیا۔ اب وہاں کسی ایسے گاؤں میں جہاں کوئی استاد کسی مدد کے لیے دستیاب نہیں تھا کچھ طالب علموں کے حوالے کیا گیا تو چند لمحوں میں ہی انہیں اُس کے پاور بٹن کا پتہ چل گیا اور پھر جلد ہی انہیں خود اپنی ہی کوششوں سے یہ بھی پتہ چل گیا کہ اُس میں کون کون سے اور کتنی طرح کے گیمز اور بکس کی ایپس انسٹال (Apps Install) کیے گئے ہیں اور پھر کچھ ہی مہینوں میں انہیں اُس میں انسٹال شدہ گانوں اور ایجوکیشنل اسباق کا بھی پتہ چل گیا بلکہ کئی ایک طالب علموں کو تو وہ گانے اور ایجوکیشنل اسباق بھی زبانی یاد ہوچکے تھے اور آپ کو یہ جان کر شاید حیرت ہو کہ ایک آدھ سال کے بعد انہیں اُس پورے آپریٹنگ سسٹم کو ہیک کرنا تک آچکا تھا۔ جب یہ واقعہ ہوچکا تو ایک اور بھی دلچسپ تجربہ کیا گیا کہ ایک کمپنی 'ایکس پرائز فاونڈیشن' نے باضابطہ طور پر ایک گلوبل پروجیکٹ لانچ کیا جس میں تقریباً ۷۰۰ ٹیموں نے شرکت کی اور اس دوران جو ٹیم سب سے آگے رہی تھی اُس کے ریمارکس کو بھی شیئر کیا جس کے مطابق 'اگر ہم اپنے روایتی اکیڈمک سسٹم کو سیلف ڈائرکٹڈ سسٹم سے بدل دیں تو بہت ممکن ہے کہ ہم جو تعلیم تنزانیہ اور ایتھوپیا میں ایک گھنٹے میں دیتے ہیں وہی تعلیم نارتھ امریکہ میں ایک دن کی تعلیم کے برابر دینے کے لائق ہوجائیں گے۔ اس لحاظ سے دیکھا جائے تو یہ ایک بدلتا ہوا تعلیمی نظام ہے جو ہمیں آنے

والی ٹیکنالوجیکل دنیا میں صاف دکھائی دے رہا ہے یعنی اسکول کالج یا انسٹیچیوشن کے بغیر ہی تمام تر دنیا کی ناخواندگی کی شرح کو ہم بہتر کر سکتے ہیں۔ ظاہر ہے یہ مصنوعی ذہانت کی ایک عمومی سی مثبت تبدیلی میں ایک بڑی شراکت ہے جسے ہم بالکل بھی نظر انداز نہیں کر سکتے۔ بالکل اسی طرح جہاں تک گلوبل وارمنگ کے مسائل ہیں تو اس میں بھی آرٹیفیشل ٹیکنالوجی اپنا ایک اہم کردار ادا کر رہی ہے مثلاً ناسا کے سیٹلائٹ (Satellites) اکثر و بیشتر جنگلوں میں بڑھتے ہوئے درجہ حرارت کو وقت سے پہلے ہی پتہ لگا لیتے ہیں تاکہ اُن میں پھیلنے والی آگ اور اُس کے نقصانات سے بچا جا سکے۔ یعنی یہ وہی بات ہے جو ہم کچھ دیر پہلے ہی کر رہے تھے کہ کس طرح سے ایک اسمارٹ سٹی کا تصور پیدا ہوا ہے یا کس طرح سے گرین گیس ایمیشن (Green Gas Emissions) سے شہریوں کو بچایا جا سکتا ہے یا کس طریقے سے آلودگی (Pollution) کو بھی کنٹرول کیا جا سکتا ہے تاکہ ایک صحت مند ماحول پیدا ہو سکے اور یوں صرف اس سیارے پر بسنے والوں کی بلکہ ہمارے سیارے کی بھی عمر میں اضافہ ہو جائے۔ تو یہ ایک بڑا فریم ورک ہے جس پر مصنوعی ذہانت مستقل کام کر رہی ہے اور اس کے مثبت نتائج بھی سامنے آ رہے ہیں۔

ڈاکٹر محمد شہزاد:

یہ جو مصنوعی ذہانت ہے اس کا ہماری معاشرت، معاشیات اور عمومی نظریات زندگی پر کیسا اثر پڑ رہا ہے؟

ڈاکٹر بلند اقبال:

شہزاد یہ بہت ہی اہم بات ہے کہ اگر مصنوعی ذہانت ہماری بنیادی ضروریات یعنی روٹی، کپڑا، مکان اور اُس کے بعد گلوبل وارمنگ، تعلیم اور دوسرے مسائل کو اپنے تئیں حل کر رہی ہے تو کیا یہ ہماری مجموعی معاشرت، ہمارے مذہبی اور سماجی نظریات حتیٰ کہ سیاسی اور اقتصادی ایشوز پر بھی اثر کر رہی ہے؟ دیکھیے اس حوالے سے ممکن ہے کہ آپ یا آپ کے احباب کا میرے تصور یا خیال سے اختلاف ہو۔ میرا تو یہ ماننا ہے کہ جہاں تک مذہبی آئیڈیالوجی کی بات ہے اس سارے ٹیکنالوجیکل انقلاب کے بعد بھی ہمارے ان نظریات میں شاید ہی کوئی بڑی تبدیلی آئے گی۔

مطلب یہ کہ پہلے جس طرح ریڈیو یا ٹی وی کو مذہبی اداروں نے مسترد کر دیا تھا مگر پھر وقت کے ساتھ انہیں اندازہ ہوا کہ یہ مذہبی نظریات کے پھیلاؤ کے لیے بہت ہی کارآمد شے ہے اور پھر ہم نے دیکھا انہوں نے اُس کو کسی بھی ادارے کے مقابلے میں سب سے زیادہ ہی اپنایا، یہی وجہ ہے کہ آج پرنٹ اور الیکٹرانک میڈیا یعنی ریڈیو، کمپیوٹر، مائیک، لاؤڈ اسپیکر اور ٹیلی وژن پر سب سے زیادہ مذہبی اداروں کا ہی کنٹرول ہے، بالکل اسی طرح اب اور مستقبل میں مصنوعی ذہانت کے معاملات بھی رہیں گے یعنی شروع میں روبوٹس (Robots) کو مسترد کیا جائے گا اور انسانوں کو خدا بننے کی کوشش کہہ کر مذاق بنایا جائے گا مگر پھر بعد میں اُس کو اپنا دائمی حق سمجھ کر گلے سے لگا لیا جائے گا اور پھر وہ ترکیبیں لڑائی جائیں گی کہ الہامی کتابوں میں سے اُس کے بنانے والے کے فارمولے اور پیشین گوئیاں تک برآمد ہو جائیں گی۔ وجہ اس کی بہت سادہ ہے اور یہ بات محض اکیسویں صدی کی ٹیکنالوجیکل دنیا کی نہیں ہے بلکہ زمانۂ قدیم سے ہی یہ سلسلہ جاری و ساری ہے یعنی مارکیٹنگ اور اکنامکل بزنس کا مذہب سے گہرا تعلق ہے اور یوں بھی آرٹیفیشل ٹیکنالوجی اور مارکیٹنگ اور مذہب کے بزنس کو آپ آسانی سے الگ کر نہیں سکتے۔ آپ دیکھیں گے کئی ایک ایسے ایپس (App) بن جائیں گے جن میں مذہبی میٹریل بہت ہی آسانی سے بھرتا چلا جائے گا اور پھر وہ ایپس روحانیت کے فروغ کے لیے خوب ہی استعمال ہوں گی۔ دیکھیے نا، کل تک جو نماز کا خطبہ چالیس سے پچاس ہزار لوگ مسجدوں اور مندروں میں یا میدانوں میں شامیانوں کے اندر بیٹھ کر سنا کرتے تھے مگر اب یوٹیوب اور واٹس ایپ سے لاکھوں لوگ سن رہے ہوتے ہیں۔ اسی طرح فنڈ ریزنگ (Fund Raising)، عطیات (Donation) اور چندے وغیرہ ہیں، ان سب کا تعلق براہ راست مذہبی اداروں سے ہے تو اس طرح مذہبی راستے اور بھی سہل ہو جائیں گے اور مذہب آرٹیفشل ٹیکنالوجی کو خود ہی بھرپور طریقے سے استعمال کرے گا۔ جہاں تک روحانیت کا معاملہ ہے اس پر بھی تھوڑی سی بات کر لیتے ہیں گو کہ یہ ذرا نازک معاملہ ہے۔ جہاں تک سیاست کا معاملہ ہے اس میں تو مصنوعی ذہانت کا استعمال کب سے شروع بھی ہو گیا ہے، پانچ یا چھ بنیادی چیزیں ہیں، ایک تو سوشل 'سرویلینس' (Surveillance) ہے جو سیاست میں شامل ہو چکی ہے یعنی ایک جاسوس (Spy) کیمرے کا استعمال، جو مستقل انفارمیشن دیتا ہے کہ کونسی آبادی کیا کر رہی ہے؟ پھر سوشل سنسر شپ ہے جو مصنوعی ذہانت اور ٹیکنالوجی کے ذریعے مستقل استعمال

ہو رہی ہے اس کے بعد سوشل مینی پولیشن ہے جو آج کل خود پاکستانی سوسائٹی میں پورے عروج پر ہے۔ اچھا سوشل ڈس انفارمیشن یا فالس انفارمیشن (Disinformation) یعنی افوائیں اور الٹی سیدھی انفارمیشن تا کہ لوگوں کو ممکنہ حد تک کنفیوژ رکھا جاسکے اور یہ بھی آپ کو چاروں طرف پھیلی ہوئی مل رہی ہے اور اس کے علاوہ انٹرنیٹ کا استعمال ہے، اُس کا شٹ ڈاون کہاں کرنا ہے، کس ٹارگٹ پاپولیشن (Target Population) پر کس طرح سے اسے استعمال کرنا ہے۔ یہ سب آرٹیفیشل ٹیکنالوجی یا انفارمیشن ٹیکنالوجی کے ذریعے سے بھرپور طریقوں سے استعمال ہو رہا ہے۔ یعنی اگر آپ تاریخی اعتبار سے دیکھیں تو عرب اپ رائزنگ (Arab Uprising or Arab Spring) کے دوران جو ایک لبرل تبدیلی آئی تھی، اُس وقت بھی انٹرنیٹ کو ہی استعمال کیا گیا تھا مگر پھر بعد میں گلوبل ڈیموکریٹک موومنٹ کے دوران جو آمرانہ نظام نظر آتا ہے اُس میں بھی انٹرنیٹ کا جارحانہ استعمال ملتا ہے، مطلب یہ کہ کس طرح سے ڈومنیٹنگ تبدیلی سے شہریوں کو مخصوص رخ میں کنٹرول کرنا ہے یا دھکیلنا ہے؟ کیسے اُن پر نظر رکھنی ہے؟ اس سلسلے میں ایک بہت ہی اچھی کتاب 'دی رائز آف ڈیجیٹل ری پریشن (The Rise of Digital Repression) آئی تھی کہ کس طرح ٹیکنالوجی طاقت، سیاست اور مزاحمت کی شکل بدل رہی ہے؟' جہاں تک مجھے یاد پڑتا ہے رائٹر کا نام اسٹیفن فیلڈ اسٹائین (Steven Feldstein) تھا۔ اس کتاب کو بھی دیکھیے گا کہ کس طرح سے تمام سیاسی نظام، چاہے وہ ڈیموکریسی ہو یا لبرل ڈیموکریسی ہو یا کمیونسٹ نظام ہو یا آمریت ہو، سب کس طرح ڈیجیٹل نظام سے کنٹرول ہو رہی ہیں؟ یعنی انٹرنیٹ کے دور میں ان سب کی مینی پولیشن (Manipulation) کس قدر آسانی سے بڑھ گئی ہے۔ اچھا وہ اب بات جو پیچھے رہ گئی یعنی روحانیت، فرقہ واریت، نسل پرستی وغیرہ حتیٰ کہ جنس وغیرہ کا بھی استعمال ڈیجیٹل ٹیکنالوجی کے ذریعے بدلتا جارہا ہے۔ آپ کو ایسے کئی ایپ (App) مل جائیں گے جو مخصوص قسم کے میٹا فزیکل دنیا میں لے جائیں گے یعنی ایک ورچوئل ہیڈ (Virtual Headset) کے استعمال کے بعد آپ کے اردگرد کی دنیا فزیکل سے اچانک میٹا فزیکل ہو جائے گی جہاں موجود 'جنتی کردار' آپ کے لیے وقتی روحانی تسکین کا سبب بنے گے۔ اسی طرح جنسی تسکین (Sexual Satisfaction) کے لیے بھی ایسی ویب سائیڈ اور ایپس بن جائیں گی جن میں پڑنے والے 'ٹوکنز' کی وجہ سے سیکچوئل اسٹومولیشن (Sexual

(Stimulation) براہ راست جسم کے جنسی اعضا میں محسوس ہوگی اور تو اور روبوٹک وائف (Robotic Wife) اور گرل فرینڈ (Robotic Girl Friend) کی دنیا بھی اب اتنی دور نہیں ہے یعنی ٹیکنالوجیکل کمپنیز اب آپ کی خواہش، آپ کی فینٹیسی (Fantasy) کے عین مطابق شکل، جسم، آواز اور انٹیلیکٹ (Intellect) والے روبوٹکس محبوبہ یا محبوب آپ کو مہیا کر دیں گے بلکہ میرا خیال ہے مغربی ملکوں اور چائنیز دنیا میں تو یہ سلسلہ کافی عرصے سے چل بھی رہا ہے۔ مطلب یہی ہے کہ مصنوعی ذہانت اور انٹرنیٹ ٹیکنالوجیز کی ایک نئے طرز کی دلچسپ دنیا ڈویلپ ہو چکی ہے جو ہماری روایتی مذہبی، جنسی، معاشرتی اور معاشی دنیا سے قطعی مختلف ہے۔

ڈاکٹر محمد شہزاد:

مصنوعی ذہانت کا ہماری نفسیات پر کس قسم کا منفی اثر پڑنے والا ہے؟ مطلب یہی کہ ہم اُس کے بدلے میں کیا نقصانات اٹھا رہے ہیں؟

ڈاکٹر بلند اقبال:

یہ بہت اچھی بات کی ہے آپ نے شہزاد کہ ہم نے اب تک بہت سی اچھی اچھی باتیں آرٹیفیشیل ٹیکنالوجی کے حوالے سے کر لیں مگر ضروری ہے کہ اس بات کا بھی تو ہمیں علم ہو کہ اس آرٹیفیشیل ٹیکنالوجی سے ہمارا بُرا، کیا اور کس قدر ہو رہا ہے؟ سچ پوچھیں تو بُرا بھی کم نہیں ہو رہا ہے، وہ جو غالب کا شعر ہے نا:

مت پوچھ کہ کیا حال ہے میرا تیرے پیچھے
تو دیکھ کہ کیا رنگ ہے تیرا میرے آگے

یہ تو خیر مجھے نہیں پتہ ہے کہ آرٹیفیشیل ٹیکنالوجی کا میرے پیچھے کیا حال ہے مگر اس میں کوئی شبہ نہیں ہے کہ میرا تیرے آگے برا حال ضرور ہو گیا ہے یعنی بقول شخصے، اب ہمارا جینا دوبھر ہو چکا ہے خصوصاً نئی نسل تو کم و بیش برے حال میں آ چکی ہے، ہم دیکھتے ہیں نئی نسل اب مکمل طور پر مشینی ہو چکی ہے، وہ ٹیکنالوجی کی دنیا میں ہی رہنا پسند کرتی ہے، اُن کی جذباتی گروتھ

(Emotional Growth) ذرا برابر نہیں ہو پا رہی ہے، اُن کا سوچنے اور کسی بھی چیز کو دیکھنے یا پڑھنے کے لیے فوکسنگ ٹائم (Focusing Time) کم سے کم ہوتا جا رہا ہے، اُن کی ذہانت یا کوگنیٹو گروتھ (Cognitive Growth) کے مسائل بھی اب سامنے آ رہے ہیں۔ معاشرے میں تناؤ (Stress and Tense)، ڈپریشن (Depression) اور خودکشیوں (Suicides) کی شرح میں خطرناک حد تک اضافہ ہو چکا ہے، سماجی میل ملاپ نہ ہونے کے برابر ہوتا جا رہا ہے، تنہائی اور اکیلا پن (Loneliness) بڑھ گیا ہے، منشیات کا استعمال (Drug Culture) بھی پہلے سے زیادہ بڑھ گیا ہے، کم عمر لوگوں کو اُن کے تجربے، مشاہدے اور علمی یا شعوری قابلیت سے کہیں زیادہ معلومات انٹرنیٹ پر انہیں دستیاب ہیں جنھیں وہ ایک توازن کے ساتھ ہینڈل (Handle) کرنے سے قطعی قاصر ہیں، نتیجے میں وہ ضرورت سے زیادہ ذہنی پریشر کا شکار ہوتے جا رہے ہیں، سماجی رابطہ (Social Contact) کے نہ ہونے کی وجہ سے ان کا ایک دوسرے پر اعتماد پیدا نہیں ہو رہا ہے، آپس میں شکوک وشبہات اور پیرانویا (Paranoia) بڑھتا جا رہا ہے مطلب یہ کہ دماغی امراض (Mental Issues) بہت بڑھ گئے ہیں۔ یہی نہیں جسمانی مسائل بھی خصوصاً مستقل کمپیوٹر اور سیل فون کے استعمال کی وجہ سے بہت زیادہ سامنے آ رہے ہیں۔ کمر میں درد (Backache)، نظر کے مسائل، جوڑوں کی بیماریاں (Arthralgia) تو ہر حال میں انٹرنیٹ کے ساتھ جڑی ہوئی ہی ہیں، اور پھر عمومی طور پر ایک سماجی تنہائی (Social Isolation) یا معاشی تنہائی معاشرے میں بڑھ چکی ہے بلکہ میں تو کہوں گا ایک سماجی بحران (Social Crises) ان سب باتوں کی وجہ سے پیدا ہو چکا ہے۔ مختصراً بچوں میں ذہانت، یادداشت کے مسائل، سوشل گروتھ کے مسائل اور نفسیاتی الجھنیں اور بیماریاں وغیرہ بڑھ گئی ہیں۔ کہنے کا مطلب یہی ہے کہ نقصان زیادہ ہو رہا ہے اور اس سلسلے میں معاشرتی اور ذہنی توازن کی خاطر ہماری سوسائٹی کو ایک طاقتور فیصلہ لینا ہی پڑے گا۔

بارویں بدنصیبی

اس دماغ پر سوچنے اور بولنے کی پابندی لگانی ہوگی

ڈاکٹر محمد شہزاد:

ڈاکٹر صاحب جب کبھی ہم مذہبی تاریخ کا عمومی مطالعہ کرتے ہیں تو کیا توہین (Blasphemy) کی مختلف اشکال سے واقف ہوتے ہیں؟ کہنے کا مطلب یہ ہے کہ کیا لفظ 'توہین' اپنے معنی بدل کر تاریخ میں ہمیں متواتر دکھائی دیتی ہے یعنی یہ 'توہین' کوئی نئی فکر نہیں؟

ڈاکٹر بلند اقبال:

دیکھیے شہزاد اگر آپ مذہبی تاریخ کا ایک غیر جانبدارانہ مطالعہ کریں گے تو ایک انوکھے تجربے کو جا بجا پائیں گے۔ اچھا اس بات کو گفتگو کا حصہ بنانے سے قبل کہتا چلوں کہ مذہبی تاریخ اور اینتھولوجیکل تاریخی حقائق میں ہمیں جا بجا فرق ملتے ہیں مطلب یہی کہ الہامی کتابوں میں جن واقعات کی طرف اکثر و بیشتر اشارہ کیا گیا ہے یا جن شخصیات کا ذکر ہوا ہے وہ 'غیر مذہبی' تاریخ میں نہیں پائے جاتے ہیں۔ ان واقعات کی سچائی اور موجودگی کی شہادتیں خاصی مشکوک ہیں مگر ان کا الہامی اور ایمانی حصہ بن جانے کی وجہ سے اُن کے ماننے اور چاہنے والے اُن حقائق کو جاننے کی بھی کوشش نہیں کرتے ہیں اور نہ ہی کچھ دلچسپی رکھتے ہیں مثلاً ہمیں اصل تاریخ میں کسی آدم، حوا، ابراہیم، موسیٰؑ، وادی کنعان کے چالیس سال کا سفر اور دریائے نیل (Nile River) کے کنارے آباد یعقوب کے جدی پشتی اور مصر میں یوسف کے بھائیوں کے کنوئیں میں یوسف کے

دکھیلنے وغیرہ کا کوئی تاریخی ثبوت یا شہادت یا سائن یا نشان نہیں ملتا ہے، بس کسی بھی راہ چلتے نشان یا چٹان یا دراڑ کو سچ مان کر سجدے کا کام چل رہا ہے۔ اب اگر ہم ایسے ہی ' مذہبی کتابوں کے تاریخی واقعات' کے لحاظ سے دیکھیں اور لفظ 'بلاسفمی' کے استعاراتی معنوں کو خاطر میں لائیں تو ہم یہ کہہ سکتے ہیں کہ مڈل ایسٹرن توحیدی مذاہب کی تاریخ میں تو پہلے 'بلاسفمر' یا قدیم مذاہب کے منحرف تو خود حضرت ابراہیم علیہ السلام ہی تھے جنھوں نے اپنے والد آزر کے بنائے ہوئے بتوں کو توڑ کر اپنے والد اور اُن کے قبائل کے پیغمبروں یا دیوتاؤں کے لحاظ سے انحراف کیا تھا یا بغاوت کی تھی، بالکل اسی طرح حضرت موسیٰ نے فرعون کے خداؤں کو نہ مان کر کچھ ایسی ہی بغاوت کے مرتکب ہو گئے تھے اور تو اور حضرت عیسیٰ کو بھی اسی نافرمانی کی سزا ملی تھی اور سچ تو یہ بھی ہے کہ خود حضرت محمد صلعم کو بھی قریش والوں نے اسی بغاوت کی وجہ سے انہیں اپنا دشمن سمجھا۔ یعنی اس لحاظ سے لفظ 'بلاسفمی' ایک بے معنی سا لفظ ہے، چاہے اس کے لفظی معنی مذہبی نقطہ نظر سے کچھ بھی ہوں مگر تاریخی اعتبار سے تو پرانی روایتوں، خداؤں، کتابوں سے انکار، مسترد یا انحراف یا بغاوت کرنے کے ہی ہیں اور یہ بلاسفیانہ عمل ہر نئے عہد یا نئے مذہبی تصور کی تخلیق کے ساتھ جڑا ہوا ملتا ہے۔ کیونکہ یہ 'انکار' ہی ہمیشہ سے نئی سوچ اور نئی فکر کا سبب بنتا ہے جس کے بغیر کسی بھی قسم کا شعوری انقلاب اس کے بغیر ناممکن ہے۔ یہاں دلچسپ پہلو یہی ہے کہ عموماً اپنی کامیابیوں کے بعد ہر نیا پیغمبر یا لیڈر اپنے ماننے والوں کے لیے بھی کچھ ایسی ہی الہامی یا آئینی شرائط نافذ کر دیتا ہے کہ اُس سے انکار کا مطلب سراسر 'بلاسفمی' کے زمرے میں آتا ہے۔ مطلب یہی ہے کہ حضرت موسیٰ سے نبی کریم صلی اللہ علیہ وآلہٖ وسلم تک ہمیں کسی بھی مقام پر اُن کے ماننے والوں کے لیے اُن کے خلاف بات کرنے کی اجازت نہیں دکھائی دیتی ہے بلکہ نتائج کی صورت میں دنیا اور آخرت میں سخت ترین سزاوں کا حکم ملتا ہے۔ اب یہاں سوال یہی ہے کہ خود اپنے عہد کے انقلابی ہونے کے باوجود یہ پیغمبران اپنے بعد اپنی مخالفت میں آنے والی تحریک کا راستہ کیوں کر روکنے کی کوشش کرتے ہیں؟ کیونکہ وہ جانتے ہیں کہ یہی اُن کی دی گئی آئیڈیالوجی کی بقا کا واحد راستہ ہے جو سختی اور طاقت کے ذریعے سے ہی ممکن ہے ورنہ ٹھیک جس طرح سے انہوں نے اپنی بغاوت کے دوران کیا تھا ٹھیک ویسا ہی کم و بیش اُن کے خلاف بھی ہو جائے گا۔ کہنے کا مطلب یہی ہے کہ مذہبی تاریخ کا اگر غیر جانبدارانہ مطالعہ یعنی 'بنا اندھے ایمان' کی روشنی میں ایک تاریخ دان یا ماہر بشریات

(Historian or Anthropologist) کی طرح کیا جائے تو ہمیں فرق صرف اتنا ہی ملتا ہے کہ اگر غیر مذہبی اسٹیٹ یا کسی آمرانہ ریاست کے بنیادی نظریات کو چیلنج کیا جائے گا تو اُس کی سخت ترین قانوناً یا غیر قانوناً سزا ملے گی اور اگر مذہبی ریاست یا رہنما یا الہامی کتاب کو چیلنج کیا جائے گا تو سزا وہی ہے بس اُسے مقدس بنا دیا جائے گا تا کہ وہ بغاوت 'گناہ یا توہین' کے زمرے میں آجائے اور یوں اس کا فیصلہ فکر و شعور یا عدالتی دلائل کے بجائے صرف ایمان اور اندھی تقلید کی صورت نکل جائے، یوں ایک وقت میں دو کام ہو جائیں بس اس کا مزید کربناک پہلو یوں بن جاتا ہے کہ اکثر ایسی صورتوں میں سزا دینے کا ٹھیکہ ہر کس و ناکس کے ہاتھوں میں آجاتا ہے اور ایک سوشل انارکی (Social Anarchy) بھی پھیل جاتی ہے اور معاشرہ سراسر قبائلی دور میں چلا جاتا ہے کیونکہ یہ فکر قبائلی دور کی ہے۔

ڈاکٹر محمد شہزاد:

اگر ہم اظہارِ فکر و رائے کی آزادی کو مذہبی دنیا سے علیحدہ کر کے غیر مذہبی دنیا میں دیکھیں تو ایسی مثالیں تو ہمیں وہاں کی تاریخ میں بھی نظر آتی ہیں مثلاً یونان میں جب حضرت عیسیٰؑ کی پیدائش سے پانچ سو برس قبل جمہوریت کی بنیاد رکھ دی گئی تھی تو بھی سقراط کو اپنے خیالات کے اظہار پر زہر کا پیالہ پینا پڑا تھا اس حوالے سے آپ ان دونوں باتوں کا کس طرح سے موازنہ کر سکتے ہیں؟

ڈاکٹر بلند اقبال:

دیکھیے بات روایتوں کی ہی ہے، تاریخ میں ہمیشہ ایسا ہی ہوا ہے کہ جب کبھی کچھ روایتوں کو چاہے وہ مذہبی ہوں یا غیر مذہبی، مطلق العنان حکومتیں سیاسی طور پر سودمند جان کر انہیں قائم رکھنے کی خاطر وہ کسی بھی قسم کے سیاسی، سماجی، اقتصادی، مذہبی، غیر مذہبی حربے کو جائز سمجھ لیتی ہیں جیسا کہ اطالوی فلاسفر، سیاسی نظریہ ساز نکولو میکیاولی (Niccolò Machiavelli) نے ۱۶ صدی میں اپنی کتاب 'پرنس' (Prince) میں لکھا تھا کہ 'کوئی بھی غیر اخلاقی حربہ سیاسی فائدے حاصل کرنے کے لیے 'سیاسی اخلاقیات' (Political Ethics) کے زمرے میں شامل ہے'

اب اس لحاظ سے دیکھا جائے تو جب کبھی بھی سیاسی فوائد مذہبی آئیڈیالوجیز سے نصیب ہونے شروع ہوجاتے ہیں تو دونوں یعنی سیاسی اور مذہبی قوتیں ایک دوسرے کے استحکام کی خاطر اندرون خانہ آپس میں گلے مل لیتی ہیں۔ دیکھیے اسلامی مذہبی تاریخ میں بھی چاہے وہ بنوامیہ سے بغداد کی ٹوٹ پھوٹ تک کا سفر ہو یا سلطنت عثمانیہ سے مغلیہ دور تک کا سفر، ہمیں یہ دونوں سیاسی و مذہبی واقعات بہت ہی بے باکی سے جا بجا ملتے ہوئے دکھتے ہیں اور پھر پندرہویں صدی کے بعد جب مغرب کی سماجی، سیاسی، سائنسی اور فلسفیانہ روشن خیالی کی تحریک کا وقت آتا ہے تو ہمیں حیران کن حد تک یورپ یا مغربی دنیا سے قدرے مختلف ایک مشرقی 'تعظیم' (Glorification) ملتی ہے کیونکہ مشرقی دنیا میں کالونی گیری (Colonialism) کی خاطر مذہبی نظریات کو خوب ہی استعمال کیا جاتا ہے۔ یہ 'اختلافی ارتقائی تصور' مشرقی سماج کو اپنے مقاصد کی خاطر مذہبی سیاست کے استعمال میں صاف نظر آتا ہے اور یوں ایک 'منتخب' (Selective Renaissance) قسم کی 'سیاسی و سماجی روشن خیالی' ہمیں دکھائی دیتی ہے اور اس کے نتائج میں مشرقی سماج خصوصاً فکری اعتبار سے اور بھی گل سڑ جاتا ہے۔ اس سلسلے کی زیادہ بہتر آگاہی ہمیں ایڈورڈ سعید اور نوم چومسکی (Edward Said and Noam Chomsky) جیسے دانشمندوں کی کتب سے حاصل ہوسکتی ہیں۔ یہی وجہ ہے کہ ہمیں تاریخ میں مشرقی اور مغربی ریاستوں میں فکری اظہار کی آزادی کے دوران بالترتیب 'دہری' یعنی مذہبی و غیر مذہبی سماجی بغاوت اور 'اکہری' یعنی غیر مذہبی سماجی بغاوت جیسی بندش کے لیے جدوجہد ملتی ہے۔

ڈاکٹر محمد شہزاد:

ڈاکٹر صاحب آزادی اظہار کے مسائل سیاست اور مذہبی مسائل کے علاوہ بھی ہمیں دکھائی دیتے ہیں مثلاً ہم جس معاشرے میں بستے ہیں اُس کا اپنا ایک ارتقائی پس منظر ہے۔ کئی ایک ایسی ایب نارمل رسوم و رواج بھی ہیں جو بدقسمتی سے ہماری 'نارمل' ویلیوز کا حصہ بن چکے ہیں جن کا 'احترام' ہمیشہ سے ملحوظ خاطر رکھا جاتا ہے اس حوالے سے آپ کی کیا رائے ہے؟

ڈاکٹر بلند اقبال:

دیکھیں دو طرح کے ٹکراؤ ہیں ایک ہمارے اپنے معاشرے کی وہ قدیم قدریں اور نام

نہاد رسوم و رواج ہیں جنہیں ہم قائم و دائم رکھنا بھی چاہتے ہیں جو ہمیں مغربی دنیا کی تہذیبی دنیا میں نظر نہیں آتے ہیں اور جب ہم گلوبل ورلڈ کا حصہ بنتے ہیں تو ان کا ٹکراؤ خاصا فطری اور مختلف انداز سے ملتا ہے مثلاً ہماری سوسائٹی ایک پدرانہ سوسائٹی ہے اور اب یہ پدرانہ قدریں کم و بیش ہمارے ڈی این اے (DNA) کا حصہ بن چکی ہیں مگر کچھ ایسی ہی قدریں ہمیں مغربی سوسائٹیز میں بھی ملتی ہیں مثلاً گلوبل معاشرہ ہونے کے باوجود مغربی سوسائٹی میں ایک اندرون خانہ 'وائٹ پری ویلیج' (White Privilege) ملتا ہے یا اسی طرح ہمیں اقلیت کے مسائل کی شکل میں انڈیا اور پاکستان میں 'ہم جنس پرستوں یا ٹرانس جینڈرز' کے مسائل ملتے ہیں جنہیں چاہیں بھی تو ہم نظر انداز نہیں کر سکتے ہیں، بالکل اسی طرح عورتوں کے حقوق ہیں یا بچوں کی مشقت یا جنسی استحصال قسم کی زیادتیاں ہیں، وہ بھی کم و بیش سوسائٹی کا ایک حصہ بن چکے ہیں۔ اب سوال یہی ہے کہ اگر اس قسم کی 'نام نہاد رسوم و رواج' مذہبی یا غیر مذہبی روایتوں کا حصہ بن کر صدیوں کے ارتقائی عمل کے بعد 'نارمل' سوشل ویلیوز بن چکے ہوں تو بھی اُن کا تجزیہ اور ان پر سخت تنقید تو کرنی ہی ہوگی۔ اس سلسلے میں میرا تو یہی ماننا ہے کہ یہاں سماجی فکر و شعور کی تبدیلی کے براہ راست ذمہ دار وہ دانش مند یا دانشور حضرات ہیں جو سماج کا ایک براہ راست آرگینک حصہ ہوتے ہیں چاہے وہ شاعر و ادیب ہو یا ماہر نفسیات یا فلاسفر ہو یا آرٹسٹ یا ڈرامہ رائٹر یا وہ لوگ جن کا تعلق میڈیا انڈسٹری (Media Industry) سے ہے۔ یہ ان کی سراسر اخلاقی ذمہ داری ہے کہ وہ ہر طرح کی مذہبی و سیاسی یا سماجی مخالفت کا سامنا کرتے ہوئے عوام الناس کو ایک انقلابی فکری شعور عطا کرنے کی متواتر کوشش کرتے رہیں۔

میرا خیال ہے شہزاد آپ اور میں بھی کچھ اسی قسم کے نامیاتی فکری قسم کے لوگ ہیں جو اپنے تئیں ایک نا ختم ہونے والی کوشش میں لگے ہوئے ہیں اور مستقل ان موضوعات پر گفتگو کر رہے ہیں بلکہ انہیں کتابی شکل بھی دے رہے ہیں تا کہ ہم کسی حد تک ہی سہی اپنے حصے کا شعوری دیا جلائیں اور اپنی نوجوان نسل کے لیے ایک روشنی کا سبب بن سکیں۔

آخری سوال

ڈاکٹر محمد شہزاد:

ایک آخری سوال جو اس کتاب کے تمام موضوعات سے بالکل مختلف ہے۔ یہ وہ سوال ہے جو ہر نوجوان کے دل میں بستا ہے اور ہر کوئی اسے اپنے انداز میں سمجھتا ہے۔ آپ کی نظر میں محبت کیا ہے؟ کیا آپ نے کبھی اسے محسوس کیا ہے؟ یہ جذبہ اصل میں ہے کیا؟

ڈاکٹر بلند اقبال:

شہزاد، میرا ماننا ہے کہ یہ اس پوری کتاب کا سب سے مشکل سوال ہے۔ اگر انسان کائنات کا سب سے بڑا راز ہے تو محبت اس کی سب سے گہری اور پُر اسرار کیفیت ہے۔ ایک ایسی کیفیت جسے نہ مکمل طور پر نفسیات سمجھا سکتی ہے نہ فلسفہ اور نہ ہی ادب۔ ہاں، میں نے محبت کو محسوس کیا ہے۔ اور سچ کہوں تو کون سا انسان ہے جس نے کبھی محبت نہ کی ہو؟ لیکن محبت ایک اتنا ذاتی اور اندرونی جذبہ ہے کہ اسے الفاظ کی ضرورت نہیں ہوتی۔ یہ تو خامشیوں، نظروں اور اشاروں میں بات کرتی ہے۔

میری نظر میں جب محبت کسی انسان کے دل میں اترتی ہے تو وہ صرف ایک حیاتیاتی وجود نہیں رہتا ہے بلکہ وہ جذبات میں ڈھل جاتا ہے، وہ مادے سے ایک کیفیت میں بدل جاتا ہے۔ جب میں نے اس جذبے کو محسوس کیا تو ایک عجیب سی تبدیلی مجھ میں پیدا ہوئی۔ ایک مرد

ہونے کے ناتے میرے دل میں صرف ایک خواہش پیدا ہوئی کہ میں اُن مردوں جیسا نہ بن جاؤں جن کا ذکر آسکر وائلڈ نے اپنی روح فرسا نظم 'دی بیلیے اف ریڈنگ گول' میں کیا ہے بلکہ میں کسی عورت کی طرح محبت کروں۔ کیونکہ جب عورت محبت کرتی ہے تو صرف محبت کرتی ہے اپنے مکمل وجود کے ساتھ، بغیر کسی جھجک، بغیر کسی انا اور بغیر کسی حساب کتاب کے۔

شہزاد، میں تمہارے ساتھ وہ نظم شیئر کرنا چاہتا ہوں، جس نے میرے اس احساس کو جنم دیا:

The Ballad of Reading Gaol (Oscar Wilde)

(ترجمہ)

ہر شخص مارتا ہے اُسے جس سے وہ محبت کرتا ہے،
یہ بات سب سن لیں،
کوئی تلخ نگاہ سے مارتا ہے،
تو کوئی خوشامدانہ بات سے،
بزدل چوم کر مارتا ہے،
دلیر تلوار سے!

کوئی جوانی میں قتل کرتا ہے،
کوئی بڑھاپے میں،
کسی کے ہاتھوں میں ہوس ہوتی ہے،
کسی کے ہاتھوں میں سونا،
سب سے نرم دل لوگ خنجر سے مارتے ہیں،
کہ مردہ جلد ٹھنڈا ہو جاتا ہے۔
کچھ کم محبت کرتے ہیں، کچھ بہت زیادہ،

کچھ اسے بیچ دیتے ہیں، کچھ خرید لیتے ہیں،
کوئی بے شمار آنسو بہا کر مارتا ہے،
تو کوئی بے حس خاموشی سے
ہر شخص مارتا ہے اُسے جس سے وہ محبت کرتا ہے،

مگر ہر شخص مرتا نہیں۔

یہ نظم ایک المیہ سچائی کو ظاہر کرتی ہے۔ مرد اکثر اُسی چیز کو تباہ کر دیتے ہیں جس سے وہ محبت کا دعویٰ کرتے ہیں اور مجھے بھی یہی خوف تھا کہ کہیں میں بھی اُن جیسا نہ ہو جاؤں۔ اسی لیے میں نے چاہا کہ محبت کروں نہ فخر سے، نہ قبضے کی خواہش سے بلکہ مکمل سپردگی سے جیسے ایک عورت کرتی ہے یعنی جو خود محبت بن جاتی ہے۔